Docteur D'ANFREVILLE DE LA SALLE

NOTRE VIEUX SÉNÉGAL

Son histoire. — Son état actuel.
Ce qu'il peut devenir.

PARIS
AUGUSTIN CHALLAMEL, ÉDITEUR
RUE JACOB, 17
Librairie Maritime, Coloniale

1909

NOTRE VIEUX SÉNÉGAL

MACON, PROTAT FRÈRES, IMPRIMEURS

Docteur D'ANFREVILLE DE LA SALLE

NOTRE VIEUX
SÉNÉGAL

Son histoire. — Son état actuel.
Ce qu'il peut devenir.

PARIS

AUGUSTIN CHALLAMEL, ÉDITEUR
RUE JACOB, 17
Librairie Maritime, Coloniale

—

1909

A Monsieur E. ROUME,

Ancien Gouverneur Général
de l'Afrique Occidentale française.

HOMMAGE RESPECTUEUX

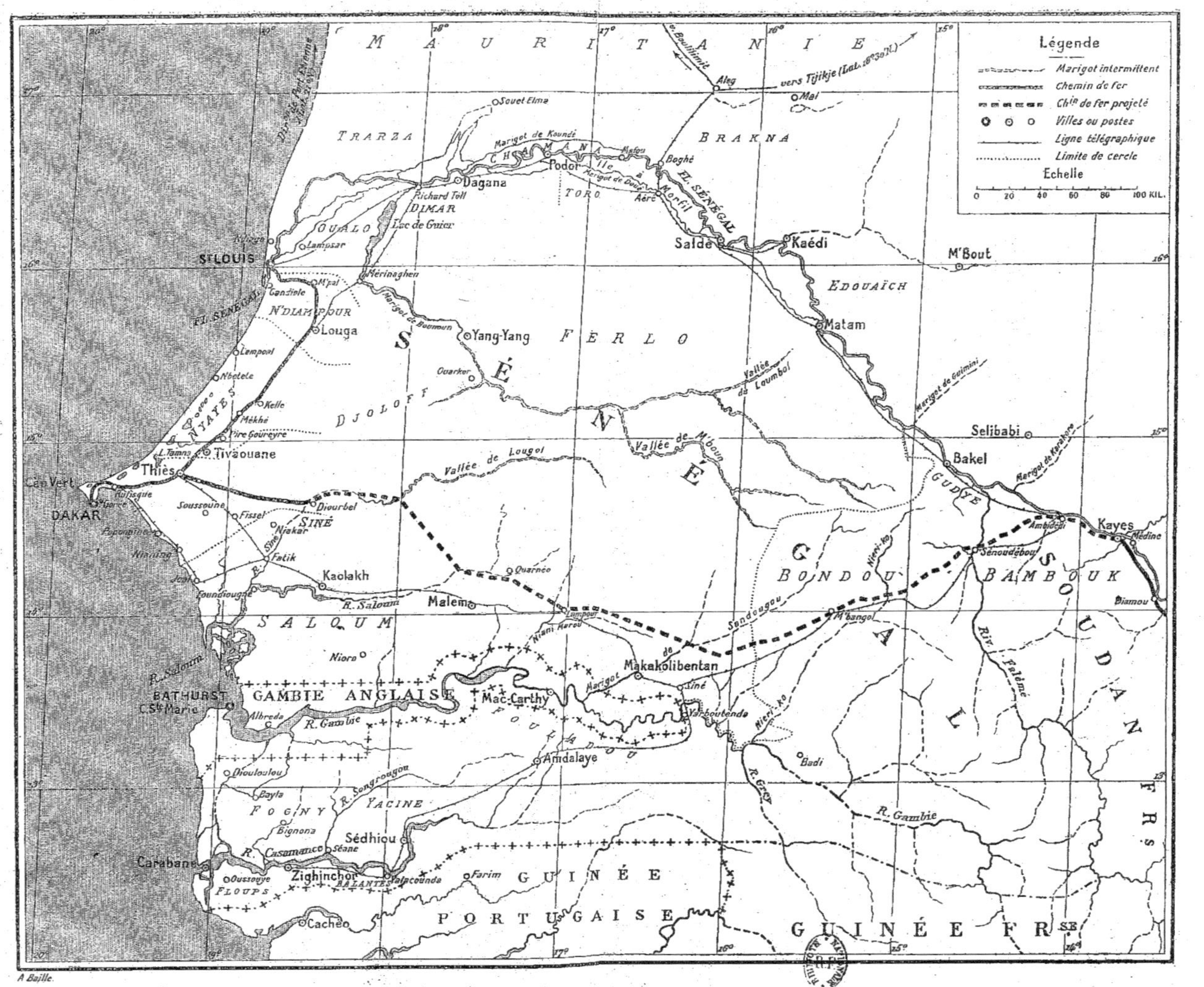
Légende
Marigot intermittent
Chemin de fer
Chin de fer projeté
Villes ou postes
Ligne télégraphique
Limite de cercle
Echelle
0 20 40 60 80 100 KIL.
MAURITANIE
SÉNÉGAL
SOUDAN FR.S
GAMBIE ANGLAISE
GUINÉE PORTUGAISE
GUINÉE FR.SE
TRARZA
BRAKNA
OUALO
DIMAR
TORO
EDOUAÏCH
N'DIAMBOUR
DJOLOFF
FERLO
NYAYES
SINÉ
SALOUM
BONDOU
BAMBOUK
GUDYE
FOGNY
YACINE
FOULADOU
FLOUPS
BALANTES
St LOUIS
DAKAR
Cap Vert
Gorée
Rufisque
Thiès
Tivaouane
Louga
Dagana
Podor
Saldé
Kaédi
Matam
Bakel
Kayes
Médine
Diamou
Ambidédi
Sénoudébou
Yang-Yang
Kaolakh
Malem
Makakolibentan
Mac-Carthy
Amdalaye
Sédhiou
Zighinchor
Carabane
Cacheo
BATHURST
C. Ste Marie
Selibabi
M'Bout
Aleg
Mal
Souet Elma
Boghé
Richard Toll
Lac de Guier
Mérinaghen
Diourbel
Fatik
Fissel
Soussoune
Nioro
Farim
Bignona
Diouloulou
Albreda
M'bangol
Badi
Yarboutenda
Oussouye
Séane
R. Saloum
R. Gambie
R. Casamance
R. Songrougou
R. Grey
Riv. Falémé
Fl. Sénégal
Vallée de Lougol
Vallée de M'boun
Vallée du Loumbol
Marigot de Koundé
Marigot de Bounoun
Marigot de Karakoro
Marigot de Gelimini
Marigot de Sandougou
Nieri-ko
Morfil
vers Tijikje (Lat. 18°30'N.)
Dir. de Port Etienne
A Baille.

NOTRE VIEUX SÉNÉGAL

LE SÉNÉGAL

La découverte du Sénégal et son histoire. Deux hommes créèrent la colonie, Brüe dès le XVIIIe siècle et Faidherbe au milieu du XIXe. Géographie et géologie du Sénégal. Son climat et les maladies qu'on y rencontre. État présent de la colonie.

Lorsque les Français, Normands ou Basques, voulurent jadis chercher aventure et fortune par delà l'Océan, ils se dirigèrent d'abord vers la Côte occidentale d'Afrique, aussi le Sénégal fut-il le premier rivage que touchèrent leurs bateaux et où ils s'établirent.

Ces faits remonteraient fort loin dans notre passé, peut-être jusqu'au milieu du XIVe siècle. On n'en a gardé qu'un souvenir confus, et plutôt que l'histoire, c'est la tradition qui perpétua jusqu'à nous la mémoire de nos premiers navigateurs.

Avaient-ils précédé les Portugais et les Espagnols sur cette côte, les y suivirent-ils seulement au contraire ?

Peu importe au surplus car notre part est assez belle. Nous possédons en effet le présent, l'avenir si nous le voulons bien, ne peut nous échapper dans cette partie de l'Afrique. Les premières gloires d'un passé lointain reviendraient-elles à d'autres nations, que nous pourrions nous incliner sans protester !

Mais ce qui est hors de conteste, c'est que nos vaisseaux et nos marchands fréquentèrent de bonne heure la côte d'Afrique où ils allaient chercher l'or, les épices, l'ivoire et les captifs. Nos compatriotes s'y rencontraient avec des Portugais, des Espagnols, des Hollandais et des Anglais. Les représentants de ces nations, rivales en Europe, apportaient jusque dans ces régions lointaines, les haines de leurs patries différentes dont l'âpreté de leurs concurrences commerciales augmentait encore la violence.

Aussi le négoce sur la Côte était-il alors une entreprise spéciale et que l'on ne pouvait comparer à aucun autre.

Les dangers étaient multiples, immenses et constants, mais le profit qu'on en tirait devait être considérable puisque de nouveaux convives se ruaient sans cesse vers la table du festin.

Les premiers véritables colonisateurs de notre Sénégal furent toutefois, presque certainement, des Portugais. Cette nation qui demeure si grande, grâce à son passé, laissa du reste sur le pourtour entier de l'Afrique, depuis le Maroc jusqu'au delà de Madagascar, des traces souvent encore visibles de son ancienne prédominance.

Notre arrivée dans ce pays suivit la sienne cependant d'assez près et depuis, nous autres, nous n'avons jamais quitté la place.

Le Sénégal mériterait déjà d'attirer notre attention pour ce motif qu'il est la plus ancienne de nos possessions. Mais nous avons au surplus d'autres raisons d'étudier cette contrée sur laquelle on a cependant tant écrit, qui fut si longtemps, qui, toujours même, demeura l'un des buts vers lesquels se tendaient les convoitises et les espoirs des audacieux.

C'est que le Sénégal nous réserve encore en effet bien des surprises et qu'on ne sait pas tout, ni de son présent ni même de son passé, c'est enfin parce que ce vieux pays paradoxal est, par certaines de ses provinces, une de nos plus jeunes colonies.

Son nom, certes, est connu de chacun. A défaut d'autres renseignements, il n'est personne qui ne se rappelle l'avoir lu sur les thermomètres, à égale distance de la température d'ébullition et de celle de la glace.

Ce souvenir hante même un peu trop les esprits et l'idée que beaucoup de Français se font de cette doyenne de nos possessions, se ressent fâcheusement de lui, sans aucun doute.

Notre vieux Sénégal est une colonie, nul n'en saurait douter, il est également une métropole car il possède déjà toute une nombreuse descendance.

Mais lui-même n'est pas homogène et, dans ses limites devenues cependant plus étroites, se rencontrent, pourrait-on dire, plusieurs colonies différentes.

On y trouve de tout, de vieilles cités provinciales, parsemées de ruines, assoupies sous leur ciel de feu comme des ancêtres sont assises près du foyer. On y rencontre également des villes jeunes et fortes qui grandissent à vue d'œil et se trouvent déjà resserrées dans les limites qu'on vient de leur tracer.

On songe, en les voyant, à ces vierges dont les seins durs et les croupes fermes tendent les vêtements devenus trop étroits.

D'abord très confuse, l'histoire du Sénégal ne s'éclaircit que tardivement. Pleine jadis, du récit de coups de mains, de violences isolées contre les naturels ou contre des rivaux de commerce, remplie de faits de guerre entre belligérants, elle contient aussi sans doute, de belles pages qui feraient honneur à l'humanité, si l'on pouvait les lire.

Mais ces annales sont comme un vieux livre longtemps oublié dans un grenier poudreux et dont les rats ou les insectes auraient rongé les premières feuilles !

Ce sont d'abord des particuliers, marchands ou gentilshommes, qui vont dans ces régions inconnues et dangereuses, pour y faire d'abord le commerce et plus tard la traite.

Des compagnies plus ou moins puissantes se forment ensuite dans un but analogue.

Des flibustiers, dans le même temps, s'y livrent à la course car la loi du plus fort est seule maîtresse, de sorte qu'une voile apparue vers l'embouchure d'un fleuve ou derrière une île, révèle un danger plus souvent qu'un secours.

Les fièvres, les autres maladies des tropiques, le scorbut marin déciment les équipages qui doivent encore se défendre contre les noirs mais ces derniers subissent plus de violences qu'ils n'en commettent.

Des postes commerciaux sont, plus tard, installés en des points de la côte dont quelques-uns seulement, gardent le nom ou la trace de leurs premiers occupants. On les bâtit de préférence, dans les îles formées par les rivières ou par les fleuves.

Quelques aventuriers se construisent aussi, sur le continent, de véritables forteresses où ils mènent la vie de seigneurs féodaux.

Des colonies véritables se créent même et subsistent de nombreuses années sans qu'on sache aujourd'hui rien de leur passé. Deux capucins français, Alexis de Saint-Lô et Bernardin Renouard, trouvent en effet, dans l'année 1635, au cap Vert et sur la petite Côte, des chrétientés portugaises aujourd'hui entièrement disparues depuis longtemps.

Deux siècles plus tard d'autres missionnaires français doivent également rencontrer à Joal, des traces encore sensibles du passage des Portugais.

Les premiers documents écrits concernant les faits des Français au Sénégal ne remontent pas au delà de 1626. Une compagnie commerciale de Rouen y représentait à ce moment nos couleurs. Elle était installée, depuis un certain nombre d'années, dans une île du fleuve Sénégal et le fortin qu'elle occupait, se composait, au dire de Barbot (*Description de la Guinée*, Churchill collection, t. V), d'une simple palissade avec un mur de boue pourvu de 15 canons.

Notre minuscule établissement était, dès sa naissance, resserré dans des langes trop étroits qui auraient pu compromettre son développement.

Les Hollandais possédaient en effet le rocher de Gorée qui se dresse à deux cents kilomètres plus au sud et ils s'apprêtaient à conquérir vers le nord l'îlot d'Arguin sur les Portugais.

Mais l'amiral d'Estrée prit Gorée en 1677 et Arguin fut emporté l'année d'après par Ducasse.

La première compagnie française dut bientôt céder, par ordre royal, ses comptoirs à une compagnie plus puissante qui fit cependant de moins bonnes affaires et passa la main à de nouvelles sociétés dont le sort fut encore plus malheureux.

Les nombreuses guerres qui ensanglantent l'Europe ont également leur répercussion sur la terre d'Afrique. Nos nouvelles conquêtes et Saint-Louis lui-même, nous sont pris par les Anglais qui les gardent peu de temps.

La vie dans ces postes lointains s'écoule, comme il est concevable, monotone, pénible et dangereuse. L'incurie, le désordre sont fréquents, au point qu'un jour, les commis de la compagnie française arrêtent leur propre chef et l'embarquent pour la France.

Il faut du reste remonter jusqu'en 1697 pour arriver au premier homme qui ait laissé son nom et fait une œuvre personnelle sur cette côte d'Afrique, si fréquentée, si disputée et si décriée tout à la fois.

André Brüe est le véritable ancêtre du Sénégal. Sa gloire et ses travaux ne sont plus guère connus cependant que d'un petit nombre de lettrés.

Ce directeur d'une maison de commerce fut aussi un parfait administrateur, un véritable explorateur en même temps qu'un grand politique.

L'œuvre accomplie par lui, au cours des onze années, divisées en quatre séjours, qu'il fit sur la Côte, fut fertile en résultats. On peut dire qu'il aurait avancé l'histoire de deux siècles, si sa compagnie avait mis à sa disposition des moyens moins infimes.

On ne faisait guère autre chose, avant lui, que de visiter les côtes et les estuaires des fleuves.

Le Sénégal lui-même, à l'embouchure duquel se trouve Saint-Louis n'avait été remonté sur de petites distances que par deux faibles expéditions.

Nous étions donc, jusqu'à son arrivée, campés dans nos îles d'où nous n'osions sortir qu'avec l'assentiment des chefs indigènes et, par le fait de ces princes barbares, le commerce, seule raison de notre présence, subissait des entraves fréquentes, parfois des arrêts complets.

Nous étions en somme, de petits marchands peu aimés des populations et dédaignés de leurs chefs, à qui nous devions payer tribut pour le bois, l'eau, la main-d'œuvre dont nous avions besoin, et même pour le droit de trafiquer que nous tenions d'eux.

Dès qu'il eut mis un peu d'ordre partout et notamment à Gorée qui était alors dans « un état à faire pitié », Brüe songe à nouer des relations plus étroites et plus directes avec les princes qui l'entourent.

Il veut connaître le cours entier du Sénégal dont il occupe l'embouchure et, pour ce motif, il remonte lui-même le fleuve et dépasse les chutes du Felou que personne ne visitera plus après lui, jusqu'au moment où Faidherbe reprendra les projets de son lointain précurseur. Il voudrait même pénétrer plus loin, aller jusqu'au Niger mystérieux dont l'existence lui a été signalée mais il ne peut réaliser cette entreprise. Du moins Brüe fait-il établir la carte des régions parcourues, puis il crée bientôt dans ces contrées éloignées que parcourent des explorateurs envoyés par lui, des postes de commerce et de défense. Et comme l'or se rencontre abondamment là-haut, il veut même y fonder des établissements définitifs pour l'exploitation des mines précieuses. Tout est prévu, détaillé, dans son projet, le nombre de soldats et d'officiers nécessaires, le mode d'exploitation, les points de défense à choisir, la politique locale à suivre.

Le Haut-Sénégal ne lui fait cependant pas négliger la côte et c'est notamment de Brüe que nous tenons encore le droit de naviguer librement sur la Gambie.

Il fonde même, à l'embouchure de ce fleuve, le poste d'Albreda que nous avons malheureusement cédé aux Anglais en 1857.

Les rois noirs et les Maures eux-mêmes, commencent à voir en nous, grâce à sa fermeté, autre chose que des marchands pillables à merci. Ses efforts n'augmentent pas seulement le capital de sa Compagnie, ils ont encore pour résultat de fortifier notre situation et d'accroître l'étendue de nos possessions.

Il ne peut toutefois réaliser l'ensemble de ses vastes plans, car sa politique effraie ses actionnaires. De même que Dupleix, avec moins de gloire mais aussi sans avoir à subir de semblables désastres, il reste bien en deçà de ses rêves.

On le contraint en définitive à s'en tenir au négoce, lorsqu'il voudrait, pour le plus grand bien des intérêts qui lui sont confiés, faire encore plus de politique.

Il part enfin et le Sénégal retombe dans une longue somnolence, malgré les efforts sans lendemains que tenteront après lui quelques hommes de valeur.

Demeurés nos derniers adversaires sur la côte d'Afrique et séduits comme nous par l'or du Galam, les gommes du désert et les captifs, les Anglais nous reprennent encore le Sénégal à diverses reprises, au cours du XVIIIe siècle.

La Révolution effleure à peine la colonie qui nous échappe bientôt une dernière fois jusqu'à la Restauration.

On parlera beaucoup du Sénégal quand il nous sera rendu définitivement en 1817 et le souvenir d'un désastre, celui du naufrage de la *Méduse*, jettera un lustre tragique sur son nom.

On y tentera cependant sans succès des essais de colonisation agricole après l'échec desquels, la somnolence déjà séculaire reprendra de nouveau.

Comme du temps de Brüe, le Sénégal n'est toujours qu'une série de postes éloignés les uns des autres, où l'on ne fait qu'un peu de commerce avec l'agrément, sujet à caution, des chefs indigènes, où l'on meurt beaucoup, où l'on s'ennuie davantage, au point qu'à peine arrivé, on souhaite de pouvoir partir sans retour.

Voici que passe un homme de conscience et de grand mérite. Il doit finir amiral et se nomme Bouet. Mais l'ingrat Sénégal l'a oublié comme il en oublia tant d'autres !

Le lieutenant de vaisseau Bouet, gouverneur de la colonie écrit au ministre de la Marine en 1844 :

« Depuis la reprise de possession du Sénégal, il n'existe aucune tradition de la politique extérieure.

« Les gouverneurs s'y succèdent habituellement de deux ans en deux ans..... Il faut l'avouer, la politique qui a prévalu au Sénégal depuis la reprise de possession et surtout depuis l'abandon des projets de colonisation, semble avoir en vue les intérêts commerciaux du moment plutôt que ceux de l'avenir, plutôt surtout que le progrès de la civilisation africaine. A nos portes, pour ainsi dire, on pille, on rançonne les peuples nos alliés. »

Bouet continue en traçant un programme de politique générale. Il faut, notamment, chasser les Maures de la rive gauche, démembrer les états trop puissants du fleuve et prendre au milieu d'eux une place prépondérante.

Bouet ne réalisa pas non plus son programme mais il lui fut donné, plus tard, de voir ses rêves anciens prendre corps et se transformer en une réalité magnifique.

Faidherbe paraît enfin, son nom reste le plus grand de l'histoire sénégalaise, car cet homme vit clairement les destinées de la colonie et, plus heureux que ses prédécesseurs, il put mettre à exécution leurs projets et les siens.

Faidherbe entre en fonctions le 16 décembre 1854. Il connaît le Sénégal pour y avoir déjà fait un séjour de deux ans. C'est lui qui, sous les ordres du gouverneur Protet, vient de construire le poste de Podor dont la fondation était en somme, la première application de l'ancien programme de Bouet ainsi que des vœux présentés, trois ans auparavant, par le commerce local et auxquels le ministre de la marine Ducos devait donner son entière approbation.

Dès que Faidherbe prend en mains la direction des affaires, le Sénégal tout entier s'éveille de son sommeil léthargique ou plutôt, il naît véritablement à la vie.

La guerre contre les Maures commence de suite. Quatre ans suffiront pour rejeter ces tribus pillardes sur la rive droite du Sénégal.

Notre poste du haut fleuve, Bakel, œil ouvert depuis longtemps déjà, sur le Bambouk aurifère, va être dépassé et, comme le voulait jadis Brüe, comme cette homme de génie avait déjà fait lui-même, on élèvera dès 1855, un poste nouveau tout près des chutes du Felou.

Ce fort sera l'amorce de la grande route de pénétration qui mènera un peu plus tard nos troupes d'abord, puis notre commerce, jusque dans le Soudan encore mystérieux.

Voici dans quelles conditions on le bâtit.

Un prophète El Hadji, coupait alors nos relations avec le haut fleuve dont il menaçait même de nous disputer le cours entier.

Nous n'étions que des marchands, disait-il. Il voulait nous défendre de former des établissements à terre et de faire remonter le Sénégal par nos bâtiments de guerre.

C'est pourquoi toutes les troupes de la colonie, c'est-à-dire 400 Européens augmentés de 600 volontaires noirs, furent transportées jusqu'à Medine où elles commencèrent la construction d'un poste.

Cet ouvrage devait résister héroïquement sous les ordres de P. Holle aux attaques d'El Hadji qui s'enfuit, définitivement vaincu, devant Faidherbe monté en toute hâte au secours de la petite et valeureuse garnison.

Mais le grand gouverneur ne se contente pas d'ouvrir la route du Soudan en parsemant le cours du fleuve de postes nouveaux,

On a placé sous son autorité en 1859, Gorée qui, depuis quelques années, formait un commandement distinct et de suite, il songe à faire respecter les anciens traités qui nous donnaient le protectorat de la petite Côte, depuis Dakar jusqu'à la Gambie.

Une courte expédition lui permet de réaliser dans cette région une œuvre semblable à celle qu'il vient d'accomplir dans le fleuve.

Les postes de Rufisque, Portudal, Joal, y sont fondés quelques semaines avant que ceux de Fatik dans le Sine et de Kaolak dans le Saloum, ne représentent au cœur de ces dernières régions, la perpétuité de notre force et de notre autorité.

Le Cayor, vaste état qui séparait Saint-Louis de Gorée, était devenu, dès 1861, la dernière région du Sénégal sur laquelle nous n'ayons aucune action.

Les tiedos, sortes de bandits aux ordres des chefs, s'y livraient cependant aux pires excès contre nos traitants. La promesse qui nous avait été faite par le dernier damel (roi) de nous laisser construire une ligne télégraphique qui réunirait Gorée au fleuve n'avait pas même été tenue.

Une forte colonne traversa le pays sans éprouver de résistance, elle laissa derrière elle une chaîne de trois postes qui servirent, trois mois après, dans une seconde campagne, au cours de laquelle le damel fut détrôné et remplacé par un compétiteur acquis à notre cause.

La situation troublée du Cayor nous obligea cependant par la suite, et jusqu'en 1886, à de nombreuses expéditions dans ce pays difficile et que sa situation géographique rendait si intéressant pour nous.

Mais dès 1865, lorsque Faidherbe quitte définitivement le Sénégal, la colonie possède déjà, sur toute son étendue normale, une organisation, rudimentaire ou plus ou moins complète, qui témoigne de notre omnipotence dans ces diverses régions, parfois inconnues la veille.

Nous n'étions dix ans auparavant, suivant l'expression d'El Hadji que des marchands dont le commerce absorbait toutes les facultés, qui n'avaient d'autre souci que d'étendre ou de préserver leur négoce.

Faidherbe a donc su, non seulement réaliser mais encore dépasser de beaucoup, dans ce court laps de temps, les plus vastes pensées de ses prédécesseurs. Il ne s'est pas contenté en effet, d'accroître l'aire où pouvait s'épandre notre commerce, il a également créé une véritable colonie, là où n'existaient auparavant que des comptoirs.

Il a fait des boutiquiers que nous étions jusqu'à sa venue, les maîtres de vastes territoires et les suzerains de régions plus vastes encore et toutes ces grandes choses ont été réalisées avec des moyens infimes en hommes et en argent.

A peine sortie de ses mains créatrices, sa colonie deviendra si vivace qu'elle ne tardera pas à jouer le rôle d'une métropole pour toute la partie de l'Afrique au milieu de laquelle elle est placée.

*
* *

Mais qu'est donc ce pays où de si grands efforts ont été semés inutilement au cours d'une période de temps qui commence à se compter par siècles et où de si magnifiques résultats, dont la moisson n'est pas encore finie, ont ensuite été recueillis en si peu d'années !

Les premiers découvreurs portugais qui d'après les ordres d'Henri le Navigateur, allaient de cap en cap, à la recherche des fameuses Indes trouvèrent, après avoir longuement côtoyé le stérile Sahara, un vaste fleuve où pénétraient facilement leurs caravelles.

Ce fleuve semblait être la borne immuable d'un monde nouveau. Le désert ne dépassait pas ses rives sablonneuses. Les Maures, petits et basanés mais de race blanche, qui parcourent le Sahara, s'arrêtaient également devant cette frontière, au delà de laquelle vivaient au contraire des hommes noirs et grands.

Le pays de cette race nouvelle paraissait boisé, riche en bétail et en gibier. Des troupes d'éléphants traversaient ses forêts de palmiers, tandis que des hippopotames ou des caïmans animaient les eaux de ses rivières.

Des fleuves majestueux traçaient leurs larges lits dans l'immense plaine qui paraissait s'étendre sur la région tout entière.

Les explorateurs remontèrent plus tard le long de ces fleuves jusque dans l'intérieur et la géographie du Sénégal, comme celle des territoires voisins, s'écrivit ainsi peu à peu chaque jour.

Notre colonie fut d'abord tout entière, comprise dans le bassin inférieur du Sénégal. Elle a depuis, comme on sait, débordé très largement au delà de ses limites anciennes.

Ses frontières qui commencent au nord, près de l'embouchure du fleuve, se prolongent de l'est à l'ouest, sur plus de 900 kilomètres, le long de sa rive gauche, en dessinant un vaste demi-cercle dont la convexité est dirigée vers le nord.

La frontière quitte ensuite le fleuve pour suivre son premier affluent de gauche, la Falémé, qui se dirige vers le sud-est. Le point le plus méridional qu'elle atteigne touche le 12° de latitude nord ; cette région avoisine la Guinée française.

Plus à l'ouest, commence la Guinée portugaise, limitrophe du cercle Sénégalais de la Casamance, long boyau resserré entre cette colonie lusitanienne et le couloir, plus étroit encore, de la Gambie anglaise qui, sur la carte, paraît être une simple annexe dans nos territoires.

Le Sine Saloum commence au nord de cette dernière enclave étrangère, si minuscule par l'étendue mais si importante par sa position.

Cette dernière contrée où l'influence du désert encore lointain, commence toutefois à se faire sentir, emprunte son nom aux deux rivières, le Sine et le Saloum, qui la traversent et qui sont plutôt qu'autre chose, deux bras de mer pourvus d'une embouchure unique.

La petite Côte qu'on rencontre ensuite se prolonge sur plus de 100 kilomètres jusqu'à Dakar, qui est le point le plus occidental de toute l'Afrique.

Le Cayor, plat et sablonneux, sépare seul le Cap Vert de l'embouchure du Sénégal. La côte qui le borne est rectiligne, des dunes de sable la longent presque constamment et leur abri protège un long chapelet d'étangs, la plupart temporaires, plus ou moins étendus, entourés de beaux pâturages et parfois même, de véritables fourrés de palmiers éleïs.

Toute la région du bas et du moyen Sénégal est une vaste plaine au nord de laquelle le fleuve étale ses méandres enchevêtrés, ses marigots innombrables et ses vastes îles plates, semées entre des rives également plates.

Il descend à peine de trente mètres sur les derniers mille kilomètres de son cours. Un vaste plateau désert, le Ferlo, simple exhaussement de la plaine immense, sépare son bassin de ceux du Sine Saloum et de la Gambie.

Les régions les plus orientales de la colonie tendent à s'élever vers le sud et les rives en partie rocheuses de la Falémé sont assez accidentées.

Une véritable chaîne de collines se remarque toutefois dans la plaine Sénégalaise dont la grandeur égale presque la moitié de celle de la France. Cette chaîne dresse auprès de Thiès ses sommets mamelonnés dont l'altitude moyenne dépasse à peine cent mètres, et elle se termine au cap de Naze, sur la petite Côte.

Les forêts qu'admiraient nos pères et qui donnaient asile à la faune géante de l'Afrique, ces forêts n'existent plus guère aujourd'hui. On en voit cependant des vestiges à partir de Thiès et jusqu'à la petite Côte.

Quelques autres débris en subsistent également, de-ci de-là, mais les éléphants qui les peuplaient jadis ont disparu maintenant jusqu'au dernier.

On se demande même comment ces pachydermes qu'on trouvait encore presque partout, il n'y a pas plus d'un demi-siècle, pouvaient vivre dans des régions aussi désertiques. On se demande également, à voir l'ordinaire désolation de ces terres brûlées, comment il se fait qu'elles aient excité naguère l'envie de peuples commerçants et qu'elles soient encore si précieusement conservées aujourd'hui par des maîtres venus du dehors.

Le Sénégal paraît n'être en effet qu'un vaste désert pendant six à sept mois de l'année. Les eaux de ses fleuves, celles de ses marigots, sont alors salées, son sol de sable est frappé, croirait-on, d'une éternelle malédiction. On n'y voit pas d'eaux courantes, pas d'épaisses verdures les rares villages dispersés sur son étendue y paraissent misérables.

Ses arbres ou ses arbustes portent des épines, et leurs tiges et leurs branches desséchées semblent dépourvues de sève.

Puis, voilà que le ciel brûlant et toujours bleu, se couvre de nuages qui crèvent bientôt en abondantes tornades, les lits des fleuves s'emplissent d'un flot sans cesse renouvelé d'eaux bourbeuses et rapides, les baobabs gigantesques, aux branches toutes nues, se couvrent d'un feuillage épais, à perte de vue le sable se pare d'un vert manteau d'herbes vigoureuses.

Partout cachée jusqu'alors, pour éviter la chaleur mortelle, la sève coule, portant avec elle la vie et la beauté.

Le Sénégal n'est plus qu'une vaste prairie peuplée de troupeaux, parsemée de champs et de bois où les palmiers jettent une note pittoresque.

Voilà le miracle annuel, que réalise en peu de semaines, l'eau bienfaisante aidée par le soleil, mais la terre elle-même n'est pas ce que ferait supposer un examen superficiel.

La géologie sénégalaise vient à peine de livrer ses secrets et cependant elle révèle les raisons pour lesquelles le sable qui couvre le sol, à perte de vue, nourrit chaque année cependant de riches moissons.

Ainsi cette histoire de la terre, qui est antérieure de plusieurs milliers de siècles à l'histoire des hommes, explique jusqu'à un certain point, le passé ou le présent et même, permet de prévoir l'avenir de la colonie.

Le Sahara était à l'époque tertiaire un océan dont les eaux noyaient également le Sénégal actuel.

La terre ne commençait que bien après Bathurst et de ce point, le rivage en festons plus ou moins accentués, se dirigeait vers Bamako, puis vers lac Tchad.

La Méditerranée était au contraire émergée tandis que sur la Tunisie et l'Algérie les dépôts phosphatés qu'on exploite aujourd'hui dans ces régions, se créaient lentement au fond des eaux.

Des dépôts analogues, quoique moins riches, se formèrent à la même époque, dans une notable partie du Sénégal dont le sous-sol est en effet composé de calcaires marneux phosphatés.

C'est la présence de ces roches qui expliquerait, d'après l'administrateur G. Laurent, la richesse agricole extrême de certains cantons de Thiès. Malgré les apparences qui feraient croire au paradoxe, le sol de cette région serait en effet comparable à ceux de notre Limagne ou de la légendaire Chaldée.

Mais, voilà que l'effondrement de la Méditerranée fait jaillir des flots l'Afrique actuelle en même temps que s'érigent les Alpes en Europe, et les Cordillières en Amérique.

Comme l'Océan dont elles prennent la place, ces terres nouvelles se rident, au cours de leur exhaussement, d'ondulations régulières semblables à des vagues successives.

Toujours d'après M. Laurent qui a beaucoup étudié la géologie du Sénégal, on compterait, en partant du littoral actuel et en allant jusqu'à Tombouctou, un certain nombre de ces vagues, orientées les unes et les autres du S.-E. au N.-O.

Mais les puissantes précipitations atmosphériques et le soleil de nombreux siècles nivellent le sol. Les grès tendres sahariens s'effritent à la longue, leurs poussières chassées par le vent, poudrent d'abord les calcaires sénégalais puis les recouvrent peu à peu d'une couche chaque jour plus épaisse.

Les dénivellations qu'on rencontre encore dans les environs de Thiès préservent seules, autour de ce poste, le sous-sol primitif de l'ensevelissement fatal.

C'est, pour obéir à une loi géologique générale, la première de ces grandes ondulations que va suivre le fleuve Sénégal. On en voit des traces depuis Podor jusqu'à Richard Toll et un autre témoin de cet anticlinal subsisterait encope également au N.-O. du fleuve, dans le Tagant, où nous venons récemment de planter notre drapeau.

Si l'on se dirige vers le sud, les autres ondulations anciennes sont marquées, à l'heure actuelle, d'abord par le cours du Sine, puis par celui si caractéristique de la Gambie, par ceux encore de la Casamance et du Rio Grande.

On parvient ainsi jusqu'au massif très ancien de la Guinée française dont les roches, délitées puis transportées par les pluies, ont été enrichir de la poudre d'or qu'elles contenaient le vieil Eldorado Sénégalais, le pays de Galam, qu'on nomme aujourd'hui Bambouck.

On doit également, pour être complet, signaler la présence d'une région volcanique dans la presqu'île du Cap Vert. Les Mamelles représenteraient d'anciens cratères semblables à ceux d'Auvergne et éteints depuis au moins autant de siècles.

Les tufs qui révèlent l'existence de cette région et qui en marquent les limites ne se rencontrent guère qu'à proximité de Dakar. Une autre région volcanique également signalée par des tufs, se trouve aussi derrière Popenguine, sur la petite Côte.

De ses plaines de sable dont l'aspect est si désolé pendant la saison sèche, de ses prairies vertes où, durant l'hivernage, paissent des troupeaux nombreux, le Sénégal tire, en gommes, en dépouilles d'animaux, en caoutchouc et produits divers, mais surtout en arachides, de quoi alimenter un commerce considérable, puisqu'il atteignit en 1906, mais les chiffres qui concernent une partie du Soudan y sont compris, l'importante somme de 35.718.751 francs pour les exportations, sur un total de 89.884.411 francs de commerce.

Après avoir parlé de l'histoire du Sénégal, de son sol et de ses productions, on ne peut sans risquer d'être très incomplet, passer sous silence son climat et les maladies qui, d'après l'histoire ou la légende, rendent son séjour si redoutable.

Les premiers navigateurs avaient déjà remarqué combien pénible à supporter était la température de ces régions. Ceux qui firent à leur suite des établissements sur la côte ne tardèrent pas également à savoir que la fièvre y sévissait ainsi que la dysenterie et d'autres maladies encore.

Les commis des six compagnies de commerce françaises qui se succédèrent au Sénégal, connurent bientôt à leur tour, par expérience, toute l'insalubrité des postes où ils devaient vivre.

Mais ces malheureux ne possédaient aucune défense contre le climat. Ils habitaient des cases malsaines, construites dans des îles ou sur des terrains généralement entourés de marécages. Ils ne savaient pas se préserver des ardeurs d'un soleil autrement chaud que celui de leur pays natal. Leurs coiffures, leurs vêtements étaient ceux mêmes dont ils se servaient déjà chez eux. La qualité de leur nourriture laissait à désirer car ils n'osaient trop sortir de leurs retranchements et, comme des matelots à bord, mais sans jouir de l'air vivifiant du large, ils devaient se sustenter plus fréquemment de salaisons que d'aliments frais.

L'absence de discipline et de saines distractions qui les poussaient trop souvent aux pires excès, représentait encore une cause nouvelle de mortalité pour eux, de mauvaise réputation pour la colonie.

Les admirables expéditions de Faidherbe et de ses successeurs contribuèrent au cours du XIXe siècle, à accroître encore le renom d'insalubrité dont souffrit toujours le Sénégal.

Les héros trop peu connus de ces véritables épopées partaient en petit nombre. Ils étaient vêtus comme leurs camarades de France et comme eux, se couvraient la tête, soit du lourd schako, soit et cela dura jusqu'en 1880, d'un simple chapeau de paille, peu propre en vérité à préserver des insolations.

Les efforts physiques disproportionnés auxquels la nécessité les contraignit de se livrer sous ce climat débilitant, contribuaient trop souvent à les abattre ainsi que le manque de confort habituel.

Le soleil était donc plus terrible pour eux que l'ennemi, aussi la mortalité diminua-t-elle déjà dans des proportions considérables, du jour où les troupes furent pourvues du simple casque colonial.

Pour ce qui est des maladies, à la fièvre palustre et à la dysenterie qui étaient endémiques au Sénégal, se joignirent ensuite d'autres affections plus redoutées, sinon plus redoutables, le choléra qui vint probablement d'Europe et la fièvre jaune ramenée sans doute d'Amérique, par quelque négrier en quête de bois d'ébène.

Cette dernière maladie fut bientôt considérée comme le fléau le plus terrible de la côte. Elle décimait les Européens quand elle envahissait la colonie.

Les épidémies de 1830, de 1867, de 1878, de 1880 comptent parmi les plus meurtrières.

La dernière eut lieu en 1900 et atteignit environ 300 personnes dont moins d'un tiers échappa seul. L'exode général de la population blanche put enfin limiter le désastre, aussi le souvenir de ces hécatombes pèse-t-il lourdement encore sur la réputation du Sénégal.

Le climat de la région ne devrait cependant pas être incriminé à leur sujet puisque ces épidémies sont venues du dehors.

Les quais de St-Louis.
Le départ d'un convoi pour le fleuve. — Au fond à gauche le pont Faidherbe.

Paysage et troupeau dans les Niayes.

Mais la science nous donne aujourd'hui ce qu'elle nous refusait hier, le moyen de nous préserver des atteintes de ces maladies. Une rigoureuse application des mesures sanitaires dues à l'initiative de M. Roume, ancien gouverneur général de l'Afrique occidentale française, peut garantir l'avenir, et les désastres anciens ne se renouvelleront plus si l'on continue à vouloir s'en préserver.

Les maladies endémiques au pays, c'est-à-dire celles qu'on peut y rencontrer en tout temps, ne lui sont pas spéciales. Elles existent également dans une infinité d'autres contrées dont quelques-unes ne sont plus considérées aujourd'hui, grâce aux progrès de l'hygiène et de la médecine, comme particulièrement malsaines.

Reste à étudier le climat sénégalais.

Le Sénégal est compris entre 16° 6 et 12° 3 de latitude nord. Sa situation sur la carte marque qu'il fait partie de la zone torride. Sa température moyenne annuelle est d'environ 23°, celle d'Alger étant de 16°. La proximité du Sahara lui donne toutefois un caractère spécial, elle diminue l'humidité de l'air et amplifie les différences thermométriques.

L'année se partage en deux grandes périodes. La saison sèche commence, selon les localités, de novembre à décembre, pour finir vers la fin de mai ou même un peu plus tard. Les températures diurnes sont parfois très élevées mais toujours sèches et partant supportables, celles de la nuit sont souvent très fraîches, ce qui revient à dire qu'elles sont reposantes pour nos organismes.

La saison d'hivernage est au contraire chaude et humide, d'où il découle qu'elle est très malsaine et pénible pour les blancs.

C'est l'époque de la poussée des sèves, les baobabs et les autres arbres se couvrent de feuilles et la brousse, d'herbes. Le noir qui souffrait naguère du froid, se réjouit maintenant tandis que l'Européen se sent bientôt anémié par la chaleur continuelle et par les fréquents accès de fièvre qu'il doit aux piqûres des moustiques innombrables. La température n'est, bien entendu, pas partout uniformément la même, dans toute l'étendue du Sénégal. Saint-Louis connaît des nuits fraîches où le thermomètre s'abaisse jusqu'à 8° ou 9° et l'on y doit porter les vêtements d'Europe pendant plus d'une moitié de l'année. La chaleur n'y dépasse qu'exceptionnellement

35°. Aussi cette ville, relativement saine par ailleurs, peut-elle êtr considérée comme le sanatorium naturel du Sénégal.

Dakar, qui est situé à 200 kilomètres plus au sud, présente déj une température moyenne annuelle supérieure d'un degré.

Plus encore que les autres escales du fleuve, Podor connaît d très fortes températures. On y enregistre au mois de mai jusqu 45° à l'ombre. Ces chaleurs extrêmes demeurent toutefois relative ment supportables, grâce à l'extrême siccité de l'air.

Le Cayor est presque aussi chaud et sec que le fleuve, car l vent d'est y souffle également. Bakel, qui est situé sur le haut Séné gal, offre déjà un climat plus humide. Il en est de même pour Kao lak, sur le Saloum, qui passe cependant pour la localité la plu chaude de la colonie, après Podor.

La Casamance, enfin, présente un climat tout différent des autres régions sénégalaises. La saison humide y occupe une très large place et la fraîcheur bienfaisante alternant avec la chaleur sèche de la bonne saison, s'y font à peine ressentir durant quelques semaines fugaces.

On peut, de ce qui précède, tirer la conclusion que le climat du Sénégal est relativement sain. Il ne fait certes pas de cette colonie, une terre de peuplement pour la race blanche, mais l'Européen adulte peut fort bien y vivre sans trop de dommages, même durant de longues années consécutives, pourvu qu'il s'astreigne à une certaine hygiène et qu'il s'entoure du confort que les villes lui offrent déjà très abondamment.

Voici qu'est terminée la revue à peu près complète des particularités qui signalent le Sénégal actuel, car dans ce dernier demi-siècle les limites de la colonie furent singulièrement variables.

Encore comprise, au début de cette période, dans l'espace étroit que recouvraient quelques villes ou quelques postes séparés les uns des autres par de véritables états indépendants, la colonie s'étendit d'abord le long des lignes tracées sur les cartes par les cours des fleuves ou la frange du littoral.

Ensuite, les faits sont d'hier, comme ces adolescents dont la taille s'accroît subitement, le Sénégal s'agrandit de toutes parts, il s'avança jusqu'au Niger pour s'étaler ensuite dans le Soudan aux limites imprécises.

Il envahit aussi toute la côte occidentale, remontant encore les cours d'eau, escaladant même les hauteurs du Fouta Djalon mais cette crise de croissance exagérée présentait des dangers qu'un remède énergique sut prévenir à temps.

Le Sénégal fut successivement amputé des rivières du Sud et du Soudan qui formèrent la plupart des colonies actuelles de l'Afrique Occidentale française.

Il avait été, durant un court moment de son histoire, une sorte de mère-gigogne coloniale. Un véritable empire était alors sorti de ses flancs, qui fut en partie payé avec le sang de ses tirailleurs, mais surtout, gagné par l'intelligent héroïsme d'explorateurs, d'officiers et de fonctionnaires, dont les rangs, toujours décimés, se sont remplis sans cesse jusqu'à maintenant.

Le temps des grandeurs est passé, l'âge héroïque est clos, le Sénégal n'est plus qu'une partie d'un ensemble qu'on nomme administrativement le gouvernement général de l'Afrique occidentale française.

Et comme la façade de la maison paraît vieille, tandis qu'à côté, des constructions neuves s'élèvent à l'envi, comme, pour parler sans image, les colonies voisines, plus récentes, joignent au mérite de la grande nouveauté, celui d'apparences plus engageantes, le Sénégal, jeune grand'mère, semble être devenu quelquefois la Cendrillon de nos colonies africaines.

On le méconnaît ou bien on l'oublie trop dans la Métropole qui ressemble souvent à ces prodigues dédaigneux de richesses dont ils ne connaissent pas l'exacte valeur.

SAINT-LOUIS

Saint-Louis, chef-lieu et métropole du Sénégal. Sa situation sur le fleuve. Aspect de la ville et de ses trois faubourgs. Son histoire. Le commerce seul la créa naguère, seul il la fait vivre encore aujourd'hui. La banlieue de Saint-Louis.

Saint-Louis, le N'dar des Ouoloffs, dans son île de sable, longue et étroite, semble être un immense vaisseau mouillé au milieu du Sénégal. L'hôtel du gouvernement représente sa dunette, l'avant est à la pointe nord hier marécageuse, remblayée aujourd'hui et transformée en savane verdoyante. Les débouchés de ses rues transversales figurent les sabords, et la nuit, leurs lumières régulièrement espacées, augmentent la ressemblance d'une étrange façon.

Saint-Louis, du reste, ne fut longtemps qu'une sorte de navire aussi sûr pour ses occupants mais plus vaste et plus commode que leurs propres vaisseaux.

Les deux bras du fleuve qui l'entourent, la préservaient en effet, autant qu'un navire à l'ancre, du danger d'être envahi à l'improviste; aussi n'est-ce que très tard, après la soumission complète des régions environnantes, que la ville fut réunie par des ponts aux deux rives voisines. Mais alors des faubourgs poussèrent de suite sur ces espaces libres, de sorte qu'à peine libérée des craintes d'une invasion toujours possible auparavant, Saint-Louis prit en peu de temps des allures de capitale.

On voit la ville de la pleine mer. On peut même en approcher d'assez près, mais la plage de sable sur laquelle sont bâtis deux de ses trois faubourgs, est inabordable pour toute autre embarcation que des pirogues.

Une barre puissante en empêche l'accès, de sorte que pour atteindre le mouillage, les vaisseaux sont contraints de continuer leur route plus au sud, jusqu'à l'embouchure du fleuve.

Cette embouchure s'ouvre actuellement à 20 kilomètres de l'île

Saint-Louis, toutefois sa situation varie sans cesse, et d'un jour à l'autre, elle peut s'en approcher de plusieurs kilomètres ou bien s'en éloigner.

Une simple bande de sable sépare le Sénégal de l'Océan, depuis l'embouchure actuelle jusqu'à Saint-Louis. Le cours du fleuve s'encombre, à partir de ce point, d'une multitude d'îles à demi submergées pendant l'hivernage, qui renforcent d'autant, la barrière si frêle jusqu'ici qu'on appelle la Langue de Barbarie.

Cette langue, ou plutôt son prolongement se poursuit ensuite pendant près de soixante-dix kilomètres, mais toujours plus épaisse et toujours orientée nord-sud comme le fleuve lui-même dans cette partie de son cours.

Ce sont les sables de l'océan qui l'ont formée. Chaque vague apporte encore en se brisant contre son rivage rectiligne, son tribut de matériaux, aussi la Langue de Barbarie s'accroît-elle durant une partie de l'année, mais, quand vient avec mars la saison des raz de marée, il arrive que l'océan reprend en une fois ce qu'il avait donné.

La plage devient alors si étroite qu'elle ne peut résister partout aux assauts de la mer.

La partie de la Langue qui fait face à l'île Saint-Louis présente justement une largeur très minime, et le fleuve lui-même se rétrécit beaucoup au même point.

Cette dernière particularité, dont plus tard on a tiré profit pour relier l'île Saint-Louis aux rives voisines, ne pesa bien entendu pas d'un grand poids dans le choix que firent d'elle, jadis, les fondateurs de la ville.

Pénétrer dans le fleuve n'est pas facile, la barre longe le rivage, se continue à travers l'embouchure du Sénégal au point d'en rendre l'accès pénible et souvent impossible, pendant de longues semaines, à tout navire de haute mer.

Mais par compensation, dès que cet obstacle est franchi, le fleuve jusque et bien au delà de Saint-Louis, constitue un véritable port à l'abri de toutes les tempêtes.

Parler de ces choses n'est pas déplacé ici, le fleuve n'est-il pas en effet, non seulement la cause de la fondation de la ville mais encore l'unique raison de son existence et le seul facteur de sa prospérité ?

Saint-Louis est tout entier contenu dans son île longue de deux kilomètres et dix fois moins large, tandis que ses faubourgs se sont égayés partout autour de lui.

Vu de l'est à travers le grand bras du fleuve, il aligne le long de ses quais des maisons, blanches ou monochromes, semblables à des cubes d'inégale grosseur, grâce à leur toits en terrasse.

De-ci, de-là, quelque cocotier lance au-dessus des argamasses voisines, vers l'azur immuable du ciel, un fût trop grêle et qui paraît devoir plier sous le poids de ses palmes.

Cela donne à Saint-Lonis un cachet oriental, un faux air de ville arabe qui s'efface dès qu'on a traversé l'immense pont Faidherbe.

La ville laisse en effet, quand on la parcourt, tomber promptement ses voiles et l'on reconnaît bientôt en elle l'étrangère au pays, qu'elle est en réalité.

On pourrait dire d'elle, et sans doute l'a-t-on déjà dit, qu'elle est une succursale, une sorte de faubourg de Bordeaux.

L'aspect de ses rues rappelle celui de certaines rues de villes méridionales, nombre des Européens qui l'habitent sont méridionaux et la majorité de ses grandes maisons de commerce sont des succursales bordelaises.

Deux quartiers égaux se partagent la ville. Ils sont séparés l'un de l'autre par la masse de l'hôtel du gouvernement et par celle des casernes de l'infanterie de marine.

Trois rues parallèles s'étendent en longueur dans le quartier sud et quatre dans celui du nord. Un vingtaine de rues transversales achèvent de diviser la cité en casiers plus ou moins réguliers.

La plupart des rues sont couvertes d'une sorte de fragile macadam, fait de briques grossièrement pilées, qui évite la poussière, mais où, faute de pente, toutes les ornières deviennent, après la moindre averse, de véritables lagunes.

Chaque îlot est formé d'une ou plusieurs maisons généralement bâties sur un plan uniforme. Ces constructions n'ont qu'un étage élevé sur un rez-de-chaussée réservé au commerce, mais les magasins occupés sont devenus plus rares aujourd'hui en ville.

Un étroit balcon de bois sur lequel s'ouvrent des portes fenêtres rompt seul la monotonie des longues façades inondées de soleil.

Commandant toutes les pièces à l'intérieur, une grande galerie souvent fermée, entoure d'ordinaire une cour centrale où parfois, subsiste quelque végétation, reste misérable des vieux jardins du siècle passé.

Ce modèle de la maison Saint-Louisienne est le même qu'on retrouve partout au Sénégal, depuis Médine jusqu'à la Petite Côte.

Si la ville en contient d'assez beaux exemplaires, elle offre par malheur, à la vue, un nombre infiniment plus considérable de masures en briques ou de baraques de bois, sales comme les cités de chiffonniers de nos plus hideuses banlieues.

Le centre de l'île, aujourd'hui comme jadis, est la partie la plus animée de la ville. Il en constitue à la fois le quartier le plus aristocratique, si ce mot n'est pas bien ambitieux, et le plus commerçant. La plupart des bâtiments publics, le palais de justice, la place, l'église ainsi que le gouvernement et les casernes de troupes blanches, s'y trouvent également réunis.

Mais l'originalité de la ville ne réside pas dans ses constructions, elle se rencontre seulement dans le mélange qu'on y découvre, à tout instant et partout, de la barbarie extrême avec notre civilisation.

Les noirs peuplent, bien entendu, les vieilles maisons à demi ruinées ainsi que les baraques des extrémités de l'île.

Ils sont également revenus dans les « gallos » anciens où l'on gardait enchaînés les captifs. Chacune de ces pièces humides et sombres dont l'unique et étroite fenêtre reste garnie de gros barreaux de fer plat, sert aujourd'hui de logement à une famille entière.

Ils ont même envahi les rez-de-chaussée, trop souvent désertés par le commerce, des plus belles maisons dont l'étage est encore réservé aux Européens ou aux mulâtres.

Cette juxtaposition, car nulle part il n'y a de mélange, entre les races se retrouve mieux encore dans la rue.

On y voit passer à côté de la femme blanche, souvent jolie et parfois élégante, la lourde et grosse Ouoloffe dont le corps est enveloppé de nombreux pagnes éclatants de couleurs.

Sa tête au courts cheveux graissés et tressés se couvre d'un mouchoir aux dessins voyants. Elle traîne ses pieds nus dans des sandales jaunes, elle tient dans sa bouche aux lèvres lipues, une pipe qu'elle retire parfois pour lancer un jet de salive ou pour entamer d'une voix criarde, de longues salutations et des conversations sans fin avec ceux qu'elle rencontre.

Le Ouoloff paraît élégant auprès d'elle, dans ses amples boubous blancs ou bleus. Un bonnet de velours couvre sa tête rasée, il est grand, maigre et paraît grave, mais bientôt un rire d'enfant éclaire son visage d'homme, et l'âme irrémédiablement jeune de sa race apparaît sur ses lèvres.

Les noirs Bambaras trapus se mêlent aux Toucouleurs moins sombres et pareillement vêtus de loques.

On a besoin de deux bras solides pour n'importe quelle besogne, on crie « Toucoulor » et d'un coin de trottoir ombragé se lève un dormeur qui appartient infailliblement à l'une ou l'autre de ces deux races.

Tout le travail de la ville et des quais, maintenant empâtés et rendus presque inutilisables à cause des débris qu'on jette à leurs pieds, tout le travail qui n'exige que de la force, est fait par ces hommes, mais on rencontre encore auprès d'eux, dans la rue, bien d'autres variétés de la grande famille humaine.

On y voit également le Peul mystérieux, rouge vieux cuivre, et le Maure bronzé aux longs cheveux ébouriffés autour de la tête. On y trouve encore des Akous, venus de Sierra-Leone, et qui figurent mieux encore que nos « gourmets » ou noirs chrétiens, le nègre civilisé, celui qui a pris au blanc son costume, sa langue, sa bible et surtout, trop souvent, ses vices.

On y voit même des Syriens petits, basanés et d'aspect misérable, qui en dix ans ont accaparé le commerce de détail, ainsi que des commerçants marocains graves, rusés et intelligents, qui s'enrichissent, montent à bicyclette ou en voiture et se font même naturaliser, quand ils pensent devoir y trouver un juste bénéfice.

D'où qu'on vienne pour aller n'importe où, on est toujours forcé de longer un des côtés de l'Hôtel du gouvernement qui forme le centre de la ville.

Il représente, dans quelques-unes de ses parties, la plus ancienne construction de celle-ci. C'est pour ce seul motif qu'il offre quelque intérêt. Il s'élève sur l'emplacement de l'ancien fort, embryon de la cité, et constitue, avec ses dépendances, un vaste carré de près d'un hectare de surface.

On débouche à l'un de ses angles, dès qu'on a traversé le pont Faidherbe, par lequel on est contraint de passer pour entrer dans l'île. On trouve alors, à gauche, une vieille construction du XVIIIe siècle qui contient une vaste citerne édifiée sous la domination anglaise. Une partie de l'ancien mur d'enceinte existe encore derrière, et l'on peut en voir une autre mieux dégagée de bâtisses parasites sur la face sud de la construction principale.

Avec ses bureaux poussiéreux et malgré ses jardins ombragés de beaux eucalyptus, l'hôtel du gouvernement ressemble fort à l'habit d'Arlequin, fait de pièces et de morceaux. Il n'a ni style, ni beauté et ne semble bon, depuis longtemps, qu'à être démoli.

Une place assez vaste s'étend à l'ouest devant sa façade principale. Deux casernes se faisant vis-à-vis la limitent au nord et au sud. Des filaos sombres, semblables à des pins, quelques dattiers étiques l'ombragent un peu. En son milieu, derrière un kiosque à musique, se dresse un minuscule Faidherbe de bronze en tenue de campagne et qui tient son képi à la main, sans craindre les insolations.

Cette statue paraît bien petite pour honorer un homme si grand mais on peut dire qu'elle a le Sénégal tout entier pour piédestal.

Tout en effet de ce qui existe dans la colonie, fut commencé ou prévu par Faidherbe. On n'y peut rien citer sans le nommer et longtemps encore, on n'y fera rien qu'il n'ait souhaité entreprendre.

Un pont commence derrière sa statue, il réunit la ville à la langue de Barbarie. On lui a donné le nom du gouverneur Servatius et c'est Faidherbe qui le construisit, voici longtemps déjà.

C'était en 1856. L'œuvre commencée par le général, moins de deux années auparavant, prenait déjà tournure. Les Maures rejetés dans le désert, n'osaient pas plus s'aventurer dans l'étroite langue de Barbarie que sur la rive gauche du fleuve.

La région devenue tranquille, les nombreux marigots issus du Sénégal, de même que les deux bras de celui-ci, n'offraient plus l'avantage qu'ils possédaient auparavant, de constituer des fortifications naturelles. Ils présentaient au contraire, le gros inconvénient de couper les communications et de gêner le commerce.

La ville se sentait aussi, chaque jour, plus à l'étroit dans son île couverte en partie de marécages dont l'étendue rendait le comblement trop difficile.

Quelques concessions avaient été distribuées en 1849 sur la langue de Barbarie. On y fit d'abord beaucoup de jardinage si l'on n'osa guère y bâtir mais, avec le temps, les constructions elles-mêmes s'y multiplièrent. Les gens de la ville allaient y respirer la brise du large que n'arrêtait aucun obstacle.

Le petit bras du fleuve n'a pas cent mètres de largeur, l'ouverture du pont de bateaux qui l'enjamba n'en fut pas moins un événement mémorable dans l'histoire de la ville.

Saint-Louis cessait d'être, à partir de ce jour, un simple refuge, il devenait vraiment une ville.

Le vieux pont de bateaux s'est transformé depuis lors, tandis que les anciens jardins ont disparu sous la marée montante des maisons, aussi le faubourg actuel de N'dar Toute, mérite-t-il bien son nom. Il est en vérité un petit Saint-Louis.

Une longue avenue le traverse qui, du pont Servatius, se dirige vers le nord entre deux rangées de cocotiers. Elle passe d'abord devant un vaste marché couvert qui est bien le coin le plus bruyant de la ville. D'assez belles maisons la bornent ensuite des deux côtés.

L'une de ces constructions était naguère habitée par le gouverneur du Sénégal lorsque le Gouverneur général occupait encore l'hôtel du gouvernement. Elle n'a pas déchu depuis, car elle abrite aujourd'hui le Commissaire du gouvernement pour la Mauritanie. Ce haut fonctionnaire n'a pu se résoudre encore, et pour cause, à installer ses pénates sur son propre territoire.

N'dar Toute s'étend assez loin vers le nord jusqu'au quartier des tirailleurs dont certains pavillons, habités par les officiers sont, de beaucoup, les constructions les plus pratiques et les plus saines de la ville entière.

N'dar Toute fait vis-à-vis au quartier nord de Saint-Louis mais avant qu'il n'existe, Guet N'dar étalait déjà depuis longtemps ses cases de pailles sur la langue de Barbarie, en face du quartier sud.

Guet N'dar est peuplé des descendants de pêcheurs Lebous venus de Dakar qui trouvent leur subsistance dans le fleuve et dans la mer également poissonneux.

Guet N'dar a profité, tout comme son voisin N'dar Toute, de l'ouverture du pont Servatius. Il s'est beaucoup agrandi depuis lors et sa croissance continue toujours. Il couvre la Langue dans sa largeur et, commençant à gauche du pont Servatius, il atteint au sud, des dunes de sable qui servaient depuis longtemps de cimetière aux indigènes.

Le champ serré des bâtons plantés droit dans le sable et dont chacun marque le point où pourrit la tête d'un croyant, sera peut-être même bientôt submergé par le flot croissant des cases de paille.

Guet N'dar n'est absolument peuplé que d'indigènes. Ses rues sont mal tracées dans le sable semé d'immondices. Les enfants y jouent innombrables, au milieu des filets tendus, des longues pirogues de fleuve ou de mer aux extrémités effilées, des chats efflanqués et des chiens galeux.

Quand la pêche est bonne, c'est-à-dire du 1er janvier à la Saint-Sylvestre, chaque famille couvre les tapades qui entourent la case, le toit de celle-ci et même le sable de la cour, de longs chapelets de poissons éventrés qui sèchent au soleil en dégageant des parfums violents.

Aussi une promenade dans ce faubourg n'est-elle pas toujours agréable autant qu'elle est pittoresque.

Les touristes, ils sont rares à Saint-Louis, devraient cependant se risquer sur la plage de Guet N'dar, le matin avant sept heures, pour assister au départ de la flottille de pêche.

Le spectacle qu'ils verraient les dédommagerait, non pas de s'être levé tôt, ceci est un plaisir au Sénégal, mais d'un second spectacle qu'ils ne pourront éviter et qui du moins aura pour eux, à défaut d'autre chose, l'attrait de l'imprévu.

Ils pourront voir en effet les noirs et les négresses de la ville, celles-ci assises sur leurs grands pots de grès, causant et soulageant à la fois leurs intestins.

L'une après l'autre, en ménagères soigneuses, ces dames verseront ensuite à la mer et devant elles, le contenu des vases qu'elles nettoyeront, pour plus de sûreté, du bout de leurs pieds nus.

Mais revenons aux pêcheurs.

Soixante pirogues environ montées chacune par trois ou quatre marins, sont tour à tour poussées à l'eau, selon un rite particulier. Leur équipage profite d'une dernière vague qui vient, pour lancer l'embarcation sur laquelle il s'élance quand elle flotte déjà.

Quelques judicieux coups de pagaie aident le flot qui se retire. Les deux ou trois volutes de la barre sont successivement franchies dans des nuages d'écume. Une voile blanche se tend alors, s'enfle de brise et bientôt, resplendissant sous le soleil nouveau, la pirogue légère prend son vol vers le large, comme un oiseau marin.

Saint-Louis demeura une ville exclusivement maritime et insulaire jusqu'au jour où Faidherbe inaugura d'abord le pont de N'dar Toute puis, le 30 décembre 1856, le pont-bac de Sor, sur le grand bras du fleuve. Un pont de bateaux remplaça plus tard ce bac et fut lui-même remplacé en 1897 par un superbe pont métallique, long de 506 mètres, pourvu d'une travée mobile pour le passage des bateaux de haute mer et qu'on appelle fort justement le pont Faidherbe.

Réunie à la langue de Barbarie qui est une sorte d'annexe du Sahara, la ville se trouvait également, de cette façon, rattachée au Sénégal lui-même. Aussi un autre faubourg ne tarda-t-il pas à se bâtir dans Sor, sur l'autre rive du fleuve. Faidherbe le nomma Bouetville, toutefois l'ancienne appellation subsista seule.

Les voyageurs qui arrivent à Saint-Louis par le chemin de fer de Dakar, ils sont l'immense majorité, traversent d'abord ce quartier avant d'atteindre la ville dont ils ont vu à l'horizon, comme en un mirage, les maisons et les palmiers dorés par les rayons du soleil couchant.

Une véritable forêt de cocotiers a d'abord fixé de loin leurs regards. Ils ont ensuite aperçu une église au clocher pointu puis, un peu plus loin, la gare ombragée d'eucalyptus, quelques maisons à l'européenne et d'innombrables cases disséminées dans des jardins.

Voilà comment leur est apparu Sor qui possède à lui seul un

tiers des habitants de la commune, c'est-à-dire environ huit mille âmes.

La gare trop modeste et dont les jours sont comptés, sera d'ici peu de mois rebâtie sur l'emplacement d'un marais récemment comblé au bord du fleuve.

Jusqu'à ce que ce travail soit achevé, les voyageurs suivront, au sortir des wagons surchauffés, une route mal ombragée d'arbres chétifs, ils verront, des portières de leur antique diligence, deux des trois cimetières qu'on a successivement ouvert à Sor pour la ville grandissante, ils salueront au passage un monument aux morts de l'épidémie de 1878 et, l'âme pleine de pensers graves, ils atteindront enfin le pont dont les arcs de métal sautent le large fleuve à grandes enjambées.

Il n'y a pas que des cimetières ni même que des jardins potagers à Sor. Ce faubourg représente en effet à lui seul presque toute la banlieue de Saint-Louis. S'il lui fournit ses légumes pendant la saison sèche, c'est aussi chez lui que vont en villégiature les « gens du pays ».

Deux kilomètres séparent à peine ses coins les plus reculés de la ville, et cependant les familles aisées, mulâtresses ou même créoles, s'imposent pour suivre la coutume, la charge d'une seconde installation à Sor.

Elles y vont passer la bonne saison, celle où les nuits sont plus fraîches et plus rares les moustiques.

Sor qui est le plus récent faubourg de Saint-Louis est aussi celui qui s'est le plus transformé, surtout dans le cours de ces deux dernières années où l'on a comblé la plupart des marigots secondaires qui le traversaient. Mais s'il doit l'existence au pont Faidherbe, c'est surtout à la conduite d'eau qu'il doit sa croissance rapide.

Cette conduite va chercher à 18 kilomètres de distance, l'eau douce dont la ville ne pourrait se passer.

Elle a une histoire ou plutôt son histoire constitue un chapitre des annales locales qui vaut d'être résumé.

L'eau du fleuve, salée dès le commencement de novembre, ne devient douce que vers le début de juillet, quand la crue produite en mai par les pluies de l'hivernage soudanais, est enfin descendue jusqu'à l'océan.

Les habitants de Saint-Louis devaient donc se contenter pendant les longs mois d'été de l'eau qu'ils conservaient dans leurs citernes.

Cette pénurie arrêtait le développement de la cité et empêchait l'extension des cultures maraîchères si utiles pour la santé publique.

La situation était telle qu'on dut longtemps envoyer des bateaux citernes chercher à plus de cent kilomètres en amont sur le fleuve, l'eau potable indispensable et Faidherbe lui-même se préoccupa déjà de fournir d'eau, moins parcimonieusement, sa ville.

L'énormité des dépenses nécessaires comparées aux ressources disponibles, le contraignirent à laisser inachevée cette œuvre de longue haleine. C'est cependant un affluent du Marigot de Lampsar, fermé par ses ordres en 1859, qui alimente aujourd'hui Saint-Louis et les jardins de Sor.

Mais vingt-sept ans furent nécessaires, ainsi que les efforts successifs de Pinet-Laprade et de Brière de l'Isle, pour l'achèvement du travail ébauché par lui.

Le système employé est simple.

On ferme les écluses qui isolent le marigot avant que les eaux de la crue ne soient remplacées dans le lit même du fleuve par celles de la mer.

Il ne reste plus ensuite qu'à puiser dans cette sorte d'étang artificiel et à refouler dans les conduites, les 3.000 mètres cubes de liquide nécessaires à la consommation quotidienne de la ville.

Le public se plaint toutefois, non sans raisons, de la mauvaise qualité de ces eaux et, moins justement, de l'insuffisance de leur quantité.

On pourrait facilement lui donner satisfaction. Il suffirait pour cela d'arrêter le gaspillage des eaux jusqu'ici distribuées gratuitement, qui se fait dans les jardins de Sor. Sans dépenser davantage, on pourrait améliorer la qualité des eaux livrées à la consommation.

Voilà ce qu'est aujourd'hui Saint-Louis.

Cette petite et calme cité d'allure provinciale est cependant, pour l'Afrique, une véritable grande ville.

Il a du reste fallu près de trois siècles pour la faire telle qu'elle est, pour bâtir non seulement ses maisons mais encore son sol, et pour réunir sur ce petit espace de terre stérile, disputée aux flots en même temps qu'au désert, les vingt-cinq mille âmes qui l'habitent.

Aussi son histoire mérite-t-elle qu'on la résume.

*
* *

Le premier établissement des Français dans le fleuve aurait été fondé sur l'île Boccos qui serait peut-être celle que nous nommons Babagueye mais l'île Saint-Louis plus vaste et moins accessible fut définitivement choisie avant 1626.

Le maigre ouvrage élevé à cette époque et décrit par Barbot subsista longtemps sans recevoir d'améliorations. Quelques hectares de terre émergeaient seuls alors et constituaient la totalité de l'île sur laquelle il se dressait.

Le chef du village du Sor y aurait, selon la tradition, planté du coton avant de la céder aux blancs.

Ces messieurs de la Compagnie normande qui durent vendre en 1664 par ordre du roi, l'habitation et le fort Saint-Louis, n'en tirèrent que 150.000 livres.

On conviendra que si le prix est élevé pour un champ de coton, il ne l'est guère pour une ville.

Quelques magasins existaient alors dans l'enceinte palissadée du fort.

Un certain nombre de cases peuplées de noirs libres venus du Cayor ne tardèrent pas à s'élever au sud.

Les commis venaient souvent y coucher, aussi la présence de mulâtres ne tardera-t-elle pas à être constatée dans l'île.

Un fait indiquera suffisamment l'insalubrité de l'établissement. Sur les treize directeurs qui se succédèrent au Sénégal depuis J. Lombard en 1626 jusqu'à l'arrivée de Brüe, huit d'entre eux moururent dans l'exercice de leurs fonctions.

Aucun autre événement n'est à signaler durant ces années monotones, sinon l'arrestation en 1690, de Chambonneau par ses

St-Louis. — La sortie de l'église.

St-Louis. — La mosquée.

propres commis et deux ans plus tard, la surprise du fort par J. Booker, le gouverneur anglais de la Gambie.

Cette surprise ne fut qu'un incident puisque le capitaine Bernard reprit quelques semaines après Saint-Louis ainsi que Gorée qui avait subi le même sort.

La facilité avec laquelle réussissaient ces coups de mains indique le peu d'importance de postes qui étaient le prix de semblables victoires.

La population de l'établissement n'atteignait pas encore deux cents habitants du temps de Brüe.

Plus qu'un simple fort, Saint-Louis est encore toutefois, moins qu'un bourg lorsqu'il reçoit en 1749 la visite du naturaliste anglais Adamson.

Ce savant parrain de l'étrange famille botanique des baobabs, précéda ses compatriotes de moins de deux ans dans l'île.

Les Anglais reprirent en effet Saint-Louis en 1758 pour le garder jusqu'en 1779, époque à laquelle le duc de Lauzun le leur reprit sans peine, avec l'aide des habitants eux-mêmes.

Son expédition aurait été décidée à la suite du rapport que firent du peu de ressources des ennemis sur ce point, deux Pères du Saint-Esprit, naufragés et rapatriés de Saint-Louis en Europe.

La métropole envoie cette fois des gouverneurs remplacer les anciens directeurs de compagnies et quoique la place ne soit pas considérée comme très importante, quoiqu'elle ne soit pas non plus grassement rémunérée, il se trouve qu'un certain nombre de ses titulaires laisseront un souvenir honorable dans l'histoire du Sénégal.

C'est, après le comte de Repentigny, le fameux chevalier de Boufflers, maréchal de camp du roi qui, pour oublier sa cruelle séparation d'avec une amie bien aimée, traitait généreusement ses hôtes et travaillait avec zèle pour le bien de la colonie.

C'est aussi le chevalier de Blanchot dont le nom mérite plus qu'une sèche mention dans une liste chronologique.

Ce noble officier fut un excellent soldat et un bon diplomate en même temps qu'un philosophe véritable car il eut la remarquable habileté de se faire oublier par la Révolution dans son gouvernement qu'il sut ne pas considérer comme un exil.

Le malheur des temps rendait peu sûr pour lui le séjour de la métropole, il prit donc femme dans la colonie et y fonda une famille. Aussi les gens du pays le considéraient-ils comme un des leurs.

La Révolution qui eut sa répercussion plus ou moins marquée et le plus souvent sanglante, dans la plupart de nos possessions d'outre-mer ne troubla pas, grâce à lui, le Sénégal.

On n'y changea pour ainsi dire rien aux habitudes antérieures. On s'y appela tout au plus citoyen, sinon même dans la rue, au moins dans les rapports officiels mais on ne coupa le cou à aucun aristocrate, ce qui eût été difficile, puisqu'il n'en existait pas.

Et si par aventure, on y décréta l'abolition de l'esclavage, ce fut avec l'intention la plus ferme de ne rien changer aux habitudes du pays.

Le gouverneur avait alors sous ses ordres trois fonctionnaires civils principaux, un ordonnateur, un contrôleur et un garde magasin, qui formaient avec quelques commis toute l'administration.

La garnison ne comptait guère plus de cent hommes mais de nombreux volontaires la renforçaient en cas de besoin et elle possédait, au moins sur le papier, 86 canons.

Saint-Louis était alors devenu un véritable bourg où vivaient avec les fonctionnaires quelques rares commerçants européens, héritiers des anciennes compagnies supprimées par la Convention.

Les mulâtres, déjà nombreux, exerçaient de petits métiers et se livraient surtout au commerce et à la traite que pratiquaient également quelques noirs libres chrétiens qu'on appelait des « gourmets ».

Les abords de la ville étaient bien protégés contre toute attaque venue de la mer, grâce à la barre et l'on ne pouvait de plus y aborder librement de la grande terre que pendant la journée.

Il y avait des canons sur deux îlots placés en aval, un bâtiment stationnaire mouillait à une lieue de l'embouchure. Complétant ce système défensif, une redoute s'élevait à l'entrée de la rivière, une autre à Guet N'dar et une à la pointe nord de l'île.

Aussi Blanchot put-il repousser en l'an IX une attaque des Anglais comme il en avait repoussé une, tentée par les Maures, quelques années auparavant.

Il alla même jusqu'à prendre à son tour l'offensive et à conquérir Gorée sur nos ennemis héréditaires.

Blanchot mourut général de brigade en 1807 et pour affirmer leur reconnaissance, ses administrés firent graver dans la métropole une plaque funéraire dont ils n'oublièrent que de faire usage.

Deux ans plus tard, son Excellence Chleam Maxwell, gouverneur pour l'Angleterre de la colonie, fit enfin placer ce marbre sur la tombe du « brave et intègre général dont il respectait la mémoire ».

On le voyait récemment encore dans le cimetière qui existait à l'entrée du pont Faidherbe.

Des filaos mélancoliques balançaient leurs frondaisons funèbres au-dessus de ce modeste monument enterré sous les débris et que visitaient seuls, grâce aux brèches du mur, les bestiaux du village voisin.

Un événement digne d'être rappelé ici survint durant un des rares congés du général Blanchot.

Le chef de brigade Lasserre nommé gouverneur par intérim débarqua le 13 messidor an IX, mais il ne tarda pas à s'aliéner les sympathies publiques.

Voulut-il lutter, comme il l'affirme dans un « Exposé de sa conduite » contre l'omnipotence des gens du pays qui auraient souhaité, non seulement monopoliser le commerce local mais encore voulu proclamer une république indépendante ou bien, d'après les « observations » présentées devant la justice du Premier Consul par deux délégués envoyés tout exprès du Sénégal, « fit-il son domaine propre des subsistances, de la traite de la gomme et de celle des captifs qu'il aurait accaparée », toujours est-il que les habitants mutinés l'arrêtèrent dans son lit ainsi que son épouse et qu'ils expédièrent le ménage à Gorée qui se trouvait être retombé une fois de plus aux mains des Anglais.

Une ou deux familles existent encore à Saint-Louis dont les noms figurent dans ce procès oublié depuis longtemps car il ne devait être, au fond, et pour les deux partis en présence, qu'une affaire exclusivement commerciale.

Les Anglais allaient du reste nous prendre de nouveau Saint-Louis et le souvenir de leur domination demeura mieux dans les esprits.

Leur morgue était extrême, leur joug pesant, puisqu'ils faisaient s'incliner devant eux dans la rue, noirs et mulâtres ; la tradition rapporte même qu'ils distribuaient avec libéralité les coups de cordes aux délinquants.

Quelques-uns durent toutefois s'humaniser dans l'intimité, puisqu'ils ont laissé, suivant l'habitude sénégalaise, des héritiers de leurs noms.

Rendue par traité à la France, en 1814, mais grâce au très mauvais vouloir du gouverneur, remise seulement trois ans plus tard aux mains de ceux des nôtres qui échappèrent au naufrage de la *Méduse*, Saint-Louis possédait en 1830, le long de ses rues déjà rectilignes, près de 200 maisons en briques, dans lesquelles s'ouvraient environ 500 magasins. Sa population atteignait le chiffre de 9.000 habitants dont les trois quarts étaient les captifs de l'autre fraction.

Les cases noires se mêlaient sans ordre avec les maisons des blancs, les rues, sablonneuses et sales, devenaient des marais pendant l'hivernage. Il n'y avait de quais le long du fleuve qu'auprès de l'hôpital déjà situé au sud et plutôt qu'une ville, malgré son importance, Saint-Louis était un grand village toujours fort insalubre puisqu'on y compta dans cette même année 615 naissances contre 719 décès.

Le baron Roger y faisait à cette époque des vers pour occuper les loisirs que lui laissaient l'administration et ses essais agricoles.

Comme le Sénégal lui-même, la ville dut donc attendre, pour se transformer, la venue de Faidherbe.

Une des ordonnances de ce gouverneur nettoie le centre de la ville et notamment le pourtour de l'église des cases indigènes qui les déshonoraient encore.

C'est toujours Faidherbe qui lance des ponts sur le fleuve et commence les constructions des quais, si utiles pour le commerce.

Quelques-uns de ses successeurs méritent de laisser également leur nom dans les annales de la ville comme ils l'ont écrit dans l'histoire de la colonie.

Avec Pinet-Laprade qui mourut du choléra en 1869, le général Brière de l'Isle est un de ceux-là, et l'on se souvient toujours de ce chef qui, sans perdre de vue les affaires générales, trouvait moyen d'aller dans ses promenades jeter le coup d'œil du maître sur les travaux en cours.

Mais on vivait encore à une époque où, faute d'autres moyens, les plus grandes choses devaient se faire à force d'ingéniosité et de dévouement!

Un des plus chers projets de Faidherbe vient enfin d'être mené à bien. On a terminé l'an passé, d'après les ordres du gouverneur général Roume, le remblaïement des terrains inondés de Saint-Louis, de sorte que l'île entière émerge aujourd'hui du fleuve en toute saison.

Elle n'avait été qu'ébauchée en effet par la nature et c'est nous qui l'avons achevée. Elle est donc nôtre, doublement !

Telles sont les transformations matérielles successives qui se sont opérées dans Saint-Louis au cours des siècles et pendant les dernières années écoulées.

Ces transformations ont amené des changements d'une égale importance dans l'existence des habitants.

L'alimentation devenue meilleure et plus variée, le paludisme supprimé, au moins en ville, grâce à la disparition des marais dont l'île était couverte et ou pullulaient les moustiques, la dysenterie vaincue, tous ces progrès ont forcément beaucoup amélioré l'hygiène publique, malgré la profonde incurie et la malpropreté de l'élément indigène.

Les Européennes qui se hasardaient à Saint-Louis étaient rares, il y a moins de quarante ans. Elles forment aujourd'hui près du tiers d'une population blanche d'environ 500 personnes. Aussi les naissances dépassent-elles les décès dans cette partie de la population.

Le confort général n'est pas seul à avoir réalisé des progrès et la ville n'est plus, comme naguère encore, tout à fait privée de distractions.

Elle compte divers cercles où l'on va lire, des promenades dont la plus fréquentée pendant l'hivernage est, sans contredit, le superbe pont Faidherbe. Elle possède un stand, une société musicale fort active et même un champ de courses qui attire, une fois l'an, un grand concours de monde.

Mais ce qui n'a pas changé au cours des années, c'est le genre d'activité qui occupe la plupart des habitants de la vieille cité.

Elle ne fut jamais en effet qu'un entrepôt commercial et elle est demeurée ce qu'elle était jadis.

*
* *

A l'époque lointaine des compagnies privilégiées, elle expédiait au moment voulu les marchandises venues d'Europe, le long du fleuve, vers les escales où les Maures vendaient la précieuse gomme et même jusqu'à l'Eldorado d'Afrique, jusqu'au Galam mystérieux où l'or se trouvait dans la terre.

Saint-Louis demeura un entrepôt de commerce durant tout le XIXe siècle. Les mulâtres qui l'habitaient en grand nombre, les quelques blancs aventureux qui osaient affronter cette région si tristement réputée, firent alors la grande et la petite traite selon les méthodes des compagnies abolies.

Ces habitudes commerciales changèrent dès que Faidherbe et ses successeurs eurent affirmé partout notre prépondérance politique.

Saint-Louis demeure toujours le grand centre commercial, mais les principales maisons qui s'y trouvent installées, placent à demeure dans les escales devenues habitables, des traitants noirs et mulâtres à qui l'on fournit du fer, des pagnes, des miroirs, pour un prix donné et qui expédient en échange, les produits du cru, acceptés en paiement d'après un tarif fixé d'avance.

La fin de l'année venue, on balançait les comptes sans qu'on ait à s'occuper d'autre chose. Si quelque traitant se trouvait en déficit, on voyait seulement s'il convenait de lui consentir de nouvelles avances.

Les vingt dernières années du siècle amenèrent un changement nouveau dans ces habitudes.

Des Maures venaient du désert, des Diolas, marchands indigènes, du Soudan jusqu'à Saint-Louis.

Ces derniers embarquaient à Kayes sur des bateaux affrétés pour eux.

Les bandes d'acheteurs ainsi formées, descendaient en ville, dans des logis que leurs fournisseurs habituels louaient ou préparaient à leur intention.

Elles venaient ensuite, sous la conduite de chefs préalablement désignés, palabrer pendant plusieurs jours de suite. Les marchés enfin conclus, on versait d'un seul coup les gourdes d'argent pour vingt, trente mille francs et davantage, puis l'on chargeait les ballots d'étoffe et les pains de sucre sur les chalands fluviaux ou sur les chameaux qui, de leur allure compassée, reprenaient la route du désert.

Le commerce s'est transformé une fois de plus, depuis quelques années.

La négligence, parfois la malhonnêteté des traitants, le désir aussi de joindre les gros bénéfices de ces intermédiaires peu sûrs à ceux de la maison, décidèrent les grandes sociétés à créer un peu partout des succursales, tenues par des commis européens, simples employés appointés. Elles conservent maintenant cette manière de faire à l'exclusion de toutes les autres.

Une aussi grande cité que Saint-Louis ne pouvait guère se passer d'une organisation spéciale et plus ou moins autonome.

La ville possédait déjà un maire au début du siècle, mais elle ne fut dotée que par la troisième République d'une organisation municipale absolument analogue à celle des communes de France.

Elle eut donc un budget qui prit de suite une certaine importance. Celui de 1873 s'élevait en recettes à la somme de 104.847 fr. et il laissait un excédent de 5.000 fr.

Cette gestion prudente des deniers municipaux ne dura sans doute pas, puisque malgré le rapide accroissement des recettes, 311.000 fr. en 1889, et 380.000 en 1898, la ville connut plusieurs fois la gêne et même le déficit.

Son budget actuel est surtout alimenté par les produits de son octroi auxquels se joignent des droits spéciaux et il oscille dans les environs de 400.000 fr.

Ces importantes ressources ne suffisent toutefois pas pour améliorer les divers services municipaux de la ville qui est encore privée d'un service de voirie, dont la police est fort mal faite et l'éclairage électrique très insuffisant. Mais par contre, elles permettent d'attribuer 10.000 fr. d'indemnités au maire qui peut mieux ainsi s'occuper des intérêts de sa commune.

Saint-Louis possède une banque, celle de l'Afrique occidentale française. On y imprime le *Journal officiel du Sénégal* dont l'ancienne collection contient toute l'histoire si attachant de la conquête, mais qui n'est plus aujourd'hui qu'une sèche nomenclature d'arrêtés administratifs. Elle possède également une bibliothèque qui serait assez riche ; toutefois, le musée qu'y fonda Faidherbe est fermé depuis longtemps.

*
* *

Formant contraste avec la ville, tout autour d'elle, sa banlieue paraît être demeurée immuable dans sa barbarie primitive.

On ne remarque en effet, dans les environs immédiats, que la verdure des marais et la cheminée d'une briqueterie plantée sur l'extrémité de l'île Bop N'Khior qui fait face à la pointe nord.

Une des plus sérieuses maisons commerciales de la colonie, vient toutefois de créer, dans une autre île voisine, de vastes salines modèles qui puiseront leurs eaux, soit dans le fleuve, pendant la saison sèche, soit dans la mer toute proche, à travers la langue de Barbarie.

Ces deux exploitations industrielles sont actuellement les seules qu'on puisse signaler à Saint-Louis à moins que pour être complet on n'indique en passant l'existence à Sor d'une huilerie intermittente où l'on travaille tantôt l'arachide et tantôt les graines de béraf.

Les salines de l'île Salsal dont il vient d'être parlé n'ont fait que remplacer les salines de Gandiole.

Ces dernières sont situées au sud de la ville, sur le continent et tout à proximité de la barre.

Elles appartenaient jadis au damel du Cayor et le chef du village de Gandiole payait pour elles un tribut à son suzerain. Leur exploitation fut assurée dans ces dernières années par les propriétaires actuels des nouvelles salines de Salsal qui, mieux aménagées, les supplanteront à coup sûr.

Aussi Gandiole perdra-t-il, sans nul doute, sa dernière industrie.

Ce village possédait naguère en effet, nombre de chameaux qu'il envoyait en Mauritanie pendant l'hivernage et qui, dans la bonne saison, servaient aux transports commerciaux.

Le chemin de fer a remplacé les chameaux gandiolais. Salsal tue aujourd'hui les salines naturelles du village.

Le vin de ses palmiers n'est pas d'un grand rapport, il ne reste donc plus à Gandiole, pour subsister, qu'à étenper ses beaux champs d'arachides.

Aussi bien, l'importance politique et commerciale de ce village s'est-elle évanouie sans retour, depuis que nos troupes n'ont plus besoin de ses caravaniers pour le transport de leurs impedimenta, depuis surtout que nos commerçants rayonnent partout et n'ont plus intérêt à attendre dans ses cas es les chargemen s d'arachides venus des environs.

Lorsqu'on a dépassé la gare de Sor et qu'on se trouve devant l'église de ce faubourg, deux routes s'écartant à angle presque droit, s'offrent ensemble aux promeneurs. Celle de droite longe la voie ferrée, elle atteint le jardin d'essai qui n'offre absolument aucun intérêt puis, bientôt après, le champ de course.

Elle se termine, après six kilomètres, au pont de Leybar qui est le seul ouvrage d'art de la ligne.

Ce pont remplace un ouvrage en bois construit par Faidherbe et sur lequel passèrent la plupart des colonnes lancées dans le Cayor. Une tour en maçonnerie de six mètres de haut le préservait alors des surprises possibles.

C'est elle que défendirent victorieusement pendant cinq longues heures, le 21 avril 1857, les treize hommes du sergent Brunier attaqués par plus de mille Maures.

Le vieux pont de Faidherbe subsista longtemps. On y percevait encore en 1878, au bénéfice du damel, des droits de douane sur tous les produits du sol qui, du Cayor, entraient à Saint-Louis.

L'autre route suit la conduite d'eau dont elle est le complément.

Elle relie à la ville les usines élévatoires d'eaux de Khor et de Makhana, elle enjambe des marais à palétuviers et, sur des ponts branlants, quelques marigots aux rives désolées.

La campagne, autour d'elle, reste nue, désertique. Quelques cases, quelques arbres malingres s'y rencontrent à peine et l'invincible mélancolie qui l'envahit à cette vue monotone ramène bientôt en ville le promeneur imprudent.

Aussi l'impression qu'on se fait de Saint-Louis ne peut-elle que se fortifier lorsqu'on traverse ses environs.

La ville ressemble à une plante étrangère poussée à force de soins sur la terre d'Afrique.

Elle y a trouvé sa subsistance, grâce au hasard des circonstances favorables et c'est le commerce qui la lui donne.

Elle est certes, vigoureuse et pleine de sève, mais elle demeure quand même une étrangère et ne peut essaimer autour d'elle.

On peut donc la comparer à ces palmiers des tropiques que les horticulteurs savent faire vivre en pleine terre jusque sous nos climats rigoureux.

Ces arbres sont parfois superbes et quand vient l'été, leurs grandes palmes vertes nous donnent une note inattendue d'exotisme.

Autour d'eux cependant, on ne trouve aucun jeune plant nouveau-né de leurs graines et leur espèce, en effet, ne se multiplie pas.

GORÉE ET RUFISQUE

Gorée dans son île. Les Hollandais la fondent, les Anglais et les Français se la disputent. La ville qui fut un entrepôt de captifs n'est plus qu'une forteresse. Rufisque né d'hier est devenu le port des exportations des arachides sénégalaises.

Quand les paquebots venus de France ont doublé le cap Manuel qui est, vers le sud, la dernière pointe du cap Vert, avant même de découvrir à babord les maisons de Dakar, ils voient s'élever sur leur droite, au milieu de la mer, une énorme roche de basalte sombre, sur laquelle des constructions pressées forment un amas de taches blanches.

Les paquebots tournent aujourd'hui à gauche du côté de Dakar. Les anciens bricks, les frégates ou les corvettes d'antan, cinglaient à tribord vers la vieille Gorée que les noirs nomment encore Ber, le ventre.

Le nègre n'est pas symboliste, mais pour qui connaît l'histoire des siècles précédents, le nom que les indigènes donnèrent à Gorée doit moins paraître le fait d'une ressemblance fort hypothétique à nos yeux que le rappel de souvenirs à peine effacés maintenant.

C'est qu'en effet Gorée fut longtemps un ventre avide et stérile à l'égard de la côte voisine qui devait lui fournir, non seulement des vivres pour sa subsistance mais surtout du « bois d'ébène », des captifs, pour son commerce.

L'île est petite puisque sa longueur ne dépasse guère 800 mètres, tandis que sa largeur moyenne n'atteint que le quart de cette dimension. Plate sur la moyenne partie de son étendue, elle s'élève beaucoup vers le sud ou elle se termine brusquement par une falaise à pic qui surplombe de cent mètres environ les flots de la mer.

Son pourtour uniformément rocheux présente vers le N.-E. une anse où l'on peut aborder sans danger. Le mouillage très sûr qui existe en ce même point est protégé contre les vents dominants par la masse entière de l'île.

Le continent, d'abord tout proche, s'incurve bientôt en une vaste baie régulière dont Gorée paraît marquer l'entrée. Les anciens navigateurs ne tardèrent pas à remarquer les avantages de cette superbe position.

Il leur fallait un abri pour leurs vaisseaux, un refuge sûr pour leurs équipages et un magasin pour leurs marchandises et leurs captifs. Ils trouvaient tout cela sur ce rocher noir d'où l'on pouvait en pleine sécurité surveiller la côte et l'océan également dangereux.

Ce furent les Hollandais qui décidèrent les premiers d'y créer un établissement fixe.

La légende rapporte qu'un indigène nommé Denga Mafal séchait son poisson sur les rochers de l'île, les nouveaux venus lui achetèrent pour quelques clous de fer ce qui paraissait être sa propriété.

Mais la légende est une vieille dame dont les souvenirs sont confus, peut-être parce qu'elle en garde trop dans sa mémoire !

Elle raconte également, sans plus de preuves, que ce fut Biram, chef de Dakar qui vendit lui-même le rocher aux Hollandais.

On peut choisir entre les deux versions, toujours est-il qu'après l'avoir baptisée Gorée en souvenir, d'après Lemoine, d'une île de Zélande, les nouveaux maîtres de Ber s'empressèrent d'y construire un ouvrage fortifié commandant le mouillage, puis un autre sur la hauteur, qui fut nommé plus tard Saint-Michel, tandis que le premier fut connu sous le vocable de Saint-François.

Les Hollandais s'emparèrent bientôt après d'Arguin, de sorte que leur prépondérance paraissait solidement établie sur toute la côte.

Leur tranquillité y fut complète en effet pendant plus d'un demi-siècle, jusqu'au jour où les Anglais de Robert Holmes s'emparèrent des deux établissements.

Le célèbre Ruyter les en chassa bien l'année suivante (1664), mais le charme était rompu et Gorée allait échapper définitivement aux Hollandais pour devenir la proie de nombreux vainqueurs successifs.

Nous apparaissons dans l'histoire de l'île peu de temps après cette date, car c'est en novembre 1678 que les vaisseaux du comte d'Estrée mouillent sur rade et débarquent des troupes devenues victorieuses sans coup férir.

Nous ne pouvions sans doute laisser assez de monde pour garder les deux forts, car l'un et l'autre furent rasés. L'île ne demeura cependant que peu de temps à l'abandon et elle fut bientôt donnée par Du Casse à la compagnie du Sénégal, héritière de la primitive compagnie Normande et de la compagnie des Indes Occidentales.

Le traité de Nimègue légitima bientôt ensuite notre prise de possession. Peu de temps après, Daucourt qui vit Gorée en mai 1682 y trouva « les affaires en très mauvais état par la conduite méchante de deux personnes qui prétendaient toutes deux le commandement.

« Ces messieurs de la Compagnie avaient un peu rétabli le fort d'en bas par les bâtiments qui leur servaient de magasins, et par la construction d'une méchante muraille élevée sur les ruines de l'ancien fort, seulement pour réprimer les insultes qui pourraient arriver de la part des nègres. »

Cette situation devait subsister longtemps malgré les efforts de quelques hommes bien intentionnés.

Brüe trouve, en 1697, les deux forts dans un état à faire pitié et « les employés de la compagnie réduits à une si grande extrémité, fautes de vivres et de marchandises, qu'ils avaient été obligés de vendre jusqu'aux gonds et verrous des portes pour subsister ».

Le renforcement des fortifications qu'il commença mais qu'il ne put achever, aurait augmenté la force de la place au point de la rendre à peu près imprenable.

Le directeur Saint-Jean découvrit ensuite plusieurs sources dans les rochers de l'île qu'il dota d'un jardin. Il reçut également Adamson, et plus que la création de son jardin, la reconnaissance de son hôte le préserva de l'oubli.

Donnet décrit avec force, quelque onze ans plus tard, le déplorable état de la place.

Rien ne vaut d'après lui, dans le petit réduit d'en haut. Quant au fort d'en bas, il est pourvu de « quatre demi-bastions à angles saillants si aigus qu'un boulet les détruirait. Le gouvernement loge dans un de ces demi-bastions, les cuisines et magasins dans les autres ».

Sept maisons en pierre et quelques cases forment alors toute la ville. Ce triste état de choses permet de supposer que les Anglais s'emparèrent sans peine de la place peu de temps après le passage d'Adamson et qu'ils nous la laissèrent reprendre un peu plus tard, sans en éprouver des regrets trop cuisants.

La sollicitude de ses maîtres pour Gorée ne s'exerça pas mieux dans les années suivantes, puisqu'en 1768, Le Cheval de Menasger raconte que « soldats et officiers vivent, comme les habitants, avec des négresses, de ce qu'ils tirent des magasins du roi.

« Cette troupe, ajoute-t-il, est séparée des autres corps des colonies. On n'y a pas d'avenir. Le commerce vient d'être interdit aux officiers pour le réserver aux seuls habitants incapables de profiter de ce monopole. Mais les habitudes formées par les officiers et soldats avec les femmes du pays leur font supporter cette espèce d'exil et ce changement. »

Le Brasseur écrit peu de temps après dans son rapport que la garnison n'a pas cessé d'être dans l'ivresse depuis 1763 et que l'on ne trouverait pas un bon ouvrier dans la place.

La composition de la garnison devait être alors cependant d'un gouverneur à 12.000 livres, de quatre officiers supérieurs, de dix inférieurs, de quatre commis, de trois aumôniers et de trois chirurgiens, plus deux cents hommes, dont cent ouvriers.

Les vingt-cinq personnes ayant droit à « la table du roi » coûtaient à elles seules 45.800 livres, ce qui démontrerait, s'il en était besoin, que les plus mauvaises manières d'administrer ne sont pas les moins coûteuses.

Les guerres de la Révolution et de l'Empire furent cause, à leur tour, pour la vieille forteresse hollandaise, d'émotions nouvelles. Les Anglais et les Français se la disputèrent en effet, et elle passa du pouvoir des uns à celui des autres jusqu'à ce que le traité de Paris nous la rendît définitivement et lui assurât, du même coup, une tranquillité centenaire aujourd'hui.

Si la facilité avec laquelle naguère on prenait Gorée s'explique sans peine lorsqu'on sait la manière dont elle était défendue, il est plus difficile de comprendre le peu d'efforts que faisaient ses maîtres du moment pour la conserver.

On connaissait en effet sa valeur, et Labarthe par exemple, écrit en décembre 1784 :

« Sa position la rend susceptible d'une infinité d'avantages. La rade y est sûre en tous temps, aussi cette île a-t-elle été destinée à protéger la traite des noirs, à servir d'entrepôt pour cette traite et à offrir un lieu de relâche et de rafraîchissements aux navigateurs. »

Si malgré ces nombreux avantages naturels, la situation de Gorée demeura toujours précaire et sa possession onéreuse, la faute, comme on l'a vu, en était seulement aux hommes.

Le premier soin de chacun des rares directeurs, puis des gouverneurs qui voulurent y travailler, dut être de lutter contre le désordre général dont souffrait non seulement ce poste, mais encore les autres établissements du Sénégal.

Leurs prédécesseurs avaient été apathiques ou ignorants, les commis indisciplinés et peu scrupuleux, les autorités de Paris mal renseignées et sans idées suivies.

Le travail de remettre un peu d'ordre dans ce chaos était énorme, les améliorations lentes à se produire, puis les bons chefs quittaient la colonie sans espoir de retour et leur œuvre était bientôt à recommencer tout entière.

Les lettres du chevalier de Boufflers en disent long sur l'état des esprits d'alors. Il était arrivé le 15 janvier 1787 à Gorée avec 70 hommes qui ne trouvèrent que des peaux de bœuf pour se coucher et des tentes pour s'abriter.

Pour ce qui était de la nourriture « on mourait un peu de faim » en attendant le vaisseau ravitailleur.

Les efforts du chevalier se dépensaient sans grand résultat, aussi pouvait-il écrire :

« Enfin je suis dans un pays où il faut double volonté pour une demi-opération et personne n'en a la moitié de la mesure ordinaire. »

Ces raisons expliquent suffisamment les multiples échecs des nombreuses compagnies qui se sont succédé dans l'ancien Sénégal.

Le commerce dans ces parages et à ces époques, était cependant si profitable qu'on peut à bon droit s'étonner, malgré tout, d'insuccès si souvent répétés.

Le commerce du Sénégal s'occupa jusqu'au milieu du XIXe siècle, presque exclusivement de la traite des noirs et, le long du fleuve, de celle de la gomme.

La poudre d'or et le morphyl ou ivoire, plus tard les cuirs crus ne donnèrent jamais lieu qu'à un trafic d'importance assez secondaire par rapport aux précédents.

Or Gorée fut presque toujours le point le plus important du Sénégal pour la traite des captifs.

Le Maire rapporte à la fin du XVIIe siècle, qu'on importait alors au Sénégal de la toile, des métaux, de l'alcool et des « bagatelles » contre les produits du pays. Le profit qu'on tirait de ce trafic était de 800 %.

« On a des meilleurs captifs, assure-t-il, à dix francs pièce, et on les revend plus de cent écus. Pour quatre ou cinq pots d'eau-de-vie, souvent moins, on aura un assez bon esclave. »

La Compagnie du Sénégal, dont la création remonte à l'année 1682, devait, en l'espace de huit ans, fournir au moins seize mille noirs pour les Antilles, et il semble bien qu'elle ait rempli son engagement malgré les reproches qu'on lui adressa sur ce sujet.

Le prix d'un esclave monta bientôt, il atteignait sur place 40 livres ou 30 barres de fer en 1697, mais les profits ne diminuaient pas, aussi Brüe demandait-il sans cesse des captifs aux princes du pays et notamment au damel du Cayor, maître de la côte voisine de Gorée.

Ce trafic n'allait pas sans entraîner des violences abominables. L'Afrique vécut, grâce à lui, plusieurs siècles de barbaries, de guerres et de désastres dont elle garde encore des traces.

Le Maire raconte encore cette sinistre histoire d'un père qui allait vendre son fils dans un des postes de la Compagnie mais ce dernier, pénétrant son dessein, le vendit lui-même malgré ses plaintes. Le fils dénaturé ne tarda du reste pas à rejoindre son père, car saisi par un chef local, du temps qu'il retournait dans son village, il fut à son tour vendu comme captif.

Les esclaves étaient ordinairement mis deux par deux au « collard », chaîne de cinq à six pieds de long terminée à ses extrémités par des colliers de fer plat se goupillant autour du cou,

[Panorama de Gorée]
à gauche le château ; au milieu de la figure, l'appontement.

[Rufisque]
La gare pendant la traite des arachides.

ces colliers ne pouvaient être enlevés sans l'aide d'instruments appropriés.

Ainsi accouplés, les esclaves allaient au travail sous la surveillance d'autres noirs nommés maîtres de langues. Ils demeuraient ainsi jusqu'au jour de leur embarquement où les précautions pouvaient enfin se relâcher.

Ces esclaves avaient parfois passé en de nombreuses mains avant d'atteindre les « gallos » de la compagnie, ou bien ils venaient à peine d'être enlevés de leurs cases, mais l'origine de leur captivité était, ou peu s'en faut, toujours la même.

Quelque roitelet nègre voisin, à moins que ce ne fût leur propre chef, avait un matin fait irruption dans leur village et tué ceux qui résistaient puis, le morne troupeau des prisonniers avait été poussé sous les coups jusque dans les garderies des négriers blancs qui donnaient en échange des barres de fer ou de l'alcool.

Fait étrange, dès qu'ils étaient enlevés à leur milieu, les captifs se pliaient pour la plupart à leur triste sort, et ils devenaient un bétail sans volonté. Ceux qui ne s'accommodaient pas à leur nouvelle condition mouraient bientôt d'une sorte de mal du pays, mais rarement ces désespérés songeaient à la révolte et à la vengeance.

Ces sentiments si naturels occasionnèrent cependant au moins une fois un drame dont Mérimée s'est inspiré pour écrire une de ses plus dramatiques nouvelles.

A la suite d'une guerre qui survint vers la fin du XVIIe siècle, six cents tiédos ou guerriers du Baol furent faits prisonniers par le damel du Cayor, vendus avec leurs chefs et conduits à Gorée.

Mais l'orgueil de ces tiédos ne tarda pas à se révolter. Ils firent entre eux le serment de se soulever, de tuer tous les blancs de l'île, et par le moyen de pirogues dont ils se saisiraient, de rentrer dans leur pays pour aller de nouveau combattre le vainqueur de leur roi.

Un enfant mis en pénitence entendit leur conciliabule et le rapporta, ce qui fit échouer la conjuration.

Les rebelles furent réunis dans la partie basse de l'île qu'on nommait la Savane. La garnison tout entière réunie autour d'eux, on demanda quels étaient leurs chefs et ceux-ci se désignèrent d'eux-mêmes.

Ces malheureux furent placés à la gueule des canons seulement chargés de bourre, et le coup projeta leurs corps déchiquetés sur les rangs des hommes terrifiés par cet exemple.

Les guerriers se révoltèrent toutefois encore sur le bateau rochellois qui les transportait en Amérique. Ils tuèrent le capitaine ainsi qu'une partie de l'équipage. Mais cet effort fut le dernier. Désormais domptés, les survivants de cette tragédie furent cotés très chers à leur arrivée en Amérique, de sorte que l'opération si mal commencée s'acheva financièrement fort bien.

Le commerce de Gorée traitait, du temps de Brüe, environ 20.000 cuirs, 200 quintaux d'ivoire et seulement 300 captifs sur les 4.000 qu'on expédiait chaque année sur les Amériques. Puis son contingent ne tarda pas à s'élever beaucoup, car la petite Côte fournit bientôt une forte part des captifs de toute la région, et Gorée était son entrepôt obligé.

Ce commerce spécial demeura florissant, même pendant la Révolution qui ne put l'abolir. Aussi les habitants étaient-ils riches pour la plupart.

Les Européens et les mulâtres qui vivaient sur ce stérile rocher qu'on nommait alors « Gorée la Joyeuse », les noirs même, qui libérés étaient devenus chrétiens, et dont un bon nombre s'habillait à l'européenne, toute cette population mêlée, jouisseuse et sans scrupules, se livrait à une fête grossière et ininterrompue. L'alcool, le jeu, les signares mulâtresses ou les négresses occupaient leurs loisirs, et sans doute, car la place manquait en ville, dansaient-ils au-dessus des captifs entassés, avant l'embarquement, dans leurs magasins mal éclairés d'étroites ouvertures.

On peut du reste encore lire gravé dans la pierre, au-dessus des portes de quelques-unes de ces garderies, le nombre d'hommes qu'elles pouvaient contenir.

Outre les captifs destinés à la traite, les Goréens conservaient beaucoup d'esclaves chez eux pour leur propre service, et le sort de ces derniers était relativement enviable. Ils en gardaient également d'autres dont ils louaient les bras soit au gouvernement, soit aux particuliers.

Cette période de prospérité se prolongea jusqu'à la suppression de la traite en 1848.

Comme l'écrivait, en effet, quelques années après cet événement, un homme du pays, l'abbé Boilat, « Gorée qui avait été fondé pour la traite des noirs, fut ruiné par la déclaration de liberté ».

Ses habitants s'essayèrent bien alors à la traite des marchandises. Malgré les circonstances favorables, car Faidherbe étendait à cette époque le domaine de la France et, suivant nos armes, les transactions commerciales devenaient chaque année plus importantes, le négoce des pagnes, des indiennes, celui même de l'eau-de-vie et de la poudre ne refirent pas la fortune des anciens négriers.

De même que la déclaration de franchise de son port en 1852, la constitution à son profit d'une colonie distincte des Rivières du Sud, n'arrêta pas la déchéance de Gorée.

La ville comptait en 1832, 902 habitants libres dont 158 blancs et 4.362 captifs. Ce chiffre était tombé en 1866 à 3.369, dont 103 blancs. Il dépassait à peine 2.000 en 1891 et s'est encore abaissé depuis, bien au-dessous de 1.500, malgré l'installation qui dura, jusqu'en juillet 1907, du gouvernement général dans l'île.

La situation insulaire de Gorée qui lui avait d'abord tant servi s'était, il est vrai, retournée contre elle.

La pacification du continent permettait désormais aux commerçants de quitter sans crainte son rocher où la traite des noirs elle-même devenait impossible sous la surveillance des autorités.

Les recettes du budget communal, car bien entendu, Gorée est une commune, ont également diminué dans des proportions identiques à celles de sa population.

Elles dépassaient encore 31.000 francs en 1889, tandis que les dépenses étaient pour la même année inférieures de plus de mille francs. Elles n'étaient plus, dix ans après, que de 13.000 et n'atteignent pas même aujourd'hui 10.000 francs.

Pour tous ces motifs, loin de mériter encore l'ancienne épithète dont elle se décorait, la vieille cité devrait plus justement se nommer aujourd'hui Gorée la délaissée.

Et cependant, malgré sa décadence profonde survenant après une période de prospérité véritable, Gorée joue, aujourd'hui comme auparavant, son véritable rôle, le seul que la nature et les hommes lui aient jamais confié.

Les eaux calmes de sa baie et les roches escarpées de ses rives la désignèrent jadis à ses fondateurs comme une forteresse, et de même que naguère, elle est encore une forteresse.

Mais la science militaire a fait tant de progrès que les canons de Gorée ne protègent plus seulement aujourd'hui le piédestal basaltique au sommet duquel on les a hissés.

Croisant leurs feux avec ceux de batteries disséminées en face sur la terre ferme, leurs projectiles formeraient en cas de besoin une formidable barrière, derrière laquelle la ville nouvelle du commerce, Dakar, fille de Gorée et son héritière, peut développer à loisir ses richesses grandissantes.

L'ancien fort Saint-Charles, jadis fondé par les Hollandais, défendait surtout la petite crique qui était à cette époque le port de Gorée. Un reste de ce travail, souvent remanié au cours des ans et naguère la principale défense de l'île, subsiste encore aujourd'hui sous la forme d'un bastion arrondi au sommet duquel se voient quelques petits canons de chasse.

Les vapeurs minuscules ou les voiliers qui réunissent Dakar à Gorée passent sous cet ouvrage sans valeur militaire, et bientôt après ils se trouvent dans l'anse où débarquèrent successivement les différents maîtres de ce rocher si disputé.

De vieux murs de pierre brune aux pieds sans cesse battus par le ressac, forment en ce point, à droite et à gauche, une ceinture de quais pour cette partie de la ville.

On accoste un des deux petits débarcadères en troncs de rôniers qui s'avancent du fond de la crique et l'on atteint, au bout de quelques pas, la grande place sur laquelle des palmiers et des cocotiers jettent leur maigre ombrage.

L'ancien palais du commandant des Rivières du sud, bâti en 1860 et restauré pour recevoir le gouverneur général dresse à droite ses murs soigneusement blanchis, qui encadrent un petit jardin fermé du côté de la place par une grille très simple.

En face de cette grille, à l'ombre d'autres palmiers, se dresse une statue de femme éplorée que recouvre un mélancolique badigeon jaunâtre.

Ce modeste monument rappelle le souvenir des médecins victimes de l'épidémie de 1878.

Ainsi dans l'ancien Sénégal, les premiers pas qu'on fait à terre vous rappellent toujours de préférence des souvenirs de maladies et de morts !

Les maisons de la ville commencent derrière la place. Elles sont tassées les unes sur les autres comme les moutons d'un troupeau.

Des rues fort étroites et toujours vides les séparent, l'espace était si mesuré sur cet infime îlot si dépeuplé maintenant !

Constructions privées ou publiques, toutes se ressemblent car il n'y a pour le Sénégal entier qu'un seul modèle de maisons. Ce sont partout des murs de pierre passés sous une couche de chaux blanche, jaune ou rose tendre et des toits couverts de tuile ou bien aplatis en terrasses qu'on nomme argamasses.

De rares fenêtres étroites donnent sur la rue et se cachent derrière des volets presque toujours clos, tandis qu'autour des cours intérieures s'ouvrent des arcades largement ouvertes.

Les murailles épaisses mais mal entretenues depuis des années semblent lasses de lutter contre les intempéries. Leur faîte s'ébrèche, leurs pierres se disjoignent, des lézardes naissent dans leur cimentage et grandissent peu à peu. Aussi les cours dont chaque maison était pourvue, n'abritent-elles souvent que des amas de débris hétéroclites.

Peu d'herbes folles poussent toutefois entre les pierres calcinées des vieux murs dont cependant le soleil est seul à faire la toilette.

Quelques édifices publics comme l'église devant laquelle s'ouvre une placette bien ombragée, de rares propriétés privées sauvent encore les apparences. Cependant, la ville poussée jadis peu à peu sur l'ancienne savane n'est plus guère aujourd'hui qu'un cimetière de pierres et de maisons.

Il faut la traverser bien vite comme on ferait d'un ossuaire où ne reposerait aucun ami, pour atteindre la seule partie toujours vivante de la vieille colonie.

C'est la colline par laquelle se termine l'îlot vers le sud. Les maisons s'arrêtent à sa base. Quelques arbres escaladent seuls sa pente abrupte. Un chemin protégé par un solide mur de soutènement monte lentement la côte.

On atteint enfin le vieux fort dont les murailles, anciennes ou plus récentes, aux contours irréguliers, présentent toutes une couleur gris sombre. Si les murs de la forteresse sont ou paraissent anciens, les énormes canons qu'on a hissés et dressés derrière eux, semblent être, par contre, tout à fait modernes et, sur leurs affûts roulants, ils donnent l'impression de gardiens vigilants et solides, prêts à toutes les éventualités.

Une vaste cour en contre-bas forme le centre de l'ouvrage. Certains visiteurs imaginatifs crurent y reconnaître les traces d'un cratère mais la folle du logis les trompait !

Quelques fromagers poussiéreux poussent dans cette cour qu'enferment dans leur cercle complet les constructions où loge la garnison du fort. Auprès de ces arbres, trois fleurs et quatre planches de légumes, « utile dulci, » cherchent péniblement à lutter contre l'ardeur du soleil.

La seule utilité de cet essai agricole consiste sans doute à donner au commandant de la place, l'illusion qu'il possède un jardin !

Mais là n'est pas l'intérêt pour les visiteurs du fort.

Ceux-ci doivent bien vite monter sur les parties du rempart qui leur sont accessibles.

Le panorama qu'on découvre de ce point est véritablement admirable.

Un seul coup d'œil embrasse tout Gorée. Plus loin, vers l'ouest, le cap Manuel se dresse dans la mer. Le regard suit dès lors le rivage aux couleurs grises et bientôt, à droite, le Palais du gouvernement général étale sa masse blanche, enchâssée dans la verdure de jardins en terrasse qui descendent jusqu'aux rives rocheuses de l'Anse Bernard.

Toujours plus à droite, la masse confuse des maisons de Dakar couvre le sommet de sa colline rougeâtre, descend ses pentes douces, se prélasse sur sa plage remblayée.

La rade toute proche, au fond de laquelle s'achève aujourd'hui le port magnifique dont rêva Faidherbe, s'ouvre largement ensuite entre deux bras ouverts qui sont le cap Dakar et la pointe Bel Air. L'œil saisit sans peine cet ensemble imposant que forme la cité grandissante, ses ports et les bateaux qui les animent.

Par delà la pointe Bel Air, une nouvelle et vaste courbe du

rivage se dessine plus estompée, grâce à l'éloignement, sous forme d'un trait blanc qui est le sable immaculé de ses grèves !

On peut même apercevoir vers le N.-E., à moins de quinze kilomètres de distance, les maisons de Rufisque et, dans la bonne saison, les lourds cargos mouillés devant les warfs de cette cité commerçante.

Le spectacle est différent si l'on se tourne vers le sud, c'est alors la pleine mer qui réfléchit l'éclat du soleil planant dans un ciel toujours bleu !

Un vapeur couronné de son panache de fumée glisse parfois sur les eaux. Il va vers le port ou s'en éloigne et plus loin encore, à la limite imprécise de l'horizon, l'empire des airs et celui de la mer semblent se confondre !

On a tout vu maintenant, il convient donc de s'en retourner.

La ville qu'on traverse de nouveau paraît plus morne encore. On revient au débarcadère où l'attente paraît longue avant qu'on puisse embarquer pour Dakar, car on n'habite pas Gorée, on ne fait qu'y passer et l'on n'y trouve pas même un hôtel.

Une chaloupe poussive traverse quatre fois par jour la baie entre les deux villes, elle vient enfin d'accoster. Son sifflet lance un long appel strident qu'on entend avec plaisir.

Il semble que le bateau ait lui-même grande hâte de quitter ce fantôme de port, sommeillant à l'entrée de ce cimetière de ville, endormie pour toujours.

Le ressac de la mer sur les rochers de la rive semble être la plainte éternelle de ceux qui peuplèrent jadis les maisons en ruine et les « gallos » obscurs. On a hâte de ne plus l'entendre.

Un dernier coup de la sirène enrouée, le bateau s'éloigne en tremblant dans sa membrure. Il double la tour ronde et basse qui sert aujourd'hui de magasin d'artillerie, il passe sous de petits canons qui paraissent être des joujous inoffensifs à côté des monstres d'en haut, puis il pique droit vers l'ouest, tandis que tournant un dernier regard vers la « Délaissée », ses passagers aperçoivent, éclairés par les derniers rayons d'un soleil qui meurt lui aussi, la vieille ville aux maisons blanches sur leur rocher sombre.

*
* *

Rufisque n'a rien de Gorée. Il n'a d'abord pas de passé et si les Portugais baptisèrent jadis Rio Fresco le village qui s'élevait auprès de son emplacement actuel, ils ne laissèrent sur cette partie du rivage aucune autre marque de leur passage que ce nom, altéré mais conservé cependant par nous.

Rufisque qui n'a pas d'histoire, ne possède pas non plus de vieux murs en ruine. Tout y est jeune, neuf, vivant et prospère. C'est la ville de l'arachide, la cité du commerce, aussi les touristes, amateurs du seul pittoresque n'ont-ils rien à y voir.

Rufisque, naguère nommé Tanguegueth par les indigènes, était alors le seul point de la côte par lequel le Cayor indépendant pouvait communiquer avec l'extérieur et telle est la raison qui fit naître la ville actuelle et qui explique son rapide développement.

La côte est inabordable en effet au nord de Dakar, à cause de la barre qui la suit partout. Les Lebous du Cap Vert s'étaient révoltés contre le Damel à la fin du XVIIIe siècle, ils maintinrent depuis lors leur indépendance. Les pays Sérères commençaient, d'autre part, un peu plus bas vers le sud.

Cette situation privilégiée de Rufisque subsiste encore aujourd'hui malgré la pacification et la conquête des régions environnantes, grâce à ce fait que la ville se trouve être le premier point de la côte où touche le chemin de fer du Cayor.

Mais là ne se bornent pas les avantages dont elle a joui jusqu'à maintenant, car si la mer paraît devant elle moins hostile qu'ailleurs, la terre, dans ses environs, se montre riche et féconde, l'eau douce elle-même, descendue des collines de Thiès, s'y rencontre superficiellement avec une abondance inaccoutumée pour le Sénégal.

Aussi la banlieue de Rufisque peut-elle être considérée comme une des régions les plus agréables à l'œil et les mieux cultivées de la colonie tout entière. Les villages y sont nombreux, notamment le long de la voie ferrée. On ne rencontre pendant l'hivernage que des champs de mil étendus à perte de vue dont les hautes tiges vertes ondulent à la brise. Le pays est également boisé, aussi les baobabs, les fromagers et les dobs multiplient-ils leurs troncs énormes dans la plaine formée d'une terre légère.

On rencontre à peu de distance au nord de la ville et relié à elle par un petit Decauville, le superbe marigot de Sangalcam semblable pour l'importance à une gaie rivière de nos campagnes et qui fait serpenter dans la plaine, sur plus de quinze kilomètres de longueur, la fraîche traînée de végétation tropicale à l'ombre de laquelle il coule doucement.

C'est sur ses bords que Rufisque vient chercher ses eaux d'alimentation, c'est également là, de préférence, que les nombreux Européens de la ville viennent passer leurs journées de fête ou de loisirs.

La route si agréable de Saugalcam dessert également le camp des tirailleurs et le champ de courses, car dans ce pays d'élevage, il n'est pas une agglomération un peu importante qui ne possède un terrain spécialement destiné aux manifestations hippiques.

Rufisque n'a pas, il faut le dire, un véritable port, du moins sa rade est-elle suffisamment sûre, durant une bonne partie de l'année, pour que les navires puissent y prendre charge sans danger, à condition toutefois de se tenir assez au large.

S'il y avait, malgré ce gros inconvénient et pour un pays aussi neuf que le Sénégal, tous les éléments d'une ville, les indigènes, on l'a vu, n'y créèrent jamais autre chose que des villages.

Les Portugais, puis les Hollandais, venaient bien trafiquer à Tanguegueth, ils n'y possédèrent toutefois pas d'établissements.

D'Estrée chassa ces derniers de la Petite Côte en même temps que de Gorée, du Casse nous fit ensuite, et peu de temps après, reconnaître la propriété de la Côte par le damel Cayor ainsi que par le teigne du Baol mais nous n'y créâmes rien non plus.

Les vaisseaux de nos compagnies venaient cependant y faire la traite et malgré les croisières de nos flottes, ils y trouvaient parfois des navires anglais.

C'est également dans la région de Rufisque que Brüe se fit prendre le 6 juin 1701 par le damel, tandis qu'il négociait avec ce chef. Il ne fut délivré qu'après avoir payé une rançon de 27.115 livres.

Ce que nous nommons Rufisque se composait en 1853 de quatre villages peu éloignés les uns des autres et dépourvus de comptoirs proprement dits.

Quelques traitants de Gorée s'y trouvaient déjà cependant à demeure.

Le dernier village Ouoloff et musulman n'en était alors pas éloigné de plus d'une à deux lieues et l'on venait chasser sur l'emplacement actuel de la ville.

Les étrangers installés dans ces villages n'avaient pas le droit de construire autre chose que des cases. Le Damel, maître absolu du pays, exigeait en effet que les parois de leurs habitations et de leurs magasins puissent être traversées par les balles de ses fusils.

Si cet ordre visait à interdire la construction de fortifications susceptibles d'arrêter ses guerriers, le premier résultat et le plus manifeste qui en découlait était un état d'insécurité complet, non seulement pour les transactions commerciales mais aussi pour les personnes des traitants eux-mêmes.

Un de ces commerçants avait si bien obéi par force, aux ordres du Damel, qu'il fut blessé dans l'intérieur de sa propre case et qu'un de ses laptots fut tué auprès de lui par des tiédos ivres qui les fusillaient du dehors.

Ce dernier attentat fut même une des causes de l'expédition que Faidherbe mena le long de la Petite Côte dans le cours de l'année 1857.

Rufisque enfin annexé accepta son sort de très bonne grâce, il s'offrit même de suite à fournir des volontaires qui accompagneraient nos troupes.

On y construisit toutefois, pour assurer la perpétuité de ses bons sentiments à notre égard, un petit poste dont le soubassement était seul en maçonnerie.

Cet ouvrage commandait une petite crique, protégée par des rochers et voisine d'une aiguade.

Dès ce jour, le village n'eut plus à craindre les déprédations ou les violences des tiédos, aussi sa prospérité ne tarda-t-elle pas à s'affirmer.

Et comme toutes les anciennes coutumes locales avaient été supprimées, des constructions s'élevèrent sans tarder le long du rivage, au sud du poste nouvellement créé et sous sa protection.

On dut déjà tracer en 1860 un plan directeur de la ville. Il se composait de trois ou quatre rues parallèles au rivage, coupées à angle droit par d'autres rues plus nombreuses.

Les terrains circonscrits par ces voies à peine ouvertes dans la brousse furent de suite mis en vente à raison de 2 fr. 50 le mètre carré. On les louait également au prix de 0 fr. 20.

Des caravanes d'ânes et de chameaux s'acheminèrent sans tarder vers la cité en création et l'on y traita dans le courant de cette même année environ 1.500 tonnes d'arachides sans compter d'importantes quantités de mil.

Les progrès de la ville furent si rapides qu'elle comptait en 1873, 250 maisons en bois et 50 en pierre, habitées par 150 Européens et de nombreux indigènes.

La construction puis l'exploitation du chemin de fer de Dakar à Saint-Louis accrut encore dans d'énormes proportions le commerce et par conséquent l'importance de Rufisque.

Les produits du Cayor et des provinces voisines y venaient en effet dorénavant à bon compte.

Alors que la moyenne annuelle des arachides exportées par ce port avant 1885 demeurait au-dessous de 20.000 tonnes, elle atteignit 50.000 tonnes en 1900 pour s'élever bientôt après au chiffre énorme de 75.000 tonnes, représentant à peu près la moitié de l'exportation totale du Sénégal entier.

Les bateaux qui touchent à Rufisque n'y viennent que pour prendre du fret, or, leur tonnage fut en 1905, de 93.000 tonnes et dans la même année, signalée cependant par une mauvaise récolte d'arachides, le commerce de la place dépassa vingt millions de francs.

La population de la ville augmentait aussi rapidement, de sorte que le recensement de 1904 lui donnait 12.446 habitants sur lesquels on comptait environ 400 Français métropolitains.

Il n'est pas une des grandes firmes commerciales sénégalaises qui ne possède d'importants établissements dans la ville. Un grand nombre de maisons moins puissantes y sont également représentées.

Et comme les Rufisquois avaient tous confiance dans l'avenir de leur cité, les constructions qu'ils y ont élevées, sont vastes et confortables. Toutes sont bâties avec un calcaire léger dont on trouve d'abondantes carrières à quelques kilomètres de la ville.

Ces vastes maisons, leurs magasins plus vastes encore, n'ont, bien entendu, aucun cachet spécial. Rufisque présente toutefois un caractère particulier au moment où bat son plein la traite des arachides.

Les quais de la gare sont alors encombrés de sacs alignés et empilés les uns sur les autres. Chaque train qui passe décharge sur les tas son contingent de graines.

Tout autour de la gare, s'élèvent en même temps d'autres tas hauts comme des maisons, formés de ces coques chagrinées qu'on nomme à Paris des cacaouètes et dont l'industrie emploie de si formidables quantités pour la fabrication des huiles.

Chaque maison de commerce possède ses « seccos », simples amas de graines parfois énormes comme de véritables collines, renfermés quelquefois aussi dans une enceinte de murs élevés que ne couvre aucun toit.

La graine sèche d'arachide craint cependant beaucoup l'eau mais on compte, à juste titre, sur l'ordinaire sérénité du ciel d'Afrique !

Des essaims de noirs peu vêtus et poussiéreux prennent les graines à la pelle, ils en remplissent des sacs dont ils chargeront les wagonnets qui roulent bruyamment en longues théories dans les rues de la ville.

Ce mouvement si intense créé par la traite commence en décembre pour se continuer jusqu'en avril-mai. Il se calme alors jusqu'à ce que la nouvelle récolte vienne inonder une fois de plus la ville et l'enrichir de ses flots bienfaisants.

C'est seulement en 1880 qu'on éleva Rufisque à la dignité de commune mais ceux de ses habitants à qui furent confiés des mandats municipaux rivalisèrent de zèle et d'intelligente initiative pour faire de la nouvelle commune la véritable cité modèle du Sénégal.

Rufisque est bâti entre la mer et la voie ferrée, sur un terrain presque plat.

On devait, il y a peu d'années encore, traverser au sortir de la gare un large marigot rempli d'eau pendant l'hivernage et de vase mal odorante pendant la saison sèche.

Ce marigot formait, au détriment de l'hygiène publique, une ceinture presque complète autour de la ville. Les rues de celle-ci elles-mêmes, se trouvaient, comme ses environs immédiats, encombrées de flaques et de petites mares où pullulaient en tous temps les moustiques auxquels nous devons le paludisme et la fièvre jaune, aussi l'insalubrité de Rufisque était-elle bien connue.

La municipalité décida le comblement de ce marigot sur lequel fut ouvert un vaste boulevard et planté un square bien entretenu, le seul du Sénégal qui soit autre chose qu'un coin de brousse.

Des canaux maçonnés, creusés à droite et à gauche de la ville, recueillaient en même temps les eaux de pluies et de ruissellement et ils assuraient leur écoulement régulier jusqu'à la mer.

Toutes les voies publiques de Rufisque, ses places comme ses rues et son boulevard, ont de plus été cimentées.

Ce dernier travail qui fut achevé il y a peu de mois empêche la formation des flaques d'eau et contribue pour sa large part à la diminution remarquable du paludisme dont bénéficie Rufisque depuis peu de temps.

Mais ce n'est pas encore tout.

La ville est pourvue d'un superbe marché couvert, elle possède une coquette église qu'entourent des cocotiers aux palmes inclinées comme pour une prière et, sur une de ses places ombragées d'arbres, un buste de bronze fut dressé au maire à qui l'on doit la mise en train de ces travaux.

L'approvisionnement en eaux potables de la ville, problème toujours pénible à résoudre au Sénégal, est également assuré depuis 1900, d'une manière satisfaisante.

Une série de puits filtrants recueille les eaux de la nappe souterraine de Sangalcam. Une usine élévatoire les refoule ensuite jusque dans la ville à travers dix kilomètres de conduites.

Le travail primitif qui coûta 600.000 francs fut considérablement amélioré depuis lors, de sorte qu'il permet la distribution quotidienne de 400 mètres cubes d'une eau très pure.

Enfin, et l'importance de cette dernière entreprise est particulière car les autres travaux purent être menés à bien, grâce aux bénéfices qu'elle donnait, Rufisque installa dès l'année 1889 une voie Decauville qui parcourait ses principales rues et permettait de transporter directement les arachides et les autres produits lourds de la gare jusqu'à la mer.

Cette voie Decauville dessert actuellement la plupart des rues, à l'intersection de chacune desquelles se trouvent des plaques tournantes.

Les rails se croisent dans tous les sens, ils pénètrent même dans les cours des grandes maisons de commerce pour aller se terminer sur les warfs métalliques du haut desquels on peut directement charger les marchandises dans les lourds chalands du port.

Ainsi les milliers de tonnes d'arachides expédiées par Rufisque peuvent être transportés sans nécessiter une main-d'œuvre trop nombreuse et partant trop coûteuse, des wagons du chemin de fer aux chalands qui vont les mettre sous les palans des cargos.

La ville touche pour leur transport sur son matériel deux francs par tonne. Les recettes effectuées par elle de ce fait atteignaient déjà 12.000 francs en 1889 et 90.000 dix ans plus tard.

Elles s'élèvent aujourd'hui à plus de 130.000 francs composant ainsi environ les quatre cinquièmes d'un budget municipal dont les charges, que ne soulage aucun dégrèvement particulier, pèsent cependant moins lourdement que partout ailleurs sur les contribuables.

L'intelligent amour de leur cité qui anima constamment les élus de Rufisque a donc fait merveille sur ce coin de terre africaine.

Ces hommes de négoce étaient venus au Sénégal seulement pour y faire fortune, mais ils comprirent que les intérêts privés ne doivent jamais entrer en lutte avec l'intérêt général.

Ceux à qui leurs pairs confiaient des mandats électifs mirent donc toujours leur honneur à traiter les intérêts de la commune avec le même soin que leurs propres intérêts.

Ces colons, ces commerçants ont toujours accompli la mission dont ils s'étaient chargés, simplement, comme un devoir naturel, ils n'ont attendu leur récompense que de leur conscience seule, ainsi que de l'estime de leurs concitoyens.

Mais les voyageurs qui visitent Rufisque doivent ajouter à la reconnaissance de la ville pour ceux qui l'ont créée, le tribut de leur admiration comme aussi celui de leur gratitude.

Leur admiration doit être vive, car les difficultés de l'entreprise étaient considérables. Quant à leur gratitude, elle doit être plus grande encore, à cause du précieux exemple qu'ont ainsi donné, sur une terre inclémente, une poignée d'hommes animés d'un ardent amour pour leur pays d'adoption.

Hélas, pourquoi faut-il que la nature n'ait pas mieux aidé les hommes, pourquoi faut-il surtout que Dakar soit si près de Rufisque !

Mais des cités elles-mêmes, on peut dire « Habent sua fata » !

DAKAR

Dakar et la presqu'île du Cap Vert. Situation magnifique de la ville ; d'immenses travaux y sont effectués. Un port de commerce et un port de guerre sont créés dans sa rade. Le gouvernement général des diverses colonies de la côte siège à Dakar.

Si l'ancien Sénégal se trouve presque tout entier contenu dans les deux îles minuscules de Saint-Louis et de Gorée, le nouveau Sénégal, ou même l'Afrique Occidentale française dont cette colonie n'est plus aujourd'hui qu'une partie, se trouve résumé en quelque sorte dans la ville de Dakar.

Née d'hier, déjà belle et grande, ambitieuse de devenir plus belle et plus grande, capable, elle le prouve chaque jour, de satisfaire largement ses vastes ambitions, cette ville représente à la vérité un raccourci du nouvel empire africain dont elle est la capitale.

Depuis le Cap Blanc qui se dresse en plein Sahara et pendant plus de mille kilomètres, la côte suit une direction orientée N.-S. Sa perpendiculaire s'infléchit cependant un peu sur la carte de droite à gauche, à partir de l'embouchure du Sénégal, mais le long de cette immense ligne, l'océan brise continuellement ses lames violentes sur des plages de sable stérile. C'est pourquoi les vaisseaux ne trouvent nulle part une baie ou même une simple rade propice aux moindres opérations commerciales.

Et voilà qu'une pointe élevée s'avance vers l'ouest en pleine mer. Les Portugais qui doublèrent les premiers cette terre furent surpris de la voir agréablement couverte de beaux arbres, à l'ombre desquels coulaient des ruisseaux, et ils la nommèrent pour ce motif le Cap Vert.

Cette avancée du continent forme une sorte de quadrilatère irrégulier et aux angles aigus dont le plus long côté prolonge la côte du Cayor selon la direction N.-E. S.-O. tandis que le plus court est orienté N.-O. S.-E. La pointe des Almadies la termine au N. tandis que le cap Manuel la borne à 15 kilomètres plus au sud.

Deux sommets jumeaux se dressent en son milieu. Leur silhouette fit qu'on les nomma les Mamelles. La nature y avait naguère allumé des volcans, l'homme au cours du dernier siècle y construisit un phare.

Après le Cap Manuel, la côte semble vouloir remonter vers le nord mais comme si elle hésitait dans son dessein, elle forme d'abord l'anse Bernard puis l'anse de Dakar. Ensuite, après avoir dessiné un vaste demi-cercle au centre duquel se trouve Rufisque, elle reprend enfin sa direction primitive vers le sud.

La presqu'île du Cap Vert n'est pas uniquement la région la plus occidentale de tout le continent africain, celle que doivent doubler de plus ou moins près les bâtiments qui d'Europe, se dirigent vers l'Amérique du Sud, elle est aussi la seule partie de cette côte qui soit hospitalière aux bateaux. Elle leur offre, en effet, sous la protection de sa masse, derrière ses falaises ou ses rochers volcaniques, d'excellents mouillages abrités des vents, sûrs et commodes.

Il restait donc peu de choses à faire aux hommes pour créer en ce point un port dont la situatien privilégiée ferait l'escale obligatoire des paquebots, chaque jour plus nombreux, qui fréquentent cet Océan.

Les anciens navigateurs avaient bien vu les avantages d'une semblable situation mais la crainte des indigènes, la proximité de Gorée à peine éloignée d'une demi-lieue marine, la présence à l'abri de cette île, d'un mouillage très suffisant pour leurs caravelles ou même plus tard pour leurs frégates, ces divers motifs leur firent préférer le rocher isolé dans la mer à la presqu'île trop largement rattachée au continent dangereux.

Dusaud écrivait cependant en 1785 que c'était l'emplacement de la côte qui incitait le plus à l'établissement d'une colonie et le chevalier de Boufflers, après bien d'autres sans doute, en admirait dans le même temps les sources, la verdure et surtout la situation.

Malgré l'expédition de du Casse en 1679 et le traité qu'il imposa aux chefs de la région, l'état politique de la côte était demeuré le même pour les Européens, depuis l'époque lointaine où Normands et Portugais venaient y faire la traite jusqu'au jour où Faidherbe sut imposer à tous les roitelets noirs le respect de notre autorité.

C'est alors que Dakar fut véritablement fondé, car s'il ne pouvait exister avant que nous ne prenions possession effective de sa presqu'île, il ne pouvait non plus tarder à naître, du jour où nous serions les maîtres incontestés de sa rade et de sa colline.

La prise de possession du Cap Vert remonte au 29 mai 1857. Elle se fit sous la direction du commandant de vaisseau Protet, l'ancien gouverneur général du Sénégal, qui était alors commandant de la colonie de Gorée et chef de la station navale.

Les habitants de Gorée en éprouvèrent d'abord beaucoup de joie. Ils étaient en effet trop à l'étroit dans leur îlot où ils ne pouvaient ni cultiver, ni élever aucun bétail. La presqu'île annexée leur fournirait tout cela et même l'eau dont ils avaient grand besoin, tant pour eux que pour les navires qui fréquentaient leur port.

Un poste fut donc élevé sur l'emplacement actuel du Secrétariat Général. On planta bientôt auprès de lui des jardins, on bâtit même quelques maisons à côté de la mission que les Pères du Saint-Esprit avaient construite dès l'année 1847. Dakar était fondé.

L'emplacement sur lequel s'élève la ville fit naguère, comme le reste de la presqu'île, partie d'une sorte de république noire assez curieuse. Le damel du Cayor nous avait bien cédé la côte à plusieurs reprises et notamment en 1679, mais notre autorité, comme on l'a vu, ne s'y était jamais affirmée tandis que la sienne se faisait chaque jour plus despotique, c'est pourquoi les habitants de la presqu'île se soulevèrent en 1790.

Ils prirent pour chef un des leurs qui se nommait Nour Dhial. Ce dignitaire décoré par eux du titre d'Élimane était éligible.

Un conseil de vieillards qui l'assistait obligatoirement dans l'exercice de ses fonctions limitait encore son autorité.

Les révoltés, qu'on nomma Lebous, creusèrent un fossé à travers l'isthme trop large pour leur sécurité qui les unissait au reste du Cayor. On retrouve, paraît-il, avec un peu de bonne volonté sans doute, les traces de cet ouvrage défensif entre la baie d'Yoff et celle de C'Khane.

A l'exemple des Romains de Romulus dont ils ignoraient sans nul doute le nom, les Lebous accueillirent en même temps tous les mécontents de la région et, tenant tête au damel derrière leur fossé, ils le forcèrent à reconnaître leur indépendance.

La république Lebou qui s'était dès le début placée sous notre protection nominale subsista donc jusqu'en 1857, époque à laquelle l'autorité de la France fut établie sans restriction, depuis Dakar jusqu'à l'embouchure du Sine-Saloum.

C'est dans le cours de cette même année que le commandant Pinet-Laprade commença la construction d'une jetée dans l'anse de Dakar, choisie dès le principe pour abriter le futur port.

On ne s'occupe guère d'abord que d'améliorer ce premier travail. Des feux sont allumés sur les Almadies et le cap Manuel. Deux grandes citernes sont construites près du mouillage, aussi les Messageries peuvent-elles faire toucher à Dakar les paquebots qui desservent leur ligne du Brésil.

Tout est alors d'un bon marché exceptionnel dans cet embryon de cité encore amorphe. Le poisson n'y a aucune valeur, les légumes sont abondants, un bœuf se vend 60 francs.

Bientôt un plan directeur de la ville future est tracé sur le terrain. C'est à cette époque en effet qu'on dessine dans la brousse déserte, la place Protet, le boulevard National, dédié primitivement à l'Impératrice et quelques autres voies reconnaissables encore aujourd'hui à leur largeur ainsi qu'aux beaux arbres qui les ombragent.

Le port n'est pas oublié pour cela. Les bateaux de 500 tonnes pouvaient seuls accoster sa jetée. On en commence, sur la demande des Messageries maritimes, une seconde qui atteindra et protègera des fonds de 6 mètres. Le phare des Mamelles est allumé, on commence les intéressants travaux d'une aiguade qui devait recueillir chaque jour trente tonnes d'eau dans les dunes de sable de Hann et les collecter au moyen d'un grand bassin cimenté.

On doute déjà si peu de l'avenir de Dakar que Saint-Louis se voit menacé d'être supplanté par la nouvelle ville, pour laquelle on brigue déjà le titre de chef-lieu du Sénégal.

Un numéro du Bulletin Officiel de la colonie daté de 1863 fait même remarquer que le transfert à Dakar de l'administration ne pourrait amoindrir la prépondérance commerciale de Saint-Louis qui était alors incontestable.

Le commerce de cette place atteignait en effet 10 millions tandis que celui de Dakar ne dépassait pas le chiffre modeste de 300.000 francs.

Il semble que dans cette occurrence, le Bulletin Officiel s'exerçait tout au plus à noyer le poisson.

Si l'on dut reculer à plus tard la mise à exécution de l'idée, celle-ci n'en était pas pour cela complètement abandonnée. Elle demeurait vivace dans certains esprits, aussi un homme dont le nom fait encore à plusieurs titres, autorité au Sénégal, le docteur Béranger-Féraud, pouvait-il écrire quelques années plus tard :

« Dakar est le point qui est destiné à devenir le chef-lieu de la Sénégambie dans un avenir très prochain et il faut désirer que ce soit le plus tôt possible, car le siège du gouvernement de la colonie ne se trouvant pas isolé alors du restant du monde par la barre du Sénégal, perdra de son idée de localisation excessive, envisagera tous les intérêts de la contrée, d'une manière plus synthétique et plus indépendante (t. II, p. 366). Esquisses Sénégalaises. »

Dakar possédait déjà en 1865, outre ses deux jetées, un quai, des appontements munis de grues, trois phares, des magasins, une aiguade et une cale de halage pour les petits bâtiments.

Ces divers travaux avaient absorbé la somme de 1.200.000 francs donnée en une fois par la métropole ainsi que la contribution de la colonie, annuellement fixée à la somme de 100.000 francs.

Si l'on paraissait éloigner la pensée de voir la nouvelle ville supplanter prochainement Saint-Louis, personne ne doutait déjà plus par contre, que les 14 millions du commerce de Gorée ne deviennent en peu de temps sa première conquête.

Les règlements du port étaient du reste fort libéraux et ils facilitaient pour leur large part les progrès de la ville.

Un droit unique de 2 francs par tonne frappait à cette époque les bâtiments qui se livraient dans le port de Dakar à des opérations commerciales.

Or un navire de 260 tonnes de jauge qui accostait dans le même temps les quais de Saint-Louis devait acquitter environ 1.845 fr., ce qui donnait le chiffre élevé de 6 fr. 90 de frais par tonne.

Aussi tous les grands vapeurs touchaient-ils à Dakar tandis que les voiliers seuls entraient dans le fleuve et à Saint-Louis.

On fixe même à 1875 la date à laquelle Saint-Louis vit mouiller le long de ses quais le premier vapeur du commerce qui ait franchi sa barre. Ce serait, dit-on, le *Richelieu* qui remonte encore tous les ans le Sénégal jusqu'à Kayes.

Pour en revenir à Dakar, malgré les incessants progrès de cette ville, sa population demeure cependant stationnaire assez longtemps puisqu'elle ne dépasse pas 1.500 âmes en 1878.

Dakar n'était en somme qu'un port de transit, car il demeurait isolé du reste de la colonie.

Son voisin Rufisque lui enlevait au surplus tout le fret venu du Cayor, mais sa vitalité devait doubler dès que fut livré à l'exploitation le chemin de fer qui le réunit à Saint-Louis après avoir traversé plusieurs provinces sénégalaises.

L'autonomie de Dakar vis-à-vis de Gorée à laquelle il était réuni jusque-là date seulement de 1888 et trois ans plus tard le recensement attribue à la commune nouvelle une population de 8.937 habitants. Dakar devenait de ce fait la deuxième ville du Sénégal, ses progrès ne devaient pas s'arrêter là.

Le Parlement le choisit sur ces entrefaites comme un des futurs points d'appui de notre flotte.

L'insuffisance de son port de commerce devenait déjà chaque jour plus manifeste, aussi le conseil général de la colonie résolut-il dans sa session de mai 1899 d'y faire entreprendre quelques améliorations jugées indispensables.

Un vaste programme venait d'être élaboré dont la réalisation reviendrait à dix millions environ. Une première somme de 1.300.000 francs fut d'abord votée par cette assemblée pour commencer les premiers travaux.

La commune voulut, dans le même temps, procéder à d'autres travaux devenus nécessaires pour que la ville demeurât digne de son nouveau port et elle décida de contracter dans ce but un emprunt spécial de 800.000 francs.

L'État lui-même devait consacrer bientôt après 12 millions pour l'aménagement du port de guerre.

Une ère nouvelle allait donc commencer pour Dakar fécondé par cette pluie d'or. Mais les emprunts locaux ne furent pas réalisés et l'avenir de Dakar fut lui-même remis en question jusqu'au jour où le premier gros emprunt de l'Afrique Occidentale française permit de reprendre les anciens projets en les amplifiant encore.

Il convient ici de décrire sommairement les lieux que devaient transformer ces travaux.

La ville couvre une pointe orientée E.-O. et soudée de ce dernier côté, au reste de la presqu'île du Cap Vert ; l'anse Bernard la borne au sud. Elle déborde toutefois vers le cap Manuel.

La baie qui limite au nord la pointe de Dakar est comprise entre celle-ci et la pointe Bel-Air. Elle présente une ouverture d'environ trois kilomètres et une profondeur de moitié moindre.

Il s'agissait d'isoler une partie de ce vaste espace au moyen d'une jetée longue d'environ 1.800 mètres qui, prenant racine à Bel-Air, viendrait se terminer en face de l'ancienne grande jetée du vieux port, notablement prolongée elle-même.

Une passe de cent cinquante mètres permettrait seule alors de pénétrer dans cette rade artificiellement fermée où prendraient place, côte à côte, le port de guerre et celui du commerce.

Ce dernier serait installé sur l'emplacement de l'ancien port à l'est du port militaire, il se prolongerait en face de la ville entière et comprendrait deux môles, longs chacun d'environ trois cents mètres.

L'ancienne grande jetée en formerait un troisième où pourraient accoster les plus grands paquebots.

D'importants remblais avancés en mer d'environ 130 mètres augmenteraient d'autant, entre les différents môles, la surface des quais devenus insuffisants.

L'arsenal maritime commencerait immédiatement à l'ouest du dernier môle. Il serait édifié sur un vaste terre-plein également gagné sur la mer et pourvu d'une forme de radoub de 200 mètres de longueur ainsi que d'un appontement.

Des dragages seraient effectués jusqu'à 9 mètres de profondeur sur environ 50 hectares de superficie à partir de la passe. Les grands paquebots et les cuirassés de fort tonnage pourraient donc pénétrer dans le port et l'utiliser pleinement.

L'exécution de ce programme n'était pas même commencée lorsque survint l'épidémie de fièvre jaune de 1900.

Le fléau causa la mort de la moitié des Européens qui n'eurent pas le temps ou la possibilité de quitter la colonie mais il ne tua, malgré les craintes du moment, ni Dakar, ni le Sénégal.

M. Roume qui vint occuper en 1902 après le décès du Dr Ballay la haute situation de gouverneur général fit, dans l'immense plan de travaux publics qu'il traça dès son arrivée, pour l'ensemble des colonies de l'Afrique Occidentale française, une très large place à la ville et au port de Dakar.

Aussi les projets de 1899 furent-ils non seulement conservés mais encore augmentés.

Le siège du gouvernement général qui était jusqu'alors fixé à Saint-Louis devait, selon les désirs naguère exprimés par Bérenger-Féraud, être transféré à Dakar dès 1903, car si les circonstances contraignirent d'abord le titulaire de ces hautes fonctions à s'établir dans l'île voisine de Gorée, ce ne fut jamais qu'à titre essentiellement provisoire.

La transformation de Dakar en une véritable cité européenne saine et même jolie se trouvera dès lors bientôt réalisée mais l'entreprise présentait cependant de nombreuses difficultés.

Le port demeurait encore, il y a moins de trois ans, à peu près tel que l'avait laissé Faidherbe. Il était donc loin d'offrir toutes les commodités désirables, tant pour les marchandises que pour les voyageurs. Si le débarquement de ces derniers offrait peu de difficultés à cause de l'excellence du mouillage, on n'en pouvait déjà dire autant à propos de leurs bagages.

Dès qu'un paquebot avait jeté l'ancre sous la protection de la grande jetée, il se trouvait entouré par une cohue de chaloupes à vapeur et de côtres à voile montés par des noirs drapés dans des boubons blancs ou bleus, ou bien affublés des défroques les plus extraordinaires.

Hurlants et malodorants, ces indigènes montaient à l'assaut du bord et ils se disputaient à grand bruit les malles et les caisses des passagers.

Dans le même temps, des négrillons pilotant des pirogues invraisemblables réclamaient d'une voie aiguë qu'on leur jette des sous dans la mer où ils iraient les chercher.

Mais l'heure n'était pas aux distractions pour ceux qui voulaient débarquer. Il fallait, dans la frénésie et le désordre général, que chacun surveille la recherche de ses caisses puis leur descente à bras d'hommes ou à bout de cordes, dans le côtre choisi.

Il fallait ensuite un peu plus tard, avec une attention plus soutenue encore, surveiller le déchargement des bagages sur l'appontement encombré de la douane de même que leur transport en lieu sûr. Or les voleurs n'étaient pas rares en ville.

Dernier supplice, il restait enfin à s'enquérir d'un gîte pour la nuit, et les hôtels, presque toujours bondés, n'étaient guère hospitaliers aux retardataires.

Une agence de transports à vapeur des bagages qui s'est créée depuis lors évite dès maintenant ces désagréments jadis très sensibles mais bientôt, le progrès marche aujourd'hui si vite là-bas, les paquebots accosteront comme à Marseille, aux quais des môles, et les opérations de mise à terre, si fâcheuses pour les hommes, si coûteuses pour les marchandises, seront enfin simplifiées et rendues économiques.

La ville elle-même laissait aussi fort à désirer à tous les points de vue, il y a peu de temps encore. Ses rues étaient boueuses pendant les mois d'hivernage, remplies en été d'une poussière rouge qui les rendaient presque inhabitables.

Les races diverses qui y vivaient pêle-mêle se gênaient mutuellement car si les indigènes se pliaient mal à nos réglementations trop compliquées pour eux, les Européens, par contre, se plaignaient à juste titre des mauvaises pratiques d'hygiène de leurs voisins.

Dakar n'avait pas même assez de maisons pour le nombre sans cesse croissant de ses habitants et sa transformation en une véritable capitale devait se compléter sur le terrain par la construction des bâtiments nécessaires au fonctionnement de ses services publics. L'œuvre fut cependant commencée et poursuivie avec tant d'énergie qu'en moins de cinq ans, à plus de trois mille kilomètres de l'Europe, sur la colline jadis ombragée de beaux arbres tant admirés par Ça da Mossa et Hernandez, une grande cité européenne s'est dressée, vit dès maintenant et grandira vraisemblablement encore.

La ville représente une sorte de triangle isocèle dont la base est à l'ouest tandis que sa pointe se juxtapose sur celle de la pointe Dakar. Les constructions nouvelles se sont essaimées sur tout le plateau qui couvre la presqu'île du côté de l'anse Bernard. Le vieux quartier, par contre, est tout entier concentré le long de la plage, auprès de l'ancien port. Il comprenait naguère encore des habitations européennes confortables mêlées à des cases noires construites en bois et mal tenues.

Le boulevard National dont la longueur dépasse le kilomètre représente une perpendiculaire abaissée vers la base du triangle. L'ombrage épais de ses arbres aux troncs penchés qui datent de l'Empire suit agréablement le promeneur au delà de la grande place Protet sur laquelle se dresse le vaste secrétariat général bâti sur l'emplacement de l'ancien poste, l'église menaçant ruines et le palais de justice tout neuf qui fait face à cette dernière.

Les grandes maisons de commerce demeurent toujours tassées entre ce boulevard et le port. Leurs magasins fort bien achalandés se groupent de préférence autour de la très vivante mais bien petite place du marché sur laquelle on coudoie presque autant de dames européennes que de négresses. L'hôtel des postes et la gare des voyageurs voisinent à proximité du port, mais les jours de cette dernière sont désormais comptés. Elle est trop modeste pour la ville au milieu de laquelle elle se trouve. On en élèvera donc une autre, plus digne du nouveau Dakar et plus capable en même temps de satisfaire aux besoins chaque jour plus étendus des habitants et du commerce.

La nouvelle gare sera construite à l'ouest de l'ancienne mission, en face du ravin maintenant comblé qu'on nommait le jardin public. Elle couvrira une partie des terre-pleins conquis sur la baie et elle s'y trouvera sans doute à l'aise, car on doit conserver à sa place actuelle l'ancienne gare des marchandises qui est située en dehors de la ville, devant le futur arsenal.

Le boulevard National représente en quelque sorte l'épine

dorsale de la cité. Il faut y revenir pour compléter méthodiquement la description de celle-ci.

Lorsqu'on laisse derrière soi le confortable bâtiment des messageries maritimes qui, s'étant installées dès la première heure, ont pris un des plus beaux terrains de la ville, on trouve sur la gauche, en remontant le boulevard, de nombreuses casernes et divers autres établissements militaires, plus ou moins éloignés de l'avenue.

Une autre grande voie qui débouche sur la place Protet en formant avec le boulevard National un angle droit parfait, longe l'anse Bernard et atteint l'hôpital colonial naguère bâti loin de la ville.

Cette avenue passe devant la grille majestueuse du monumental palais où habite dès maintenant le gouverneur général.

La masse d'une blancheur immaculée que forme cette construction s'aperçoit de très loin en mer. Les jardins dont elle s'entoure surplombent du reste les eaux de l'anse Bernard. Les terrains qui lui font face représentent la région de la ville la mieux ventilée et par conséquent la plus saine et la plus agréable. Ils étaient, il y a peu de mois encore, couverts de cases indigènes. Ces cases s'étendaient également autour de la belle mosquée de pierre dont on a doté Dakar. Toutes ces cases ont été récemment démolies et rejetées vers l'ouest.

On profita, pour exécuter cette excellente mesure d'embellissement et de salubrité, des menaces de fièvre jaune qui agitèrent la colonie en 1905.

C'était une excellence façon de prouver la vérité du proverbe « A quelque chose malheur est bon ! »

Dakar était déjà pourvu d'une canalisation d'eau, on y ajouta un réseau souterrain d'égouts qui contribueront à assainir la ville.

L'administration a bâti également de nombreuses constructions pour loger ses services, elle en projette d'autres encore dans le même but mais elle s'est aussi également occupée de stimuler le zèle des particuliers qui ne luttaient pas assez efficacement contre la pénurie des logements. Un minimum de dix pour cent de rémunération du capital employé a été, et se trouve encore assuré pendant les cinq premières années, à toutes personnes qui font construire en ville. Aussi le nombre des maisons élevées au cours de l'année 1906 dépasse-t-il le chiffre de 120.

Les hôtels de Dakar sont fort insuffisants à cause du mouvement considérable des passagers de paquebot et des voyageurs qui, de Dakar, se répandent sur tout le Sénégal et le Soudan, l'Administration n'a pas dédaigné d'éveiller les initiatives privées afin de hâter la construction d'un vaste hôtel confortable.

Elle n'eut garde, bien entendu, de négliger la question si importante de la viabilité dans la ville et dans ses environs immédiats. Toutes les rues sont pourvues de trottoirs, encailloutées et cylindrées. Toutefois le bon exemple qu'avaient légué leurs prédécesseurs aux ingénieurs d'aujourd'hui n'a pas été suffisamment suivi. La plupart des nouvelles voies sont étroites à côté des anciennes et elles manquent d'ombre.

La ville possède également quelques routes qui offrent de courtes promenades à ses habitants. L'une d'elles permet d'atteindre le cap Manuel sur l'extrémité duquel se trouve le lazaret.

Un chemin circulaire autour de la ville relie entre eux les deux groupes de casernes nommées les Madeleines. Cette route se soude ensuite à la route d'Ouakam qui dessert la presqu'île du Cap Vert en longeant le bord de la mer.

Une dernière route suit l'autre rivage, le long de la baie, parallèlement au chemin de fer. Elle se joint à la précédente après avoir atteint la prise d'eau, les marais et les jardins de Hann ombragés d'éleïs où le service d'agriculture entreprit naguère une œuvre malheureuse. On a même parlé de pousser cette route jusqu'à Rufisque.

Mais hélas les frais ombrages qu'admirait Boufiers ont disparu sans retour et presque partout autour de Dakar, la brousse stérile déroule sous les yeux ses sables trop blancs ou ses marais fiévreux.

La ville qui possède une succursale de la Banque de l'Afrique Occidentale ainsi qu'un journal officiel, organe du gouvernement général, car celui de Saint-Louis représente à lui seul la presse purement sénégalaise, la ville donc ne manque de rien ou peu s'en faut. Elle a même le droit comme les autres cités sénégalaises de se targuer d'avoir une réglementation sur les constructions nouvelles que lui envieraient bien des villes métropolitaines.

A l'exemple d'un grand nombre de ces dernières, mais elle ne mérite de ce fait aucune louange, elle possède également de trop nombreux cafés ainsi qu'un concert où des artistes très décolletées s'ingénient à charmer de toutes manières les loisirs d'un auditoire peu difficile.

Aucune œuvre n'est parfaite en ce monde, et dans le procès-verbal de la naissance de Dakar comme dans la description de cette ville, il convient, pour être impartial et complet, d'indiquer quelques erreurs commises par les uns ou par les autres.

Socrate prétendait que la langue est à la fois une excellente et une fort mauvaise chose. On peut en dire autant de tout et notamment de la spéculation. La spéculation s'est bien entendu penchée sur le berceau de Dakar.

Fée bienfaisante, elle a touché de sa baguette les tufs et la terre rouge sur lesquels vagissait l'enfant nouveau-né. De suite, les noirs sont venus, les ouvriers d'art, les entrepreneurs et même, fait invraisemblable, quelques capitalistes avisés. Tous, capitalistes, entrepreneurs, colons et, assure-t-on, quelques fonctionnaires, se disputèrent les terrains à qui mieux mieux.

Le don précieux de la fée recélait cependant quelque malignité car le plan tracé fut trop étriqué, malgré l'affirmation contraire de gens qui crièrent à la mégalomanie. Des carrés trop menus furent réservés pour les bâtisses et circonscrits entre des voies souvent trop étroites. On avait l'immensité derrière soi et l'on s'empila les uns sur les autres.

C'est le grand défaut dont souffre déjà Dakar. Mais il en est un autre encore.

Lorsqu'un propriétaire se décidait à construire, la fée Spéculation lui suggérait de nouvelles pensées. Il voulait surtout une maison bon marché qu'il louerait cher. Cela se voit ailleurs qu'à Dakar, mais cela ne sera nulle part ailleurs aussi nuisible.

Dans un pays où le soleil est le pire ennemi de l'homme, les habitants de la ville seront en effet trop souvent privés de l'abri nécessaire des larges vérandahs, ils ne possèderont pas même la fraîcheur des murs épais et des vastes pièces bien ventilées.

On a lutté le plus possible contre ces tendances fâcheuses des constructeurs et le mal en somme fut circonscrit. Il est toutefois regrettable qu'on n'ait pu faire mieux.

On doit aussi reconnaître, mais ne fallait-il pas s'y attendre, que l'administration se résolut seule à quelques sacrifices en l'honneur de l'Art. Ces sacrifices furent au surplus modérés et leurs résultats peu considérables.

Il est si facile de critiquer et si difficile de faire quelque chose ! Dakar possède cependant un monument simple et modeste. C'est une stèle ornée du médaillon de Blanchet, l'infortuné explorateur qui mourut de la fièvre jaune en 1900 lorsqu'il venait d'échapper à la captivité des Maures de l'Adrar.

Une pierre blanche avec un peu de bronze pour une vie de trente ans ! Mais il en est tant d'autres qui, payant le même prix, n'obtiendront jamais cette ultime récompense !

On ne laisse pas une ville et un port comme Dakar sans défense contre des ennemis éventuels.

A défaut même du souci des intérêts chaque jour plus importants du commerce, les avantages uniques de sa situation qui l'ont désigné pour être un point d'appui de notre flotte, nous contraignaient à doter Dakar de puissants moyens de défense.

L'Administration n'a pas failli non plus à cette partie si importante de sa tâche. Outre Gorée qui préserve l'entrée du port au sud-est, un nombre respectable de batteries enserre le littoral, depuis la pointe de Dakar elle-même et le cap Manuel jusqu'au delà des Madeleines et à la pointe du cap de Bel-Air.

Réduire de la haute mer les défenses de la place ne serait donc pas une entreprise facile, mais débarquer dans ses environs, sous le chaud soleil sénégalais, un corps d'investissement, en serait une autre que les tacticiens proclameraient sans doute hasardeuse.

La ville pourrait se défendre en effet et ses assiégeants que retarderaient les sables de la presqu'île auraient bientôt à dos le Sénégal tout entier.

Tel est le Dakar actuel. Sa population reste encore inférieure à celle de Saint-Louis, puisqu'elle n'atteint que 18.447 habitants sur lesquels 2.000 au moins sont européens.

Toutefois le commerce saura bien y appeler de nouveaux contingents d'hommes. Le mouvement des affaires, déjà très intense puisqu'il atteignit 20 millions en 1905, suit sans cesse une marche progressive.

Métropole administrative de l'Afrique Occidentale Française, Dakar ne peut donc manquer de devenir également la plus importante de ses places de commerce.

La ville n'est pas encore complètement pourvue de tous les organes qui lui sont nécessaires. Mais tout ne vient-il pas à point pour qui sait attendre ?

On songe à la doter d'un éclairage électrique ainsi que d'un petit réseau de tramways et son port lui-même n'aura peut-être pas atteint dans deux ans sa physionomie définitive, lorsque les travaux actuels seront cependant achevés.

Un ingénieur de mérite préconisait récemment un hardi projet dont la réalisation aurait coûté un nombre assez élevé de millions.

Le port de Dakar ne reçoit guère jusqu'ici que les marchandises importées venues d'Europe. Rufisque, son voisin, centralise au contraire les produits du pays et il les exporte au dehors. L'arachide constitue le plus important de ces produits, mais cette marchandise fort encombrante est pour ce motif d'une coûteuse manipulation.

Or, si Dakar doit posséder bientôt le matériel nécessaire au chargement ou au déchargement rapide des navires, il manquera bientôt aussi de place. On ne pourra y entreposer des arachides qu'avec la plus grande difficulté.

C'est principalement sans nul doute pour ce motif, que cet ingénieur proposait la construction sur les nouveaux quais d'immenses magasins voûtés. Les monceaux d'arachides déversés par le chemin de fer pendant la traite auraient pu, sans crainte des intempéries, attendre dans ces docks l'arrivée des bateaux.

Des suceuses géantes ou des élévateurs les auraient alors économiquement versées dans les flancs des navires dont le séjour au port eût été, de ce fait, très écourté.

L'immense terrasse jetée par-dessus ces magasins aurait été élevée au niveau même du plateau que couvre la nouvelle ville.

Elle aurait constitué une superbe promenade analogue au boulevard de la République dont Alger s'enorgueillit si justement.

Les créateurs du moderne Dakar ont reculé devant la dépense, car leurs ressources sont limitées. On les accuse cependant d'avoir rêvé trop grand et d'avoir sacrifié à leur ville les intérêts des autres régions du gouvernement général.

Il eût mieux valu, a-t-on dit, distribuer intégralement à tous et partout, la manne précieuse des budgets et des emprunts. Cependant n'y aurait-il pas eu à craindre que les efforts trop disséminés ne soient demeurés improductifs ?

Telle qu'est l'œuvre des fondateurs de Dakar, elle n'a déjà pas d'égale sur toute l'immense étendue des côtes occidentales de l'Afrique barbare, aussi peut-on présager qu'après avoir hérité de Gorée, si déchue maintenant, Dakar supplantera encore d'autres villes aujourd'hui prospères.

Malgré l'énergique intelligence des habitants de Rufisque, malgré les avantages que présente la situation de cette cité toute jeune elle aussi, mais bien moins favorisée par la nature, Dakar deviendra presque certainement, dans un avenir plus ou moins rapproché, le grand port d'embarquement des arachides.

Vingt-quatre kilomètres de chemin de fer séparent seulement les deux villes, mais tandis que les plus grands vapeurs pourront bientôt accoster aux quais de Dakar, les bateaux devront toujours stationner devant Rufisque, à plus d'un mille du rivage et dans une rade ouverte heureusement tranquille à l'époque de la traite.

On compte que la manipulation des arachides revient dans ce dernier port à 5 fr. par tonne, depuis la gare jusque dans la cale des vapeurs, en y comprenant le transport par Decauville et le passage sur les chalands.

On réalisera certainement à Dakar une grande économie sur ce prix lorsque les bateaux pourront charger à quai.

Tout se chiffre aujourd'hui et s'évalue par centimes. Le temps lui-même vaut de l'argent. La rapidité des chargements à Dakar sera donc un nouvel et considérable avantage pour cette ville et les droits de quai ou d'ancrage ne le feront pas disparaître à moins qu'on ne les élève au-dessus du vraisemblable.

Le Port de Dakar.
Les quais au premier plan ; dans le fond et à droite, Gorée.

Dakar.
Vue du marché le matin.

Rufisque semble donc ne pouvoir résister toujours à son heureuse rivale. Mais si sa déchéance future, encore éloignée sans doute, paraît inévitable, on peut prévoir en échange, contrairement à certaines opinions courantes, que la situation économique actuelle de Saint-Louis ne souffrira pas de nouveaux dommages de l'accroissement de Dakar.

Une certaine distance sépare d'abord les deux places. Saint-Louis, de plus, garde son fleuve qu'on ne peut lui enlever.

La barre du Sénégal l'empêcha toujours de devenir un grand centre commercial. Le long cours navigable du fleuve qui s'étend sur près de mille kilomètres demeurera par contre, en dépit de toutes les concurrences, le chemin du Soudan le plus économique au moment de l'hivernage.

Or Saint-Louis, portier du fleuve Sénégal, tirera toujours profit de cette situation particulière.

La création d'une voie ferrée longue de 700 kilomètres, qui doit relier au Soudan la ligne actuelle du Cayor, et par conséquent Dakar, ne pourra elle-même atténuer beaucoup l'importance actuelle du fleuve.

La nature, on l'a vu, condamnera tôt ou tard Rufisque, nonobstant tous appels, mais elle sauvera Saint-Louis.

Il est d'autres points de la côte qui sont, grâce à leur situation, susceptibles comme par exemple Kaolak, d'un certain avenir commercial et dont la prospérité a besoin pour s'affirmer, de l'aide des hommes ou, tout au moins, de leur neutralité.

Le gouvernement général fit beaucoup pour Dakar et à juste titre, mais il ne lui sacrifiera certainement pas ces ports encore infimes ou même à naître en quelque sorte, dont l'importance future ne saurait être que secondaire au surplus, et dont l'utilité n'aura en quelque sorte qu'une valeur d'appoint pour le Sénégal.

On ne peut guère, les pages précédentes le démontrent, ne pas aborder la question du gouvernement général quand on parle de Dakar.

Commune sénégalaise au même titre que sa voisine Rufisque, que Gorée sa mère ou Saint-Louis sa rivale, Dakar est autre chose en même temps, une sorte de cité impériale, patrimoine commun aux cinq colonies dont l'ensemble forme l'Afrique Occidentale Française.

Et cela est si évident que le Sénégal, sur le territoire duquel se trouve la ville, y entretient une sorte de consulat nommé Délégation.

Or cette situation particulière de Dakar a pour cause principale la présence dans la ville de cet organisme centralisateur qu'est le gouvernement général.

Il est donc indispensable de posséder au moins quelques notions sur l'histoire et sur les attributions de cette entité administrative et politique, qu'on ne pourrait d'ailleurs étudier nulle part aussi bien que dans son cadre et dans sa création, Dakar.

Le gouvernement général fut institué par un décret du 16 juin 1895 qui plaçait les diverses colonies de l'Afrique Occidentale Française, sauf le Dahomey, sous la haute direction politique et militaire d'un chef unique, tout en conservant à chacune d'elles son autonomie administrative et financière.

On conservait, grâce à cette création, tous les bénéfices qu'avait procuré le morcellement de l'ancien Sénégal. On évitait cependant pour l'avenir les sérieux inconvénients qui étaient résultés de cette même mesure.

Le décret de 1895 n'était pas un retour en arrière, même partiel, c'était bien une organisation nouvelle, malgré la clause par laquelle le gouvernement général devait cumuler avec ses fonctions spéciales, celles de gouverneur du Sénégal.

Le décret d'octobre 1899 qui fit entrer le Dahomey et la Côte d'Ivoire sous l'autorité du gouvernement général ne changeait en fait rien à cette situation.

Celui qui parut le 18 octobre 1902 avait une tout autre importance. Il augmentait les pouvoirs du gouvernement général en restreignant l'autonomie administrative et financière des diverses colonies placées sous sa direction.

Les budgets de chaque colonie dressés par leurs gouverneurs respectifs devaient être arrêtés par le gouverneur général et finalement approuvés par décret ministériel.

Le gouvernement général était lui-même pourvu d'un budget spécial alimenté par une contribution de chaque colonie dont le gouverneur général fixait chaque année le montant.

Ce haut fonctionnaire percevait également les recettes de toute nature perçues dans la presque totalité du Sénégal, devenue pour la circonstance une nouvelle unité administrative nommée Sénégambie-Niger et ne répondant absolument à rien.

Le dernier décret paru sur la matière, le 5 août 1905, rétablissait l'intégralité du Sénégal sous l'autorité de son chef normal.

Le même décret débarrassait le gouvernement général du souci d'administrer directement des territoires particuliers, mais par contre, il augmentait encore son autorité sur les diverses colonies de son ressort.

Il procurait enfin à son budget spécial des ressources plus abondantes et plus directes, grâce à l'attribution qui lui était consentie du produit de toutes les douanes, unifiées du même coup.

Le gouvernement général doit, dit l'exposé des motifs du décret en cause, disposer d'un instrument financier qui lui soit propre afin de pourvoir aux dépenses d'intérêt commun.

Mais alors que l'opinion locale accueillit avec une faveur unanime la création de 1895, des critiques parfois fort acerbes furent soulevées par le décret de 1905. Cette opposition, du reste platonique, fut peut-être plus vive au Sénégal que partout ailleurs.

La raison en doit sans doute être cherchée dans le fait que cette colonie est la seule du groupe qui possède un conseil général élu. Or cette assemblée disposait naguère d'un budget considérable qui fut notablement diminué par suite de l'attribution du produit des douanes au gouvernement général.

Mais lorsqu'on est au courant des besoins réels de l'ensemble des colonies de la côte et de la nécessité pour elles d'une unité de direction politique et même parfois économique, on comprend mieux l'utilité du décret de 1905.

Cette utilité apparaît à Dakar plus clairement que partout ailleurs, car cette ville profita plus que tout autre et fort justement de l'unité de vues, de directions et de pouvoirs financiers, résultats du renforcement de l'autorité dévolue au gouvernement général par le décret de 1905.

Malgré certaines apparences, les travaux du port de Dakar, port de transit mondial, ceux même d'assainissement et de construction de la ville elle-même, intéressaient non seulement la ville et le Sénégal, mais encore l'Afrique Occidentale tout entière.

Dakar n'est pas seulement en effet le siège du gouvernement général. Il est de par une loi de la nature, le réduit obligé de sa défense en cas d'attaque. Il est aussi, en temps de paix, sa grande place de commerce obligatoire.

Seul, il peut être un grand port charbonnier analogue à Gibraltar ou à Alger, seul il peut être un grand port de transit international d'où le commerce rayonnera ensuite, et plus facilement, le long des côtes, puis dans l'intérieur.

Mais pour créer Dakar tel qu'il devait être, ne fallait-il pas un gouvernement général tel qu'il est !

LES RACES DU SÉNÉGAL

Maures, Peuls, Ouoloffs, Sérères. Les noirs sont de grands enfants immuables dans leur état d'esprit qui diffère essentiellement du nôtre. La question de l'esclavage. Les mulâtres et les blancs de la colonie.

L'Européen ne fait dans les premiers temps de son séjour au Sénégal aucune distinction entre les noirs dont il est entouré, mais si son séjour se prolonge, il arrive à reconnaître au premier coup d'œil les représentants des nombreuses races qui se rencontrent et se mêlent dans toute l'étendue de la colonie.

Il a d'abord distingué le Maure maigre et basané dont la chevelure embroussaillée forme une sorte d'auréole autour d'un visage aux traits souvent réguliers.

Le Maure, il est vrai, n'est pas un Sénégalais, puisqu'il vit dans le désert et que le fleuve Sénégal marqua toujours l'extrême limite de son habitat, mais il s'est si souvent métissé avec les noirs ses voisins, il a pendant le cours du dernier siècle si fréquemment envahi leurs territoires qu'on ne peut parler du Sénégal sans le nommer ni l'étudier un peu.

Notre arrivée préserva seule les peuples noirs du dur esclavage que leur réservait les « Beïdan », et si les Sénégalais commencent à oublier l'insigne bienfait dont ils nous sont redevables de ce fait, les Maures, eux, n'oublient pas, de sorte qu'ils nous haïssent encore plus qu'ils nous craignent.

Les Maures ne constituent pas eux-mêmes une race homogène. Le Sahara comme l'Afrique Septentrionale tout entière n'était jadis peuplé que de Berbères. Une tribu de cette race, les Zénaga, aurait même, dit une légende sujette à caution, donné son nom au grand fleuve-limite qui sépare les peuples blancs et les tribus noires, le désert et l'Afrique tropicale.

Puis, vers le XIe siècle, des envahisseurs arabes vinrent pourchasser les Berbères jusque dans leurs solitudes. Les deux races se sont unies maintenant ou simplement juxtaposées, selon les lieux et les circonstances, nous leur donnons toutefois l'appellation commune de Maures.

Les tribus guerrières maures sont généralement d'origine arabe, les autres, maraboutiques ou pastorales, appartiennent plutôt à la race berbère, mais la plupart parlent l'arabe. Toutes possèdent des captifs noirs ou des clients nommés « pourognes » qui sont les produits de nombreux croisements des maîtres avec les négresses captives.

Depuis que nous gênons leur commerce de négriers, la principale, sinon l'unique ressource des Maures se trouve dans leurs troupeaux. Ils possèdent des bœufs, des moutons, des chevaux et de nombreux chameaux qui représentent pour les marchandises à peu près l'unique moyen de transport du Sénégal.

On voit, durant la saison sèche, ces animaux parcourir les pistes de la colonie jusqu'au Rip et à la frontière de la Gambie anglaise. Ils sont chargés de mil et d'arachide et vont d'un pas lent à la file indienne, tandis que leurs gardiens les précèdent et tirent sur une longue corde passée dans leurs naseaux.

Quand les pluies reviennent, hommes et bêtes traversent le Sénégal et s'enfoncent loin vers le nord, à plusieurs centaines de kilomètres de distance.

Le Maure est musulman fanatique, pillard et négrier. Il est de plus, très sale, au point que le bleu des guinées dont il se couvre semble imprégner sa peau.

L'homme est toujours maigre, plutôt petit, la femme présente parfois des traits d'une réelle beauté, mais l'horrible saleté commune aux deux sexes, le manque d'hygiène, l'immoralité profonde, souvent la misère, depuis que nous gênons leurs déprédations, enfin les maladies, arrêtent le développement de cette race dont l'intelligence est manifeste.

Ses trop fréquents métissages ont également contribué à l'abâtardir, de telle sorte que l'œuvre de son relèvement paraît bien difficile.

Une autre race attire promptement aussi l'attention des nouveaux venus dans la colonie. Elle se nomme Peul ou Poul. On la trouve disséminée partout, ici plus dense et là très clairsemée

Quoiqu'elle n'ait conservé sa pureté nulle part au Sénégal, ses traits caractéristiques la font reconnaître sans peine.

Ses origines sont mystérieuses, on la croit toutefois originaire de l'Égypte. Les Peuls se rencontrent bien au delà des extrêmes limites du Sénégal et même de l'Afrique Occidentale française. Ils ont de nombreuses colonies dans le Macina soudanais, dans le Fouta-Djalon ainsi que sur les vastes territoires que se partagent les Anglais, les Allemands et les Français, aux alentours du Tchad.

Sous le nom de Foulbés, ils ont même su créer dans ces dernières régions de véritables états relativement avancés en civilisation.

Les Peuls forment un rameau de la grande famille sémitique. Intelligents et braves, ils sont d'admirables pasteurs, cependant leur race est, dans la colonie, en pleine décadence depuis près de deux siècles.

Ils étaient maîtres en effet d'un puissant empire qui couvrait naguère les deux rives du moyen Sénégal, mais leur nation est aujourd'hui dispersée.

Les Laobés forment une étrange peuplade dont la langue est peule et l'origine nettement nigritienne. Ils suivent partout les Peuls et travaillent exclusivement le bois. Leur nombre infime tend encore à diminuer de sorte qu'on peut ne les citer que pour mémoire.

Les Ouoloffs sont les premiers noirs avec lesquels l'Européen entre tout d'abord en contact au Sénégal. Cette race formait naguère un peuple très puissant qui s'étendait sur le bas et le moyen Sénégal presque tout entier. L'importance de leur langue est encore considérable car elle sert aux transactions commerciales.

La taille le plus souvent élevée du Ouoloff, sa peau noire et luisante, le caractérisent nettement. Sa tête est allongée, ses cheveux crépus, ses extrémités remarquablement longues et sèches. Adamson le trouvait beau, mais on ne saurait partager l'opinion du naturaliste au moins pour ce qui concerne la femme ouoloff.

Les cheveux de celle-ci sont tressés en une multitude de courtes bandelettes copieusement enduites de graisse, et sa beauté se mesure pour elle à son obésité.

La race est courageuse, mais elle aime peu le travail. Son imprévoyance est absolue. Elle adore les bijoux, mais elle ignore la propreté. Musulmane sans fanatisme, elle pousse toutefois la superstition au delà du croyable. Les Ouoloffs se divisent en plusieurs castes et les anciennes familles nobles gardent encore parmi eux un véritable prestige.

Les noms patronymiques indiquent chez les Ouoloffs, comme chez les autres Sénégalais, l'origine et même l'état social de chaque individu.

Les N'diaye qui prétendent descendre du lion sont des nobles, des gueloar. Le noble peut se marier sans déroger avec des gens de « sang propre » non nobles, des « guer » comme le sont les Diop.

Un homme tout à fait noble est guarmi, mais il n'existe déjà plus de guarmi garara.

Les Thiam représentent une caste inférieure, adonnée aux travaux productifs, mais peu honorés de forgerons ou de bijoutiers. Les tisseurs ont encore plus mauvaise réputation que les Thiam. Aucune de ces castes ne voudrait cependant s'allier avec celle des griots, sortes de saltimbanques doublés de troubadours qui, par la seule force de leurs louanges, dépouillent les riches et les pauvres également désarmés devant eux.

Ces questions de caste ont quelque peu perdu de leur primitive importance. Elles jouent cependant encore un certain rôle.

Ce serait à cause d'elles que le fils d'El Hadj Omar ne voulut pas naguère s'allier avec notre ennemi Samory, fils de captif. Un mulâtre né d'une griote, qui naguère était devenu officier, n'aurait pu, assure-t-on, pour le même motif, se marier dans le pays.

Après les Ouoloffs dont font partie les Lebous de Dakar, on trouve en remontant le fleuve Sénégal une race métisse qui provient du mélange des Peuls avec les noirs leurs voisins.

Le Toucouleur présente toutes les gammes de couleur de peau intermédiaires entre le noir luisant du Ouoloff et le rouge clair du Peul, mais plutôt que de la corruption des mots anglais « two colours », l'origine de son nom proviendrait d'une contrée soudanaise d'où émigrèrent au xe siècle ses ancêtres les Peuls.

Les Toucouleurs sont souvent de beaux hommes, moins grands

que les Ouoloffs et mieux proportionnés. Ils sont plus fanatiques, mais aussi plus travailleurs au point qu'ils fournissent la plupart les ouvriers des villes. C'est également de ce peuple que sortirent presque tous les agitateurs, marabouts et prêcheurs de guerre sainte contre lesquels nous n'avons cessé de lutter que tout récemment.

Les Toucouleurs peuplent le Fouta qui commence un peu en amont de Dagana pour dépasser le long du fleuve Matam, à cinq cents kilomètres de Saint-Louis.

Les Toucouleurs auraient formé une véritable nation plutôt qu'une race spéciale s'ils avaient pu atteindre un degré plus élevé de civilisation, et si nous n'avions pas pris soin nous-mêmes de morceler leur pays afin de le mieux pacifier.

Ils n'ont du reste, pas plus que les autres noirs, le sens de l'organisation. Celui de la discipline leur fait autant défaut quoiqu'ils représentent un des meilleurs éléments de nos fameux tirailleurs sénégalais.

Car si nous avons su les plier à nos règlements militaires, ils sont incapables de se soumettre longtemps à une règle ordonnée et appliquée par eux-mêmes.

On rencontre après le pays des Toucouleurs et en remontant toujours le fleuve, diverses peuplades qui appartiennent à la branche mandé de la famille noire. Ce sont les Saracolets ou Soninkés, les Mandingues qui vivent surtout dans le pays de Galam et les Kassonkés, métis des Peuls et de Mandés. Ces derniers habitent en dehors des limites actuelles du Sénégal, autour de Médine, dont le nom rappelle un des épisodes les plus connus de l'histoire de la colonie.

Une autre race presque aussi importante par le nombre que celle des Ouoloffs peuple la Petite Côte et remonte assez loin vers l'intérieur. Mais elle a souvent subi la pénétration, pacifique ou guerrière, des Ouoloffs. Les Sérères sont cependant demeurés fétichistes et leurs chefs seuls se sont islamisés. Leur race est peut-être la plus décriée du Sénégal, elle paraît cependant posséder de précieuses qualités que n'ont pas toujours ses voisines.

Les Sérères ont été chassés de l'intérieur, probablement de la Haute Casamance, vers la fin du XIIIe siècle. Ils descendirent peu à peu jusqu'à l'Océan, peuplant ainsi le Baol, le Sine, le Saloum et atteignant enfin la Petite Côte qui serait demeurée déserte jusqu'à leur arrivée.

Les Sérères se sont toujours trouvés en butte aux violences des négriers d'Europe comme à celles de leurs voisins les Ouoloffs. Ceux-ci s'emparèrent du Baol et donnèrent des souverains de leur race au Sine. Ils se convertirent à l'islamisme vers la fin du XVIIe siècle, mais comme on l'a vu, cet exemple ne fut pas suivi par les Sérères qui n'ont jamais cessé de faire les plus grands efforts pour préserver leur pays de toute immigration étrangère. On dit ces derniers moins intelligents que les Ouoloffs, et ils n'ont généralement pas en effet l'esprit très ouvert.

L'amour de l'alcool fut toujours très prononcé chez eux. Ils buvaient naguère du vin de palme, le commerce leur fournit aujourd'hui des poisons plus violents.

Le fléau de l'alcoolisme atteint chez eux toutes les catégories de la population, car les femmes et les enfants boivent comme les hommes, selon les ressources que possède chaque famille.

Cette passion, la haine véritable qui existe entre les Sérères et les étrangers ouoloffs ou mandingues qui vivent sur leur territoire, la persistance chez ce peuple du fétichisme, telles sont les raisons plus ou moins justifiées qu'on invoque pour affirmer son infériorité intellectuelle.

Il semble toutefois que ce jugement ne soit pas sans appel possible. Les Sérères n'ont jamais fait ni conservé de captifs. Tout le monde travaille dans leurs villages. Ils sont le seul peuple du Sénégal qui ne trouve pas déshonorant de se livrer à un labeur manuel. Aussi leurs cultures sont-elles de beaucoup les plus importanres, les mieux tenues et les plus productives de la colonie. Ils pratiquent également l'élevage et l'on trouve chez eux de fort beaux troupeaux.

Les Sérères présentent donc en réalité plus d'éléments de prospérité présente et future que leurs voisins. Leur intelligence ellemême a probablement été calomniée et le fait suivant tendrait à le prouver.

L'école française d'un village peu éloigné de Thiès est fréquentée à la fois par des élèves appartenant aux deux races sérère et ouoloff.

Le maître qui était lui-même un ouoloff reconnaissait cependant que ses jeunes compatriotes se laissaient fréquemment devancer par leurs camarades.

Un rameau plus barbare se détache des Serères Sine, il est constitué par les Serères Nones dont le centre d'habitation se trouve autour de Thiès.

On peut également rattacher à la même race la plupart des tribus qui peuplent la Casamance. Ces tribus désignées, sous le terme générique de Diolas, sont fétichistes comme les Sérères et adonnées aux travaux agricoles. Comme eux également, elles font usage de l'alcool et ne se laissent que difficilement pénétrer par les étrangers.

Les Portugais établis chez les Diolas vers le xve siècle ont cependant laissé des traces de leur passage dans ces régions. Certains villages floups ou bagnouks se disent encore portugais et chrétiens. Leurs habitants parlent un patois portugais et portent souvent des noms justement illustres sur les bords du Tage.

Ces Portugais... par suggestion, n'ont au surplus rien qui les distingue des noirs, leurs voisins.

La population du Sénégal qui fut recensée en mai 1905 se décomposait ainsi selon les races.

Ouoloffs.....	398.289	Sossés.........	3.797
Sérères..........	152.719	Diolas.........	112.935
Laobés..........	1.961	Bagnouks......	789
Peuls...........	155.899	Portugais noirs .	724
Toucouleurs......	134.704	Balantes.......	5.118
Malinkés........	76.298	Soussous.......	9
Saracolets.......	17.431	Manjak........	517
Kassonkés.......	97	Maures.......	6.467
Bambaras [1]......	18.773	Divers.........	412

1. Ces Bambaras originaires du Soudan, sont venus au Sénégal comme captifs ou comme tirailleurs, leur nombre exact doit être plus important, car beaucoup se disent Ouoloffs.

formant avec les populations recensées à part des communes, un total d'environ treize cent mille habitants parmi lesquels on compte environ 350.000 fétichistes et quelques milliers de chrétiens.

L'apparente minutie des chiffres de cette statistique ne doit pas donner le change sur sa valeur réelle. Elle est inexacte, en effet, comme le sont tous les recensements de populations primitives et mal pénétrées. Elle l'est d'autant plus que le principal impôt direct, la capitation, repose, comme on le devine, entièrement sur elle.

Les Diolas notamment, dont la soumission n'est pas encore complète, doivent être beaucoup plus nombreux que ne l'indiquent les chiffres précédents.

La découverte récemment faite de villages non recensés dans le Ferlo démontrerait, s'il en était besoin, de quelles erreurs sont entachés ces chiffres officiels.

Les différences qu'on peut établir entre les diverses races sénégalaises sont parfois très sensibles, on vient de le voir. Il n'est cependant pas moins vrai qu'on peut tracer un portrait général sensiblement exact du noir sénégalais et de sa mentalité.

Celle-ci est tout à fait différente de la nôtre et il y a peu de chances qu'elle se transforme beaucoup.

L'opinion publique française a quelque peu varié sur ce sujet dans le cours des dernières années. Il est regrettable toutefois que l'évolution ainsi commencée dans nos esprits n'ait été ni plus rapide, ni plus profonde.

Mais la difficulté de ces problèmes est grande, sauf pour ceux qui, ne sachant rien parce qu'ils n'ont rien étudié, tranchent sur toutes les questions avec d'autant plus d'assurance !

Le noir, on peut l'affirmer, n'aime généralement pas le travail, ou si l'on préfère, il s'y plie moins facilement que les autres hommes, malgré le proverbe connu.

Ce sentiment est, si l'on peut dire, un produit naturel du climat. On ne pourra donc sans doute, qu'en diminuer l'intensité. L'exercice de certaines professions passe de plus pour infamant, surtout chez les Musulmans possesseurs d'esclaves.

La persistance de l'esclavage représente du reste une des raisons les plus évidentes de ce déplorable état des choses qui subsistera sans doute encore durant de longues générations.

A cette question de l'esclavage se lie d'une manière étroite celle de la main-d'œuvre, celle par conséquent de l'avenir même du pays.

Les noirs ont fait, bien avant notre arrivée chez eux, des esclaves pour avoir des travailleurs ou des objets d'échange, et ils ont d'autant plus méprisé le travail manuel qu'il était souvent réservé aux seuls captifs.

L'administration française combat le plus énergiquement possible cette pratique déshonorante de l'esclavage, et voici déjà longtemps qu'elle se targue de l'avoir totalement supprimée.

Mais il faut s'entendre.

La captivité en pays noir n'est pas exactement ce que se figurent un certain nombre d'Européens, elle n'est surtout pas unique.

On commence à savoir en France qu'il existe en Afrique deux grandes catégories d'esclaves, les captifs de case et les captifs de traite.

Le captif de case est un individu né captif dans la maison de son maître, ou même aquis, quelquefois, depuis plus ou moins de temps par le maître.

Il fait en quelque sorte partie de la maison. On ne le vend pas, il ne doit à son propriétaire, en vertu de l'usage, qu'une fraction souvent minime de son temps. Le produit de son travail lui appartient, il peut se marier à sa guise et ses enfants partagent sa liberté presque absolue. Il pourra être nommé cadi, chef de village, et personne ne lui fera honte d'être captif de case. Son nom sera fréquemment celui de son propre maître. L'autorité de ce dernier n'en sera pas moins certaine sur lui, ainsi son mariage ne se fera-t-il qu'avec l'assentiment du maître, dont il pourra du reste épouser la fille.

Ce captif de case ira très loin, s'il lui plaît, jusqu'en pays étranger, gagner sa vie comme manœuvre, comme ouvrier, s'il a un métier, mais une notable partie de son salaire sera toujours et de son propre vouloir, envoyé à son maître.

Le captif de case est une sorte de mineur perpétuel. Sa situation rappelle encore celle du « client » romain.

Un grand nombre de captifs de case existent encore, même dans les grandes villes de la colonie, qui se refuseraient à changer de position, envers et contre toutes nos lois. Mais ces gens-là sont-ils véritablement des captifs ?

Tout autre est la condition du captif de traite.

Celui-là n'est pas un homme, c'est une tête de bétail et son maître a tout pouvoir sur lui. C'est seulement contre cette captivité que l'administration doit s'élever, et il est inutile de dire qu'elle n'a jamais failli à son devoir.

A-t-elle pu complètement faire disparaître la captivité de traite ?

Ceci est une autre affaire. Elle a quelque raison de dire que cette captivité n'existe plus, car ses tribunaux poursuivent énergiquement tous les délinquants connus de la justice, elle aurait tort de penser ou de dire que le mal est extirpé dans ses racines les plus profondes.

La frappe de la monnaie n'est pas libre en France, et l'État, seul fabricant légal, peut affirmer que le titre de ses pièces et leur valeur sont homogènes.

De nombreux faux-monnayeurs existent cependant qui jettent dans la circulation une quantité plus ou moins grande de pièces sans valeur. On les poursuit, ils n'en existent pas moins.

Les captifs de traite sont de fausses pièces vivantes. Pour être illégale, leur existence n'en est pas moins certaine.

Un Européen ignorant des choses coloniales ne pourra pas comprendre ce rapprochement entre une fausse pièce et un esclave.

L'esclave doit être un être intelligent, il sait bien que la loi ne reconnaît pas l'autorité de son maître sur lui. Pour un peu même, en vertu de l'adage que nul n'est censé ignorer la loi, on pourrait presque l'attaquer devant les tribunaux, s'il demeurait esclave.

Mais l'Afrique est vaste, ses habitants sont le plus souvent d'une ignorance dont nous n'avons pas idée. L'action de l'Européen ne se fait pas sentir partout. De vastes régions existent encore dont nous ne sommes pas les maîtres effectifs. Les populations de celles où s'exercent notre autorité ne nous ont pas toujours compris. Qu'elles nous aiment ou qu'elles nous craignent, ceci est encore plus fréquent que cela, elles ont toutes une certaine méfiance plus ou moins dissimulée et plus ou moins grande vis-à-vis de nous. Leurs mœurs ne sont pas les nôtres. Ce sont, en un mot, des races qui diffèrent encore plus de nous par les idées que par la couleur de la peau.

Or la pratique de l'esclavage représente une de leurs traditions les plus anciennes, elle est une des bases de leur ordre social. Comment veut-on que nos lois, le plus souvent ignorées, presque toujours incomprises, puissent changer tout cela en quelques années?

Quand ils raisonnent, ce qui doit être rare, les captifs de traite eux-mêmes, n'acceptent pas toujours la liberté de nos mains. Ce fait s'explique facilement, car ils rompent en effet, par cette acceptation, avec leurs mœurs, avec leur race elle-même, ils deviennent du coup de véritables parias.

On a créé, dans certaines régions, des villages de liberté peuplés de captifs enlevés par nos troupes au cours d'expéditions. Les noirs tombés entre les mains de trop mauvais maîtres sont seuls à s'y réfugier.

Les habitants de ces villages vivent misérablement pour la plupart, à moins que l'administration ne s'occupe spécialement d'eux, ce qu'elle fait le plus souvent. Ils se considèrent un peu comme des captifs de l'État, et si l'autorité ne guide pas tous leurs actes, ils se sentent désemparés. On les méprise du reste profondément. Ce sont des « libertés », êtres sans état-civil, sans existence sociale reconnue, au point de vue indigène.

S'ils quittent leur village et s'en vont au loin, poussés par quelque désir de nouveauté, ils pourront être pris comme captifs par le premier venu, et rentrés dans la légalité noire par cette porte illégale, ils s'y tiendront peut-être d'eux-mêmes.

Une captive de traite voulait sa liberté. Son maître refusait de la libérer. L'administrateur l'apprit et fit appeler le maître. Celui-ci, qui connaissait la loi française, répondit que la captive pouvait s'en aller.

L'affaire était donc réglée administrativement, toutefois la captive ne profita pas de la permission qu'on lui donnait. Elle désirait que son maître acceptât le prix de sa tête. Elle savait que son maître ne pouvait, l'administrateur étant prévenu, la retenir de force. Elle savait également que si le maître n'acceptait pas de la libérer, elle ne serait aux yeux de tous qu'une captive en rupture de ban, et ce fut la tradition qui, même dans ce cas particulier, l'emporta sur la loi.

Le fonctionnaire français ne donnait à la captive que la clé de sa prison, il ne pouvait lui signer sa levée d'écrou !

Il fut toujours difficile de transformer la mentalité d'un peuple tout entier, quel qu'il soit; or les noirs sont, on doit le reconnaître, moins maniables sous ce rapport que les autres hommes.

Le noir est en effet très traditionnaliste. Il l'est par paresse naturelle d'esprit et par crainte de la nouveauté, comme cela se voit chez tous les ignorants.

C'est son traditionnalisme qui lui fait conserver encore ses préjugés de caste et ses superstitions enfantines dont ne sont pas même délivrés ceux qui vivent dans nos villes ou qui sortent de nos écoles, ni même ceux qui ont habité la métropole.

Lui faire accepter une habitude nouvelle est difficile, mais une fois que cette habitude est prise, il s'y attache machinalement et la perpétue de sa propre volonté.

On trouve dans le livre du P. Labat, qui date de 1725, la description, encore absolument exacte aujourd'hui, de la case indigène et de son mobilier. Rien de tout cela n'a changé depuis deux siècles. Nous avons cependant construit de nombreuses maisons européennes un peu partout au Sénégal. Un certain nombre de noirs citadins habitent, possèdent et même, font construire des maisons à l'européenne, mais la crainte de toute innovation qui caractérise la race reparaît encore dans ce fait que toutes ces maisons sont construites d'après un modèle unique et fort imparfait.

Les murs, les toits, les boiseries, les balcons, les fenêtres elles-mêmes et leurs dimensions sont identiques aux premiers modèles qui datent du début du siècle précédent.

Nous changons nos procédés de construction, même au Sénégal, les ouvriers noirs, eux, ne changeront pas les leurs, à moins qu'on ne les y contraigne.

Il en est de même pour tout. Nombre de négresses repassent le linge à grands coups de maillet, et les plus solides tissus ne résistent

Près d'Élimkine (Casamance). — Femmes faisant la récolte du riz.

Danse des femmes Pourognes.

guère à ce traitement barbare. Elles répondent aux conseils qu'on leur donne : « nos mères ont fait ainsi », puis elles continuent.

Les noirs se vêtissent selon leur mode ancienne et défectueuse. Ils font sécher leur poisson suivant leur vieilles et mauvaises habitudes à côté de l'instructeur qu'on leur envoie et de la sécherie modèle qu'on met à leur disposition.

Aucun indigène n'emploie d'autres moyens de transports que ses bêtes de somme, malgré l'exemple de nos voitures et de nos camions.

Voici mieux encore, la grande occupation des femmes sénégalaises consiste à piler le mil qui entre dans la fabrication du couscous national.

On établit à Saint-Louis, au début de 1857, une usine pour nettoyer, décortiquer et moudre le mil, et le *Journal Officiel* de la colonie annonçait la nouvelle en ces termes :

« Nous savons que le progrès a beaucoup de peine à pénétrer dans la tête des Sénégalais, mais nous avons cependant la certitude que le pilon sera détrôné par la vapeur. »

L'usine n'eut cependant qu'une existence éphémère et des milliers de piloneuses passent toujours une partie de la nuit à leur pénible besogne.

Si le noir n'innove jamais, il copie souvent ce qu'une fois on a pu lui apprendre.

La vieille ville de Saint-Louis présente une nuit dans l'année un caractère très particulier. Le soir de Noël, des bandes bruyantes se répandent dans les rues, elles entourent de fragiles monuments en bois et en papier aux formes bizarres et tout éclatants de lumières. Ce sont des maisons ou des palais, parfois des vaisseaux. On les appelle des « Fanals ». Quelques-uns de ces fanals sont parfois très grands, mais on en promène un nombre plus considérable de tout à fait petits. Or l'immense majorité des porteurs de fanal est musulmane et ne veut en aucune manière se livrer à une manifestation catholique.

L'origine de cette curieuse coutume remonte au début du siècle précédent et peut-être nous vient-elle des Anglais, fêteurs de Christmas.

Les maîtres de maisons se rendaient visite ce soir-là en s'entourant du plus grand nombre possible de captifs porteurs de torches, à qui l'on faisait sans doute quelques largesses.

L'habitude fut prise et tous les noirs continuent à construire des fanals qu'ils dédient, moyennant de petites sommes, aux notabilités de la ville.

La grande majorité des noirs sénégalais appartient à la religion musulmane ; toutefois le nombre est infime de ceux qui n'ignorent pas les règles les plus essentielles de leur religion. La plupart des musulmans se bornent donc aux apparences, aux formules. Ceux des noirs qui seront devenus chrétiens feront de même. Leur religiosité changera seulement de forme. Au lieu de faire ses quatre prières quotidiennes au point même où l'heure le surprend, le chrétien fréquente l'église et même les sacrements, mais il n'en croira pas moins aux sorciers et ne sera jamais, ou peu s'en faut, arrêté au cours de l'existence, par de véritables scrupules religieux.

Voici ce que disait du noir sénégalais Béranger-Féraud qui le connaissait bien pour avoir longtemps vécu dans la colonie.

« Nous n'aurons pas de peine à démontrer que le noir ne s'adonne pas aux sciences, et particulièrement aux spéculatives, quelle que soit son instruction. Sa crédulité est excessive, ses goûts presque exclusivement matériels et même grossiers, sont simples... On sent que leur intelligence ne se complaît pas dans les combinaisons compliquées. On peut admettre qu'une partie de leur infériorité intellectuelle dépend de leur état de société... sans qu'il soit possible, néanmoins, de leur faire dépasser ensuite une certaine limite...

« C'est en un mot, un grand enfant condamné par la nature à rester perpétuellement dans cet état d'infériorité intellectuelle, esclave de ses passions et obéissant au sentiment du moment, sans savoir réfléchir longuement. »

On trouve, bien entendu, des noirs très supérieurs à l'ensemble de leurs congénères. Certains furent des chefs de guerre, des entraîneurs d'hommes assez remarquables, d'autres furent des marchands heureux qui s'enrichirent.

Les familles nobles présentent aujourd'hui, dit-on, un certain nombre de jeunes gens à qui leurs maîtres reconnaissent une réelle intelligence. Des hommes issus de classes moins élevées se révèlent également comme doués d'une intelligence égale à celle d'un grand nombre d'Européens. Le fama de Sansandig est de race Ouoloff. Il est un autre Sénégalais qui a fondé, près de Kaolak, dans un pays désert, tout un village entouré de cultures, avec des salines et différents ateliers.

Cette œuvre de colonisation ferait le plus grand honneur à un blanc, mais le noir qui l'a créée constitue une véritable exception.

La supériorité d'une race s'affirme, d'après une théorie du Dr Lebon par la quantité d'hommes supérieurs qu'elle fournit proportionnellement. Or, si la race noire possède un petit nombre d'hommes intelligents qui deviendront, sans doute, de plus en plus nombreux, elle n'a peut-être jamais produit jusqu'ici de cerveaux remarquables.

En dehors de leurs chefs de guerre, les peuples du Sénégal n'ont donné qu'une sorte de philosophe, Socrate de village, né à Dialmath sous le règne du premier damel du Cayor.

L'œuvre de ce sage nommé Cothé-Barma se résume en quelques devinettes et en proverbes dictés par un simple bon sens naturel.

« Aimes ta femme mais ne lui donne pas toute ta confiance ! »

« Qui a trop de volonté a peu d'honneur ! »

« Qu'est-ce qui enseigne sans parler ? Un livre ! »

Si le noir a ses défauts, il possède aussi des qualités très précieuses qu'il serait injuste de passer sous silence. Son adaptation au climat constitue la première de ces qualités. Il est seul capable, pour ce motif, de tirer parti de son sol. Il ne peut sortir de la barbarie s'il est privé de la direction du blanc, et l'histoire démontre cette vérité, mais en Afrique, le blanc ne peut non plus rien faire sans le noir. L'un est le guide obligé, l'ingénieur, l'autre est l'ouvrier indispensable. Indépendamment de cette qualité matérielle, le noir en possède d'autres qui sont d'une nature différente.

Sinon la bonté, du moins l'absence de méchanceté représente le fond de son caractère. Les assassinats sont exceptionnels dans les régions pacifiées où le fanatisme religieux n'a pas été soulevé. La rareté des rixes est remarquable chez le noir. Celles qui se produisent sont généralement le fait d'individus adonnés à l'ivrognerie.

Le noir est de plus hospitalier à un degré tel, que nous ne pouvons nous l'imaginer, et surtout dans la brousse, le malheureux trouve presque toujours à manger tant que son voisin possède lui-même quelque chose.

Ces vertus véritables, que pratique naturellement l'indigène, lui font le plus grand honneur.

Ce n'est pas encore tout. Il est presque toujours courageux et souvent fidèle.

Sa fidélité se signalera dans des circonstances données plutôt que d'une manière continue, mais elle revêtira sans peine, dans bien des circonstances, un caractère parfaitement héroïque.

Pour mieux fixer les idées, un noir fera d'ordinaire un très mauvais garde-malade, il oubliera les potions, secouera le lit de son blessé par négligence, mais il se fera parfaitement tuer pour le défendre en cas de besoin.

Ne sont-ce pas là des qualités précieuses, infiniment dignes de notre respect et de notre admiration ?

Les noirs des villes sénégalaises présentent quelques différences avec ceux de la brousse. Le mélange des races est, comme il est naturel, plus fréquent chez eux que dans les campagnes ; ils parlent cependant presque tous le Ouoloff, qui demeure, au surplus, l'idiome commercial par excellence.

Le séjour du noir citadin auprès des Européens lui donne peu de besoins nouveaux, mais il lui enlève parfois des scrupules anciens. Le noir de la ville ne redoute plus la présence du blanc, il arrive souvent aussi à moins le respecter. Il ne fuit généralement pas l'instruction, mais il ne la recherche presque jamais pour elle-même et seulement, ou peu s'en faut, en vue de places administratives qu'un brevet pourra lui procurer.

Si la foi religieuse préserve le musulman de l'ivrognerie, elle lui rend, par contre, un mauvais service en lui permettant la polygamie. Plus encore que celui de la brousse, le noir des villes perd tout ressort intellectuel à cause de la femme.

La possibilité plus grande qu'il a de réaliser des gains plus fréquents l'incite en effet davantage à satisfaire cette passion qui devient prédominante chez lui.

Un noir se marie dès qu'il gagne assez d'argent pour payer la dot de sa femme. Celle-ci, dans la pratique, doit subvenir très souvent à sa propre nourriture.

La situation du mari s'améliore, mais au lieu de se créer un intérieur plus agréable, celui-ci prend une seconde femme, voire même une troisième.

Le logement et l'habillement sont à peu près les mêmes pour tous les indigènes, riches ou pauvres. Aussi, malgré leur grande vanité coutumière, le meilleur critérium de leur situation de fortune est-il encore le nombre de leurs femmes et la quantité de bijoux qui ornent ces dernières.

Les noirs citadins, peu travailleurs, aiment les longues flaneries, les conversations bruyantes ou les interminables parties de dames. C'est pourquoi toutes les fêtes sont les bienvenues, non seulement la Tabaski qui est leur Pâque, mais encore notre Noël ou le 14 juillet.

*
* *

L'existence prolongée, pendant plusieurs siècles, d'Européens au milieu de populations noires, eut bientôt pour résultat la création d'un élément mulâtre. Une coutume ancienne, maintenant désuète, y contribua beaucoup.

L'Européen qui débarquait dans la colonie ne tardait pas à se choisir une femme du pays, non plus pour se faire « peigner » selon l'habitude sybaritique qu'avaient pris jadis les commis de Brüe, mais pour tenir sa maison, car les femmes blanches ne venaient pour ainsi dire jamais sur la côte d'Afrique.

Cette union qui s'appela le mariage sénégalais, présentait un caractère particulier. Elle était limitée à la durée du séjour de l'Européen dans le pays. Lorsque celui-ci quittait la colonie, il laissait son nom à ses enfants, et à sa femme, une partie au moins de ses économies, sous forme de captifs, de maisons.

La famille sénégalaise ainsi créée, n'avait rien de commun avec la véritable famille laissée dans la métropole. Elle était du reste née d'un simple accord tacite entre les parties et sans intervention d'aucune autorité.

C'est l'Église qui régularisa la situation des mulâtres. Un seul mariage avait été enregistré dans la colonie, depuis le retour des Français jusqu'en 1827. Les enfants naturels cessèrent seulement d'hériter en 1830. Dans les dix années suivantes, cinq mariages réguliers furent célébrés à Gorée et trente-deux à Saint-Louis. Les familles locales acquièrent donc vers cette époque une existence légale, mais les vieilles coutumes persisteront cependant, puisque le général Faidherbe lui-même aura, d'une femme Kassonké, un enfant qui mourut lieutenant sur le champ de bataille.

Les lois françaises sont maintenant appliquées dans leur intégralité aux unions contractées dans la colonie. On peut toujours cependant épouser une négresse, selon la coutume locale, c'est-à-dire en payant la dot convenue aux parents, et cette union n'a qu'un caractère éminemment provisoire.

Les mulâtres qu'on désigne habituellement sous le nom de « gens du pays » ne constituent pas une race particulière.

« Soit qu'ils s'unissent entre eux, soit qu'ils s'unissent aux blancs, soit qu'ils se vivifient par une alliance avec le sang noir, toujours est-il que la race ne prospère pas. La seconde génération, souvent la troisième, presque toujours la quatrième et peut-être toujours cette dernière est inféconde, de sorte que la classe métisse est comme le tonneau des Danaïdes qui est constamment alimenté sans pouvoir être rempli », écrivait en 1878 le Dr Béranger Féraud et les faits semblent confirmer chaque jour l'opinion de ce savant.

Malgré la prolificité des mulâtresses, malgré les unions plus ou moins passagères, répétées depuis près de trois siècles, entre blancs et négresses, la population mulâtre n'augmente pas au Sénégal. Les mulâtres étaient environ 1.200 en 1830, 1.600 en 1860, et ils n'ont guère dépassé ce chiffre.

Il semble que les croisements entre Peuls et Européens soient les plus stables.

On ne peut, en tous cas, compter plus de huit ou dix familles dont l'origine remonte au delà du XIXe siècle.

Fait remarquable, le nombre des filles est, dans cette partie de la population, supérieur de plus de moitié à celui des garçons.

Les gens du pays ont eu, malgré leur petit nombre, et ils conservent encore aujourd'hui une grosse influence dans le pays.

Ils se livrèrent, après la disparition des compagnies privilégiées, au commerce prodigieusement rémunérateur de la gomme et à celui de la traite.

L'absence, d'abord presque absolue de concurrents, leur connaissance de la langue, leurs relations de famille les aidaient puissamment. Leur stabilité dans le pays multipliait encore leurs chances de succès.

Ils avaient acquis par héritage la plupart des terrains disponibles dans les villes. Choisis un peu plus tard pour diriger les grandes maisons que créait le commerce européen, nouvellement implanté dans la colonie, leur suprématie économique demeura indiscutée jusque vers 1870.

Le général Faidherbe les estimait beaucoup. Il les fit instruire et les poussa ensuite dans les cadres administratifs. L'institution du suffrage universel par la troisième république augmenta encore leur puissance.

Mais les progrès de la concurrence, la suppression officielle de la traite plus particulièrement ressentie à Gorée, la décadence un peu plus tardive du commerce de la gomme sur le fleuve, portèrent des coups sensibles à leur prépondérance et la presque totalité des maisons de commerce passa progressivement entre les mains des Européens.

Les gens du pays sont loin d'être économes. Leurs fortunes, que n'alimentèrent plus les larges bénéfices d'antan, furent entamées et bientôt réduites à néant.

Ils délaissèrent alors le commerce, devenu trop difficile pour eux et se dirigèrent de préférence vers les carrières administratives. Mais là comme ailleurs, la concurrence se fait chaque jour un peu plus âpre !

Les gens du pays sont, par les habitudes extérieures, tout à fait semblables à leurs concitoyens de la métropole. Malgré la légende, ils ne présentent pas plus de résistance que ceux-ci aux climats tropicaux. Par contre, leur existence passée tout entière dans un milieu si différent du nôtre leur donne quelquefois une mentalité spéciale.

Plusieurs sont réfractaires aux nouveautés, et le sentiment de la solidarité familiale ou locale paraît souvent aussi trop développé chez eux, aux dépens d'intérêts supérieurs.

Ils possèdent toutefois de belles qualités. Ils sont le plus souvent hospitaliers et courageux, car ils ont déjà fourni un certain nombre d'officiers distingués, parmi lesquels on doit citer le général Dodds.

Les créoles, c'est-à-dire les individus de race européenne pure, nés dans la colonie et y résidant, sont extrêmement rares. Ils se fondent fréquemment, par des mariages, avec les mulâtres, dès la première génération.

On ne pourrait pas citer dix familles créoles dans la colonie tout entière, et leur nombre n'aura probablement pas tendance à s'accroître. Le Sénégal ne peut être autre chose en effet qu'une colonie de commerce, or l'agriculture paraît seule capable de retenir une race nouvelle, en quantité appréciable, dans une région donnée.

Les Européens qui viennent au Sénégal ne songent pas à s'y établir définitivement. Ils sont fonctionnaires ou commerçants. Les premiers ne présentent aucuns caractères distinctifs. On ne considère plus toutefois les colonies comme le refuge naturel des médiocrités. Aussi rencontre-t-on dans le corps administratif un grand nombre d'hommes remarquables autant par l'intelligence que par leur haute moralité.

On n'a cependant pas encore admis, pour dire toute la vérité, la nécessité pour les coloniaux de former une véritable élite.

Les Européens qui n'appartiennent pas à l'administration s'occupent presque sans exception, de commerce. Chefs de maisons plus ou moins puissantes ou simples employés, il leur faut souvent déployer des qualités spéciales d'endurance, d'intelligence et de décision bien moins indispensable dans la Métropole.

Un certain nombre des maisons de commerce de la colonie possèdent une très grande importance. Leur capital se compte quelquefois par millions, D'autres possèdent des moyens plus modestes, mais beaucoup ont été créées par leurs propriétaires actuels à force de travail, de patience et d'énergie.

Les employés de commerce sont généralement logés et nourris dans leurs propres maisons.

Cette habitude est excellente, mais on a peut-être dépassé le but dans cette voie, car on a été jusqu'à préférer les services des agents célibataires.

Or, s'il y a peu d'années encore, les femmes blanches constituaient une exception au Sénégal, la situation est devenue, depuis, toute différente.

La multiplicité des moyens de transport, l'existence rendue plus agréable et plus facile, les progrès de l'hygiène, ces diverses causes permettent aujourd'hui le séjour de la colonie aux Européennes.

Les distractions de tout genre, et surtout les plus malsaines, se sont également multipliées dans les villes, au cours de ces dernières années.

Les maisons ont donc à la fois plus d'intérêt et plus de difficultés à conserver leurs employés chez elles, et le choix d'agents mariés, qui, naguère encore, leur paraissait moins désirable, pour des raisons d'économie, serait peut-être, actuellement, le meilleur moyen pour elles de résoudre le problème chaque jour plus difficile du bon recrutement de leurs employés.

Les agents mariés semblent devoir présenter en effet de meilleures garanties de moralité et surtout de stabilité, que leurs camarades célibataires.

L'intérêt général bénéficierait de plus, au moins autant que les intérêts privés, d'une semblable transformation des habitudes anciennes.

A quelque classe qu'il appartienne, l'Européen présente au Sénégal des qualités et des défauts qui lui sont particuliers jusqu'à un certain point. Il compte moins que dans la Métropole et fonde par exemple, plus facilement, une famille plus nombreuse. L'esprit d'économie, par contre, est plus rare chez lui.

Il prend aussi d'ordinaire une opinion plus haute de sa personnalité. Ses facultés naturelles en sont exaltées comme aussi, parfois, sa vanité.

Quelques Marocains, et surtout des Syriens de plus en plus nombreux, ordinairement très misérables et fort peu assimilables, viennent depuis peu d'années, dans la colonie, dont ils accaparent peu à peu le commerce de détail.

On trouve également dans les grandes villes, mais il suffit de les citer en passant, des Akous, noirs originaires de Sierra-Leone, parlant anglais, professant le protestantisme, s'habillant à l'européenne, exerçant les métiers de tailleur, de cordonnier, de marchands de kola, et assez fréquemment dépourvus de scrupules.

L'étude de cet élément, infime par le nombre et l'importance sociale, présente toutefois un certain intérêt.

On peut ainsi comparer les résultats différents que donnent les méthodes coloniales française et anglaise, on peut, également, se faire une idée des avantages et des inconvénients que présente l'extension de notre civilisation intégrale à la race noire.

Il faut signaler, avant de terminer ce chapitre, qu'il n'existe pas au Sénégal de haines de race comme il en existe trop souvent aux Antilles ou en Amérique.

Malgré l'institution du suffrage universel dans ce pays encore si primitif, la bonne harmonie qui doit régner entre des hommes appelés à vivre côte à côte sur une même terre, n'a jamais cessé complètement d'exister dans la colonie.

On doit souhaiter pour son bonheur et sa prospérité, qu'il en soit toujours ainsi dans l'avenir.

Aucune raison n'existe, du reste, pour qu'on puisse craindre des changements dans l'état des esprits, si satisfaisant à ce point de vue spécial, qui existe chez les Sénégalais.

L'ADMINISTRATION, LA POLITIQUE ET L'ARMÉE

Le gouverneur du Sénégal et ses pouvoirs. Quelques-uns des grands services de la colonie. L'ancienne politique d'assimilation n'est pas tout entière abandonnée. Le suffrage universel au Sénégal. Les troupes indigènes.

Sans avoir besoin de remonter jusqu'en 1782, époque à laquelle un gouverneur royal remplaça les anciens directeurs de compagnies, sans même aller jusqu'au 25 janvier 1817, date de l'entrée en fonctions du colonel Schmaltz envoyé par la France prendre possession de Saint-Louis que les Anglais nous restituèrent de fort mauvaise grâce, on peut dire que l'administration du Sénégal comme l'étendue du territoire de cette colonie, subirent au cours des années, de nombreuses modifications.

Comme on l'a vu, Gorée en fut détachée de 1854 à 1859. Le Sénégal s'enfla plus tard démesurément, pour diminuer ensuite au delà de ce que la raison aurait conseillé, car il ne se composa que de quatre villes, Saint-Louis, Dakar, Gorée et Rufisque. La colonie s'étendait bien également le long des 263 kilomètres du chemin de fer qui relie les unes aux autres trois de ces villes, mais cette longue bande de terre comportait seulement cent mètres de largeur, à droite et à gauche de la voie ferrée.

On rendit enfin au Sénégal, à partir de 1904, ses provinces naturelles, de sorte qu'il s'étend aujourd'hui le long du fleuve jusqu'à la Falémé et le long de la côte, jusqu'à la Guinée portugaise.

Mais il n'y a pas à la vérité qu'une seule colonie et une seule administration dans ces limites relativement vastes et l'on peut y compter deux Sénégal tout à fait distincts l'un de l'autre. Le premier paraît n'être (si l'on commet l'erreur de se borner à l'étude de son administration) qu'un petit morceau détaché de la mère patrie. Le second constitue une sorte de protectorat où l'on administre des sujets qui ne possèdent en réalité aucune autonomie.

Le gouverneur du Sénégal ne gouverne tout à fait, abstraction faite de sa subordination vis-à-vis du gouverneur général, que le Sénégal protégé. Il est ou du moins peut être, selon son tempérament, tout au plus un simple préfet dans la seconde partie de son domaine.

Au-dessous de ce haut fonctionnaire, se trouve le secrétaire général qui est en quelque sorte, le conseiller administratif de son chef. Le secrétaire général n'a pas de pouvoirs proprement dits mais il voit tout et sa signature doit être apposée sur toutes les pièces. Il doit donc connaître à fond tous les règlements.

Le gouverneur possède, bien entendu, un cabinet très complet dont le rôle fort important consiste à préparer son travail.

Trois grands bureaux se partageaient récemment sous les ordres du secrétariat général, toute la besogne administrative. Le premier s'occupait de la politique et de la justice indigène en territoire protégé. Les questions d'administration générale en pays annexé étaient également de son ressort.

Le deuxième bureau centralisait dans ses deux sections toutes les questions qui ont rapport au matériel tandis que le domaine du troisième s'étendait sur les questions financières.

On comptait alors environ cinquante fonctionnaires de tout grade dans ces bureaux abondamment pourvus au surplus de dactylographes recrutées sur place et de plantons indigènes.

Chaque Service public, la Santé, le Trésor, les Postes, possède toutefois en dehors de ces mêmes bureaux, un personnel spécial, plus ou moins important selon les nécessités.

Le premier devoir du gouverneur consiste à dresser les budgets de ces deux territoires. Il reçoit dans ce but les propositions de ses chefs de service et les examine avec l'aide de son conseil privé, composé d'une majorité de fonctionnaires, et de la commission coloniale, émanation du conseil général élu.

Le seul budget des territoires d'administration directe dressé par lui dans ces conditions doit être voté par le conseil général. Le gouverneur général approuve ensuite ce budget ainsi que celui des pays protégés et le ministre décrète en dernier lieu la mise à exécution de l'un et de l'autre.

Le gouverneur est représenté dans les diverses parties du territoire protégé par des administrateurs des colonies et à Dakar, chef-lieu du second arrondissement, par un fonctionnaire spécial. Le Sénégal tout entier ne forme que treize cercles dont l'étendue est très variable.

L'administrateur qui dirige chacun de ces cercles est aidé, selon l'importance de son territoire ou le chiffre de ses administrés, par un ou plusieurs adjoints et des commis d'affaires indigènes. Un nombre plus ou moins considérable d'agents indigènes, chefs supérieurs, chefs de cantons ou de villages lui sont également subordonnés. Ces chefs sont souvent les descendants d'anciens princes héréditaires, devenus fonctionnaires révocables. Ces éléments indigènes doivent être constamment surveillés à cause de la facilité avec laquelle ils se laissent entraîner aux abus de pouvoir et aux exactions.

L'administrateur est un peu vis-à-vis du gouverneur, ce que sont les préfets vis-à-vis de leur ministre. Il surveille dans les limites de son cercle, la marche des divers services, il s'occupe aussi de la justice indigène et, précédemment encore, cumulait avec beaucoup d'autres fonctions, celles d'ingénieur ordinaire des Travaux Publics.

La plupart des administrateurs étaient naguère d'anciens officiers ou même des sous-officiers. Les élèves de l'École coloniale de Paris tendent aujourd'hui à prendre une place prépondérante dans ce corps dont les origines furent très hétéroclites mais dont les états de service n'en sont pas moins brillants dans leur ensemble.

On admet toutefois encore, et à juste titre, parmi les administrateurs des fonctionnaires tirés des différents services et même des personnes prises en dehors de l'administration.

Le nombre des administrateurs et de leurs adjoints dans les cercles n'est pas très considérable, peut-être même est-il insuffisant, et si l'on songe jamais dans la colonie à supprimer des fonctionnaires, ce ne sont certes pas les rangs de ceux-ci qu'on voudra éclaircir.

Une inspection des cercles a récemment été créée. Elle est susceptible de rendre de bons services et s'il n'était pas très ambitieux de vouloir contenir tout un programme en une seule phrase, peut-être pourrait-on dire, à cette occasion, que dans les pays neufs et divers comme est le Sénégal, l'autonomie des fonctionnaires dans les limites du possible, jointe à l'étroite surveillance de leurs actes, sont encore les meilleurs moyens de bien administrer.

Les administrateurs chefs de cercle remplissent en même temps les fonctions de maires des communes mixtes, récemment créées, qui peuvent exister sur leurs territoires.

Les quatre communes de plein exercice de la colonie sont, par contre, distraites de toute autre autorité que celle de leurs maires élus par le suffrage universel.

Le grand souci des administrateurs est, actuellement, de veiller à la rentrée de l'impôt.

Les recettes acquittées par les indigènes sont presque en totalité fournies dans les cercles par une seule taxe, dite de capitation. Cette taxe varie selon les régions, entre 4 et 2 francs par tête. Elle n'atteint malheureusement pas que les adultes, mais il convient de dire en passant que les impôts correspondants sont généralement supérieurs, soit dans les colonies étrangères voisines, soit même dans la plupart de nos possessions.

Par une anomalie qui paraît étrange, tous les habitants des pays protégés acquittent cette taxe tandis que les indigènes domiciliés dans les quatre communes de plein exercice en sont complètement exemptés grâce à un vote du Conseil général.

Les autres impôts directs du Sénégal sont peu nombreux et très légers au surplus, ils sont donc également peu productifs. On doit citer parmi eux, la taxe locative, les patentes, les poids et mesures. La prévision de leur revenu total atteignait environ 300.000 francs pour l'année 1906, mais sans doute espère-t-on mieux pour l'avenir puisqu'on a créé dans le cours de cette même année, un service spécial de contributions directes.

Les douanes sont de beaucoup les plus productifs des impôts indirects ; l'attribution de leurs recettes comme de leurs dépenses au budget du gouvernement général rend ici leur étude superflue. Il suffira de signaler en passant que ce service perçoit également les droits d'octroi des communes de Dakar et de Saint-Louis, ce qui constitue pour ces villes une économie fort appréciable.

Les droits d'octroi sont environ de 10 à 12 % sur la valeur des marchandises.

Il est assez difficile d'établir un tableau tout à fait exact du budget du Sénégal. La première difficulté provient de ce fait que la colonie possède deux budgets différents, ce qui est déjà un grand progrès sur l'état des choses antérieur. On y comptait naguère en effet quatre budgets distincts. C'étaient ceux de la Sénégambie-Niger, du Sénégal proprement dit, des fonds d'Emprunt et du Gouvernement général.

Les deux budgets actuels sont absolument différents l'un de l'autre comme on l'a vu précédemment.

Celui des territoires d'administration directe s'est élevé pour l'année 1906 (la date de clôture étant le 30 juin 1907) à la somme de 4.003.266 francs. Il comportait une subvention totale du gouvernement général de 1.144.500 francs et une quote-part fournie par le budget des territoires protégés égale à 385.000 francs représentant la fraction assumée par ces territoires dans les frais généraux d'administration.

Ce dernier budget s'élevait en recettes pour la même année à 3.292.918 francs. Il était grevé de la part contributive indiquée plus haut et d'une autre égalant 700.000 francs, au profit du gouvernement général.

La rapide multiplication des recettes de tous ordres effectuées au Sénégal mérite d'être signalée. Elle démontre, mieux que de longs développements, les progrès réalisés par la colonie.

Les recettes de l'année 1859 s'élevèrent au total de 2.017.500 francs, dont une notable partie provenait de la subvention métropolitaine qu'on a supprimée depuis longtemps déjà.

Ce simple rappel fixera mieux les idées, il permet d'établir qu'en moins d'un demi-siècle, les ressources ordinaires du Sénégal se sont élevées de 1 à 8 environ.

Il explique en même temps comment la colonie a pu si largement contribuer à la formation de l'immense et magnifique Afrique occidentale française en même temps qu'elle améliorait peu à peu ses divers services publics et qu'elle en créait de nouveaux.

Dans un pays aussi neuf et aussi barbare que le Sénégal, l'administration des Travaux Publics constitue un des plus importants services qui soient pour l'avenir de la colonie.

De grands travaux avaient été exécutés par Faidherbe et ses

successeurs mais les programmes élaborés depuis peu d'années par le gouvernement général ont une envergure telle que leur exécution transformera certainement le Sénégal comme les colonies voisines.

Le service des travaux publics comprend aujourd'hui trois arrondissements, celui de Saint-Louis, celui de Dakar et celui de Thiès.

Les gros emprunts contractés par l'Afrique occidentale française ont permis d'entreprendre à la fois des travaux si nombreux et si importants que malgré ses ressources très considérables en crédits et surtout en personnel, le service particulier de la colonie n'aurait peut-être pu les mener à bien.

On doit signaler dans l'ensemble des travaux effectués sur le territoire sénégalais le creusement de puits dont sont chargées plusieurs équipes spéciales, commandées par des militaires.

L'existence de ces nouveaux puits dont quelques-uns atteignent une profondeur de quatre-vingt mètres et l'amélioration des anciens qui, sans nous, se seraient peu à peu fatalement comblés, présente une importance d'autant plus exceptionnelle que le Sénégal tout entier manque généralement d'eau.

On aurait eu, peut-être, avantage à laisser, dans la plupart des cercles, exécuter les travaux faciles par les administrateurs eux-mêmes, car ces fonctionnaires sont souvent pourvus d'une main-d'œuvre abondante et bon marché fournie par leurs prisonniers de droit commun.

Cette façon d'agir assurerait, comme par le passé, une plus grande rapidité d'exécution de ces petits travaux en même temps qu'elle diminuerait beaucoup leur prix de revient.

Il ne faut pas oublier que le Sénégal est un pays absolument plat où les routes, par exemple, sont de simples pistes sur lesquelles aucun travail d'art n'est indispensable.

Le service de Santé est, ou doit être, également un des rouages administratifs les plus utiles de la colonie.

Sa fonction consistait naguère, ici comme dans l'immense majorité de nos possessions, à soigner une certaine quantité de malades, soit à domicile, soit dans des établissements hospitaliers plus ou moins confortables.

L'ancien gouverneur général, M. Roume, inaugura dans cet ordre d'idées, un état de choses tout à fait nouveau. Deux de ses plus récentes créations surtout, présentent une importance de premier ordre pour l'avenir de l'ensemble des territoires qu'il administrait et pour celui du Sénégal en particulier.

La prospérité actuelle de la colonie tient uniquement à celle de son commerce qui se trouve tout entier concentré dans les mains d'Européens agglomérés dans un certain nombre de centres.

La rapidité d'augmentation de sa population indigène est d'autre part, la condition primordiale de ses progrès futurs.

Les services d'hygiène créés dans les grandes villes par le gouvernement général doivent, grâce aux moyens nouveaux que leur fournit la science, préserver la colonie et notamment ses habitants européens, de l'invasion d'épidémies meurtrières, telles que celles de la fièvre jaune dont les ravages précédents faillirent compromettre son existence même.

Un autre nouveau service, celui de l'assistance médicale indigène, doit faire bénéficier les indigènes de la colonie des bienfaits de notre hygiène et du savoir de nos médecins. Or, chacun sait que la race noire est prolifique, mais on sait moins que son ignorance profonde cause chez elle une mortalité, souvent égale et parfois supérieure à sa natalité.

Cependant une main-d'œuvre indigène abondante est indispensable au Sénégal, et tout ce qui est susceptible de la multiplier ne peut qu'influer très favorablement sur la prospérité du pays.

L'importance extrême de ces deux créations sanitaires dont le Sénégal a, jusqu'ici, plus largement bénéficié que les autres colonies du groupe, ne pouvait donc être passée sous silence.

Mais le champ d'opérations des médecins s'étend encore au delà de ces vastes limites.

La colonie est pourvue d'un laboratoire de bactériologie dont certains travaux ont été déjà remarqués.

Elle possédait également une léproserie à Saint-Louis et l'insuffisance notoire de cet unique et rudimentaire établissement suggéra la pensée d'en créer d'analogues dans la plupart des cercles.

Cette dernière création, telle qu'on la projette, présenterait toutefois de nombreux inconvénients, de sorte qu'il serait bien préférable en attendant mieux, de créer une seule et vaste léproserie où la surveillance des malades serait effective ainsi que leur isolement d'avec le reste de la population.

Le service de Santé ne comptait naguère encore que des médecins de troupes. Il y aura bientôt à côté de cet élément, une majorité de médecins civils spécialement préparés à leur nouveau genre d'existence.

Ceci explique pourquoi la colonie ne veut pas suivre certains exemples qui lui ont été donnés ailleurs dans ces dernières années. Elle n'aura notamment pas d'école de médecine réservée aux natifs. La récente création d'un corps d'aides-médecins indigènes semblerait cependant indiquer qu'on vise ce but mais ce n'est là qu'une apparence.

L'insuffisance absolue de l'immense majorité des candidats possibles à ces fonctions empêchera longtemps encore, en effet, de relever les titres et les attributions de ces sortes d'infirmiers.

Une certaine connaissance de la langue française et de nos habitudes est toutefois indispensable à ceux d'entre les indigènes qui auront l'ambition de devenir aides-médecins. Or les moyens de s'instruire ne leur manquent pas, dès à présent, car voici longtemps déjà que le service de l'Instruction publique fonctionne au Sénégal.

On peut faire remonter sa création à l'année 1841, époque à laquelle s'ouvrit dans Saint-Louis la première école publique du Sénégal. Gorée fut dotée, peu de temps après, d'une école mais déjà bien avant cette époque, les Sénégalais pouvaient s'instruire dans la langue française sans avoir besoin de quitter leur sol natal.

Les sœurs de Cluny avaient en effet fondé un établissement à Saint-Louis presque dès le retour des Français dans le pays. C'était en 1819 ; et un peu plus tard d'autres écoles furent également ouvertes dans certaines localités du Sénégal par les divers ordres religieux qui s'y trouvaient.

Il est bon de signaler, en passant, les efforts infructueux que fit, à partir de 1845, la mission catholique de Dakar pour créer en ce point, puis à Ngazobil et à Joal, un établissement d'instruction professionnelle et agricole.

Cette partie de l'enseignement ne fit que végéter et, jusqu'à ces dernières années, l'administration ne l'avait jamais reprise à son compte.

Inculquer l'amour du travail et sa connaissance, même à un nombre limité de jeunes noirs, aurait été cependant une œuvre, sinon très facile à exécuter, du moins excessivement méritoire et susceptible d'influer beaucoup sur l'avenir de la colonie.

Les quelques bons ouvriers qu'elle possède appartiennent à un petit nombre de professions. On y trouve de très bons menuisiers, des forgerons passables, des maçons médiocres mais les meilleurs de ces ouvriers font des apprentis qui, mal surveillés et mal dirigés, seront loin de valoir leurs maîtres.

Le service de l'Instruction publique s'est donc borné, ou peu s'en faut, à diffuser la connaissance de la langue française parmi les indigènes.

Il fallait bien, naguère, procurer des interprètes à l'État, des maîtres de langue ou des traitants au commerce. Il faut bien aujourd'hui recruter un nombre de plus en plus considérable d'indigènes instruits pour remplir les cadres inférieurs de la plupart des administrations, des Postes et Télégraphes, des Douanes, de l'Instruction publique elle-même, car l'ambition vint vite à ceux qui avaient mission de propager notre langue et ils ne voulurent bientôt plus se contenter de posséder quelques écoles dans les seules grandes villes. Ils en ouvrirent également, jusqu'en pleine brousse, dans des postes parfois très éloignés.

On pouvait compter, dès l'année 1864, seize écoles ouvertes dans la colonie. Le total des élèves inscrits se montait alors au chiffre relativement élevé de 1380. Le budget du service atteignait, dans le même temps, environ 133.000 francs et cependant, récemment encore, on n'entendait guère parler le français, même à Saint-Louis !

Les progrès ont été rapides depuis cette époque, aussi les dépenses, qui se montaient à 344.000 francs en 1899, s'élevèrent-elles, pour l'exercice 1906, à plus d'un demi-million.

On compte actuellement au Sénégal, pour compléter la statistique précédente, 37 écoles dans lesquelles 84 maîtres distribuent l'enseignement à 4.740 élèves.

Ces écoles sont destinées à l'enseignement primaire mais les élèves qui les fréquentent ne sont pas tous des enfants d'âge scolaire et l'on rencontre souvent, assis sur les mêmes bancs, des petits qui marchent à peine, à côté d'adultes mariés et pères de famille.

Le nombre des élèves inscrits sur les registres des écoles peut paraître bien peu important si on le compare au chiffre de la population sénégalaise ou même à celui des habitants des villes. Il faut cependant ne jamais oublier, quand on parle du Sénégal, les différences fondamentales qui existent, dans tous les ordres d'idées et partout, entre cette colonie et sa métropole.

S'il est évident que le service de l'Instruction publique a su réaliser une œuvre véritablement considérable, il reste à étudier si l'on n'aurait pas pu rendre cette œuvre plus féconde encore.

Une vieille théorie coloniale qui nous fut longtemps trop chère consistait à vouloir, coûte que coûte, considérer nos diverses possessions comme des fragments détachés de la mère patrie.

Cette théorie de l'assimilation n'admettait aucune différence possible entre les hommes des différentes races, ni même, sans doute, entre les diverses régions du globe.

Ce qui était bon pour des Normands ou des Bourguignons devait l'être, soit pour des Indous pénétrés depuis des siècles d'idées absolument différentes des nôtres, soit pour des noirs souvent privés de la moindre civilisation.

Les Indous devaient se transformer à notre contact ; quant aux noirs eux-mêmes, immuables depuis des siècles, rien ne leur serait plus facile, en brûlant les étapes sous notre direction, que de faire en peu d'années le chemin que nous avions mis de si longs siècles à parcourir.

Les lois de la nature n'existaient donc pas pour les partisans de cette politique. Mais de simples décrets ne peuvent malheureusement modifier ces lois et... nous avons été réduits à changer de système.

Aussi ne parlons-nous plus d'assimiler les races diverses qui peuplent nos colonies. Amoureux de mots sonores et qui fassent image, nous ne voulons aujourd'hui que nous les associer.

La politique nouvelle d'association n'aurait cependant pas cours au Sénégal, si l'on s'en rapportait aux seuls programmes des écoles de la colonie.

Le chef du service, homme très compétent en ces matières, ne tarda pas à sentir tout le ridicule qu'il y avait de mettre entre les mains de petits noirs des livres où l'on enseigne doctement que la neige couvre les campagnes en hiver et par quels procédés le raisin de nos vignes nationales se transforme en vin. Ce fonctionnaire souhaitait doter les jeunes élèves des écoles sénégalaises de livres spécialement écrits pour eux.

Comme ces petits noirs ne verront jamais de neige, on leur aurait parlé des pluies de leur hivernage. Comme ils ne visiteront jamais une vigne et que leur religion leur interdit de boire du vin, au lieu de leur expliquer ce qu'est une vigne, leurs livres les auraient intéressés et instruits tout à la fois, en leur parlant du mil ou des arachides que leurs parents cultivent et dont eux-mêmes tireront plus tard leur propre subsistance.

Le comité consultatif de l'enseignement où siègent, avec quelques fonctionnaires, un certain nombre de notables du pays, ne voulut cependant qu'à grand'peine consentir à ce qu'on établît ainsi des différences entre les élèves de la Métropole et ceux du Sénégal.

Pour des motifs identiques, on n'a pas encore pu séparer tout à fait, dans les écoles des grandes villes, les deux races noire et blanche. L'assimilation ne doit-elle pas être complète entre les deux éléments ?

Les élèves de race européenne apprennent à l'école les règles de leur langue maternelle tandis que leurs camarades noirs doivent, à côté d'eux, s'assimiler un idiome réputé difficile et qui leur est étranger. Il n'importe !

Les deux catégories d'enfants ont été élevées dans des conditions différentes.

Les petits blancs ou les assimilés ont appris dans leurs familles les bienfaits, sinon de l'hygiène, au moins de la propreté.

Sur les mêmes bancs qu'eux s'assiéront des noirs dont la tête ou les membres seront parfois couverts de plaies, dont les corps ne seront souvent protégés qu'à demi par des loques malpropres !

On ne peut certes faire un reproche aux autorités d'ouvrir les établissements publics à tous les élèves, sans distinction de couleurs ou de ressources.

Il semble toutefois qu'on ne devrait pas réunir dans les mêmes cours des enfants séparés les uns des autres par des atavismes diamétralement opposés, par des mentalités, naturelles ou acquises, absolument contradictoires.

Une mère de famille française élève sa fille dans certaines habitudes de propreté corporelle et, plus encore, de moralité. Elle lui inculque notamment, ce qui est peut-être un préjugé, mais ce que pendant longtemps encore, nous nommerons en France, une vertu, la pudeur.

Or cette enfant risque de se trouver au milieu de petites camarades qui ne font aucune difficulté pour se dévêtir dans la rue, soit parce qu'il fait chaud, soit pour prendre un bain.

Cette petite française peut risquer d'apprendre de ses condisciples ces suggestives danses ouoloffes qui miment très parfaitement le coït. La femme assez éhontée pour danser cela chez nous serait certainement condamnée par n'importe lequel de nos tribunaux. Cependant les parents indigènes applaudissent de grand cœur à ces ébats chorégraphiques qu'exécutent devant eux et n'importe où les plus petits enfants.

La nature humaine est peut-être fort mal faite. Il est en tous cas trop certain que les mauvais exemples ont plus de chances d'être suivis que les bons, surtout chez les enfants.

Les petits Européens prendront peut-être quelques habitudes des noirs par suite de leur promiscuité avec ceux-ci mais les élèves noirs n'y gagneront rien.

A-t-on voulu, en réunissant ces deux éléments scolaires si dissemblables, donner nos enfants en exemple à ceux de nos associés ?

Mais ces pauvres professeurs-élèves sont noyés dans la masse de leurs camarades et ceux-ci ne se transformeront pas plus à ce contact que leurs propres parents ne se sont transformés dans notre voisinage.

Cette opinion pourrait tout au plus se défendre si l'on avait placé, au milieu de nombreux enfants élevés à l'européenne, une minorité de jeunes « incivilisés ».

Séparer entièrement les enfants selon leurs antécédents, réunir par conséquent, dans des classes spéciales, les élèves européens, les assimilés et les quelques noirs élevés selon nos principes, serait créer une élite. Or, l'existence d'une élite, n'importe où et n'importe quand, n'a-t-elle pas toujours été un bien?

L'enseignement libre n'existe pour ainsi dire plus à côté de l'enseignement officiel. Les catholiques, jadis bénéficiaires d'un monopole de fait, possèdent seulement quelques dizaines d'élèves dans deux ou trois établissements charitables. Les protestants en instruisent aussi quelques autres dans les grandes villes.

Si l'on ne peut confondre avec ces établissements les nombreuses écoles coraniques qui existent dans la colonie, on doit encore moins passer sous silence ces derniers établissements car leur importance est considérable à tous les points de vue.

Ces dernières écoles sont tenues par des marabouts, sortes de prêtres laïques, qui se contentent d'enseigner à leurs élèves le Coran et quelques rudiments d'arabe.

Voilà longtemps déjà qu'on a cru trouver dans ces marabouts des concurrents redoutables, sinon des adversaires déterminés, pour nos instituteurs.

Faidherbe avait pris déjà des arrêtés qui interdisaient aux marabouts d'enseigner pendant les heures de classe de nos écoles. On voulut aussi, vers la même époque, tenter de transformer ces marabouts en auxiliaires de notre enseignement. Une prime fut donc allouée à ceux d'entre eux qui enseigneraient le français à leurs élèves mais comme beaucoup d'autres au Sénégal, ces arrêtés cessèrent bientôt d'être appliqués.

Les marabouts et leurs écoles coraniques ne représentent sans doute pas un danger pour notre influence politique. Ils constituent cependant un obstacle sérieux pour la propagation de nos idées et de notre langue. Les supprimer serait sans doute une grande imprudence, les réglementer et les surveiller serait, par contre, très licite et fort utile.

La récente ouverture à Saint-Louis d'une medersa (école supérieure coranique), organisée sur le modèle de celle qui réussit si brillamment à Djenné, semble du reste indiquer que nous allons enfin étudier sérieusement cette question si importante.

S'il était nécessaire de s'étendre beaucoup sur l'état de l'enseignement primaire au Sénégal, il est par contre à peu près inutile d'aborder l'étude de son enseignement supérieur.

La population européenne ou assimilée est trop peu considérable pour fournir le nombre d'élèves suffisants à l'existence d'une école secondaire. On en avait cependant créé une à plusieurs reprises différentes. Elle vient d'être supprimée une fois de plus, après des fortunes diverses. Il y a deux raisons principales pour lesquelles on peut ne pas regretter sa disparition.

La première est fournie par le petit nombre des élèves susceptibles de profiter de ses cours. Mieux vaut de plus, et ce sera la seconde raison donnée, que les jeunes gens du pays, capables de pousser leurs études au delà de l'enseignement primaire aillent achever leur instruction dans la métropole. Ces jeunes gens sont ou doivent être une élite. Leur court voyage, ainsi qu'un séjour un peu prolongé en France, leur seront très profitables. La colonie elle-même ne peut tirer que des avantages de cette transplantation passagère.

On avait du reste bien compris, en partie du moins, cette vérité au Sénégal et dans le même temps que l'école secondaire Faidherbe recevait des élèves, on multipliait aussi le nombre des bourses accordées pour la métropole aux enfants des plus riches familles du pays.

L'institution des bourses, à condition que celles-ci soient données sans prodigalité et avec justice, aurait donc plus de droits de survivre que n'en avait la défunte école supérieure.

Une vieille institution qui remonte à Faidherbe mérite aussi qu'on la signale.

C'est l'ancienne école des otages où l'on instruisit naguère les fils de chefs récemment soumis. Cette institution est toujours demeurée à Sor, faubourg de Saint-Louis ; elle nous a donné depuis sa fondation nos meilleurs collaborateurs indigènes.

Aujourd'hui transformée en Médersa, elle conserve cependant une section spéciale où sont instruits les fils de chefs.

Le service de l'Instruction Publique a su, on vient de le voir, réaliser, au cours de ces dernières années, de très grands progrès.

Le nombre de ses élèves s'est accru et surtout la qualité de l'instruction qu'on leur donne s'est améliorée.

Il faut maintenant ajouter que l'instruction primaire ne peut s'étendre davantage. Les villes et les escales importantes de la colonie sont déjà pourvues d'écoles, or la plupart des noirs qui les fréquentent songent à profiter de l'instruction qu'ils y reçoivent pour briguer plus tard des postes officiels. L'enseignement supérieur n'est pas viable au Sénégal. Mais peut-être l'administration pourrait-elle faire de nouveaux efforts en vue d'augmenter l'importance de l'enseignement professionnel. Elle trouvera dans cette voie des obstacles excessivement sérieux et qui lui viendraient tous de la mentalité locale, toutefois les résultats qu'elle obtiendra, avec le temps, seront peut-être féconds.

Il est un autre service public, celui de la Justice où, comme pour l'Instruction publique, on pourrait souvent croire que l'assimilation demeure, dans nos esprits, la grande pensée vers la réalisation de laquelle on doit tendre sans cesse.

Il convient d'abord de rappeler que le Sénégal se trouve placé sous le régime des décrets depuis le sénatus-consulte du 3 mai 1854. Aucune loi française ne doit donc y être appliquée qu'à la suite d'un décret ministériel spécial qui la promulgue dans la colonie.

Cette formalité a du reste été remplie depuis longtemps pour la presque totalité de nos lois.

Le régime légal de la colonie n'a cependant pas que des sources françaises et devant notre code se dresse le Coran comme à côté de nos palais de justice s'élèvent les tribunaux des cadis indigènes.

L'appareil judiciaire français est pourvu au Sénégal de tous les rouages ordinaires. Il possède une cour d'appel qui siège à Dakar, deux tribunaux de première instance et même une cour d'assises, ainsi que les magistrats nécessaires.

Notre code régit indistinctement tous les citoyens français, mais les citoyens français au Sénégal ne forment pas une classe absolument homogène.

La loi indigène de laquelle ressortissent tous les non-citoyens découle elle-même de deux sources, le Coran pour les Musulmans, leurs coutumes pour les fétichistes.

Le décret du 20 mai 1857 créa les premiers tribunaux musulmans. Ceux qui existent aujourd'hui à Saint-Louis et à Dakar sont composés d'un cadi, d'un assesseur et d'un greffier.

Chaque cercle est également pourvu d'un tribunal indigène présidé par l'administrateur. Ce tribunal juge en appel, s'il y a lieu, les décisions des petits tribunaux de province et de village.

Les arrêts importants des tribunaux de cercle sont, de plus, soumis à l'acceptation de la chambre d'homologation qui siège annuellement au chef-lieu de la colonie.

Les pénalités infligées par les tribunaux indigènes sont, plus sévères et plus efficaces que les nôtres, car les condamnés doivent travailler pendant la durée de leur peine, soit sur les routes, soit à divers travaux d'utilité publique.

Un des plus récents décrets sur la matière prévoit que les indigènes pourront, dans certaines circonstances données, réclamer le bénéfice de la juridiction française. Or nos codes ont édicté pour nous des peines plus ou moins sévères, conformes à notre mentalité. La prison et le déshonneur qui s'y rattache constituent la principale de ces peines. Nous commençons à nous plaindre en France de ce qu'on ait trop laissé se détendre les ressorts de la justice. Une partie de l'opinion publique réclame, à tort ou à raison, des pénalités plus sévères, car nos criminels de profession, dont le nombre augmente sans cesse, ne se sentent plus touchés par les punitions qu'on leur inflige.

La justice applique souvent au Sénégal les mêmes lois que dans la métropole mais, quand des indigènes bénéficient de ces lois bénignes et faites à notre seule intention, l'erreur commise sur les bords du Sénégal paraît plus éclatante encore que sur les bords de la Seine. (Il convient toutefois d'ajouter que grâce aux arrêtés du 6 juillet 1904 et du 24 février 1905, la compétence territoriale de nos tribunaux a été diminuée au profit de celle des tribunaux indigènes et réduite aux villes et à leurs banlieues).

La peine de la prison n'est pas le moins du monde infamante pour un Sénégalais quel qu'il soit. L'assurance qu'il sera convenablement nourri et mis à l'abri des intempéries, tandis qu'il pratiquera sans obstacle ses douces habitudes de farniente lui fera ne pas redouter le risque d'être emprisonné. Puis, quand il aura purgé sa peine, personne ne se trouvera autour de lui pour lui reprocher son incarcération.

Cette façon de voir et de sentir n'est même pas particulière aux seuls indigènes et les Européens de la colonie se racontent à ce sujet des histoires typiques !

On contraignait naguère encore es prisonniers des villes à certaines besognes. Ceux de Saint-Louis avaient, notamment, la charge de contribuer au nettoyage des quais dont la propreté laissait fort à désirer.

Mais sur une instigation particulière, ces condamnés réclamèrent le droit à l'oisiveté et pendant plusieurs années la justice, conformément à la loi française, les dispensa de tout travail. Ces condamnés n'en mangeaient leur ration que de meilleur appétit et si les quais de la ville étaient un peu plus sales, ils n'éprouvaient vraisemblablement de ce fait aucun trouble moral.

Telles sont les caractéristiques les plus intéressantes de la marche des principaux services administratifs du Sénégal. Leur organisation n'est sans doute absolument pas parfaite, on vient de le voir, elle a cependant fait ses preuves et les améliorations qu'on pourrait y apporter seraient, pour la plupart, d'importance secondaire.

*
* *

L'administration ne constitue pas la seule autorité qui existe dans notre colonie sénégalaise ; auprès d'elle le suffrage universel a régulièrement créé un autre pouvoir, en face du premier.

Les gouverneurs de colonies n'ont guère devant eux que des fonctionnaires, soumis par devoir ou par tempérament, et que des colons, généralement indifférents à tout ce qui n'atteint pas leurs intérêts immédiats.

On peut donc supposer que l'autorité des gouverneurs doit tendre souvent vers un absolutisme plus ou moins déguisé. Cela est parfois exact ; aussi voit-on de bons gouverneurs, qui sont de bons tyrans, réaliser des œuvres admirables tandis qu'ils pourraient faire, s'ils manquaient soit d'honnêteté, soit d'intelligence, infiniment de mal.

Il semble donc excellent *à priori* qu'un autre pouvoir se dresse aux colonies, devant l'autorité administrative condensée, en quelque sorte, dans les mains d'un seul homme.

Le Sénégal est divisé en deux parties distinctes, au point de vue politique comme au point de vue administratif.

Les immenses pays de protectorat n'ont pas voix au chapitre, leurs habitants ne sont que sujets français, mais il en est tout autrement pour l'infime territoire d'administration directe qui se compose des quatre villes précédemment citées et de quelques escales secondaires.

La population des quatre villes jouit même d'un privilège tout à fait spécial. Ceux qui en font partie sont citoyens français.

Cela leur vient aujourd'hui, comme jadis la noblesse aux fils de seigneurs, par hérédité. On est manant en deçà des villes et noble, c'est-à-dire citoyen, dans leur enceinte, sans que rien absolument, ni dans leurs mœurs, ni dans leur langue, ni dans leurs idées, ne sépare les citoyens des simples sujets.

Les citoyens des villes élisent leur conseil municipal. Ils prennent également part, soit aux élections législatives pour la nomination d'un député, soit à celles du Conseil général.

La nomination des membres du Conseil général ne se fait jamais, pas plus que celle de n'importe quels candidats, sur un programme politique ou économique, et les questions de personnes dirigent seules les électeurs.

On aurait voulu, disait-on récemment, supprimer le Conseil général du Sénégal comme on avait supprimé celui de Tahiti, mais, depuis longtemps, on n'a plus songé à supprimer le représentant de la colonie à la Chambre des députés.

Ce droit d'élire des représentants fut donné à la colonie par la première république, par la seconde également, puis par la troisième qui le lui retira bientôt pour le lui rendre de nouveau en 1879.

L'élection du député doit se faire au Sénégal selon les mêmes règles que dans la métropole. Il n'est donc pas indispensable d'en parler. Une rapide esquisse du corps électoral peut, par contre, n'être pas inutile.

Les citoyens français, nés dans la métropole, en font bien entendu partie, de même que les mulâtres et les autres assimilés. Ces deux éléments ne constituent toutefois qu'une infime minorité dans la masse des électeurs indigènes.

Beaucoup de personnes ont critiqué et notamment l'inspecteur des colonies, Verrier, chargé d'une étude spéciale de la question, cette égalité de traitement entre deux éléments si peu comparables, et voici quels sont les arguments des adversaires de l'état des choses actuel.

Les indigènes des quatre villes qui possèdent le droit de vote, sont incontestablement des sujets français, mais cette raison suffit-elle pour qu'on en ait fait des citoyens?

Pourquoi donc n'a-t-on pas accordé la même faveur à tous les indigènes de la colonie, ou bien à ceux de l'Algérie et de la Cochinchine ?

La différence mentale qui existe entre un Cochinchinois ou un Arabe (ils ne sont citoyens qu'à la suite d'une naturalisation personnelle), et un Français, est certainement moins grande que celle qui existe entre ce dernier et un Ouoloff.

Les villes sénégalaises dont les habitants jouissent du privilège de citoyen ont été conquises, comme les provinces environnantes, par la force des armes.

Leurs habitants obéissent à une loi toute différente de la nôtre, le Coran, et tous ont conservé leur statut personnel.

Pour donner une explication frappante de ce que signifie cette expression, un Sénégalais électeur peut, légalement, de par le Coran, être à la fois le mari de quatre femmes légitimes. Or, cet acte, légal au Sénégal, serait qualifié crime en Europe et même en Algérie, s'il était le fait d'un arabe naturalisé.

L'électeur sénégalais qui n'obéit pas à nos lois ne comprend de plus et ne parle généralement pas notre langue. Ses mœurs sont totalement différentes des nôtres, ses instincts ne sont pas les nôtres, ses devoirs vis-à-vis de la France n'équivalent pas aux nôtres, puisqu'il ne doit aucun service militaire et qu'il répugne du reste à en faire, puisque ses lois et même ses impôts sont différents des nôtres.

Cet électeur, ainsi déchargé de tous nos devoirs nationaux, possède cependant tous nos droits, et le député qu'il nomme peut, par son vote, engager la France, même dans une guerre.

Voilà les arguments singulièrement forts que font valoir les adversaires du *statu quo* dont les défenseurs se contentent de profiter, ce qui est bien le meilleur argument possible, on en conviendra.

Maintenant que le Sénégal n'est plus qu'une partie de l'Afrique Occidentale française et que les Européens qui l'habitent ne constituent eux-mêmes, qu'une minorité dans la population européenne et française de ce vaste système de colonies, on peut envisager le moment où tous les métropolitains de ces régions lutteront pour obtenir un traitement identique à celui dont jouissent leurs concitoyens du Sénégal.

On sera peut-être contraint, ce jour-là, de réformer le corps électoral sénégalais dans lequel on vient au surplus de pratiquer des coupes sombres.

Fait remarquable, l'électeur indigène ne jouit de son privilège que dans les limites même de sa colonie et on lui refuse tout aussi bien son bulletin de vote en Guinée qu'en France.

Si le soin de nommer le député jusqu'ici réservé au Sénégal était jamais attribué à l'ensemble des colonies qui forment l'Afrique Occidentale, il serait donc absolument juste et nécessaire que les indigènes électeurs puissent jouir n'importe où, de leurs droits.

Mais alors ne serait-il pas encore plus juste et plus logique aussi, d'opérer parmi eux une sévère sélection et de n'accorder de droits qu'à ceux auxquels il en reviendrait véritablement? La colonie et la métropole elle-même tireraient, sans nul doute, le meilleur profit de cette réforme.

Quoi qu'il doive arriver plus tard, on peut inférer de ce qui précède, que si l'existence du suffrage universel au Sénégal a peut-être été quelquefois utile, si les corps élus ont pu servir de régulateurs pour l'autorité administrative, leur existence a dû parfois, constituer également une sérieuse complication.

L'existence d'un conseil général et d'un député, élus par un corps électoral tel que celui du Sénégal, imposa quelquefois en effet des habitudes de préfets aux gouverneurs, et ces habitudes ne sont pas toujours bonnes en Afrique.

Il est vrai qu'on possède ainsi un sûr critérium de la valeur des hommes qui dirigèrent le Sénégal, et sans doute, ses moins bons gouverneurs furent-ils ses meilleurs préfets !

*
* *

Les questions militaires ont une importance primordiale en colonies.

Ses fameux tirailleurs sont peut-être au surplus ce que le public connaît le mieux du Sénégal.

L'histoire de ce corps si justement réputé est courte d'âge. Elle est pleine en échange de faits d'armes, de victoires et d'héroïsme. Les tirailleurs n'ont pas cessé d'être admirables, leurs officiers furent aussi constamment dignes de commander à de pareils soldats. Mais si les tirailleurs sont encore aujourd'hui dénommés sénégalais, ce nom ne leur convient peut-être plus, car on les recrute partout, jusque et surtout dans les provinces les plus reculées du Soudan.

Il semble que les grandes Compagnies n'aient guère employé jadis au Sénégal que des troupes blanches. Nous utilisons cependant, depuis des années, les services militaires des indigènes de la colonie. Les troupes du général Blanchot comprenaient un grand nombre de noirs et elles se défendirent vaillamment.

On tira de nouveau parti des services des indigènes après que les Anglais nous eurent définitivement rendu le Sénégal. Cet élément entrait dans la composition des petites garnisons de nos postes du fleuve, Bakel et Dagana, mais on ne considérait pas alors les noirs comme des troupiers français.

Faidherbe fit souvent appel aux volontaires de Saint-Louis qui lui répondirent toujours avec empressement. Ces volontaires ne s'engageaient toutefois que pour la durée d'une campagne, leur discipline était relâchée et l'espoir du pillage les animait surtout.

Plusieurs arrêtés du gouverneur réglementèrent du reste pour eux le partage des prises de guerre.

On arrive ainsi au 21 juillet 1857, date de la signature du décret impérial portant création d'un bataillon de tirailleurs sénégalais.

L'effectif total devait être de 552 hommes, répartis en quatre compagnies. Les engagements étaient de deux ans, la solde quotidienne de trois sous avec une prime supplémentaire de 50 francs.

Les services rendus par ces militaires furent de suite satisfaisants, aussi créa-t-on deux nouvelles compagnies. On ne s'en tint même pas là, de sorte qu'il existe aujourd'hui quatre régiments et bataillons de tirailleurs représentant un total de 8.100 hommes. On décida également bientôt de créer un corps de spahis sénégalais, et cette troupe jouit aux yeux des populations locales d'une faveur toute spéciale. On admit enfin les indigènes dans l'artillerie en qualité de servants.

Les cadres de ces troupes indigènes sont partiellement européens. L'accès des grades est en effet permis, depuis 1855, aux natifs qui peuvent dépasser quelquefois le grade de lieutenant. On conserve, bien entendu, des troupes blanches à côté des corps indigènes, mais quand on a cité l'infanterie et l'artillerie de marine, l'énumération de nos forces militaires sénégalaises n'est pas encore achevée.

Lorsque Faidherbe créa des milices en 1860, il reprenait en somme une mesure qui donna, sous la Révolution, quelques résultats satisfaisants. On a voulu faire mieux en 1904 que par le passé et constituer de véritables réserves, notamment avec les anciens soldats libérés de nos troupes indigènes.

Un premier essai dans ce genre avait été tenté au moment de Fachoda, puis on l'avait abandonné après la tourmente. L'œuvre inaugurée en 1904 sera plus durable, car l'autorité veut persévérer et les réservistes semblent répondre sans trop de peine aux appels. Le succès ainsi obtenu peut toutefois présenter un sérieux danger. Une fois de plus, nous avons peut-être, en effet, trop assimilé dans cette circonstance la colonie à la métropole, les tirailleurs noirs à nos réservistes de France.

Il faut, dit une circulaire du général qui commandait précédemment les troupes, que les chefs de corps « entreprennent cette œuvre d'éducation morale qui consiste à faire entrer dans l'esprit (des soldats indigènes) l'idée encore incomprise, parce qu'elle n'a pas été bien définie, du service dans la réserve ».

Plus que toutes les circulaires, les primes qu'on leur alloue et les bons traitements qu'ils sont assurés de trouver sous nos drapeaux, maintiendront la fidélité de nos troupiers noirs qui sont des mercenaires, il convient de ne pas l'oublier.

Les mots ne sont rien par eux-mêmes ; on pourrait donc ne pas attacher trop d'importance à ceux qui précèdent, mais il paraîtrait que pour pouvoir enfler les réserves, on acceptait récemment encore le moins possible de longs rengagements.

Nos troupes indigènes ne peuvent cependant être composées que de soldats de métier, or, puisque nous ne leur permettons plus de « casser » les villages et de faire des captifs, nous devons les payer et les traiter en conséquence. Et pour que ces troupes conservent leur solidité passée, il faut que les hommes dont elles sont composées demeurent longtemps sous les drapeaux.

Si l'on tendait à faire de ces corps indigènes de simples écoles de soldats, comme sont nos régiments métropolitains, on augmenterait peut-être seulement, car l'Afrique est vaste et les recherches d'insoumis doivent y être difficiles, on augmenterait le nombre des figurants de la cohue que serait une mobilisation, mais l'on risquerait de détruire du même coup, la grande valeur de notre armée indigène.

Or, si le rôle de notre armée du Sénégal n'est plus le même que jadis, son importance n'a pas diminué le moins du monde pour cela.

Si nos troupes de l'Afrique Occidentale n'ont vraisemblablement plus de royaumes à conquérir, elles ont en effet à défendre contre des attaques venues du dehors et toujours possibles, un immense empire dont la valeur s'accroît chaque jour.

Faidherbe appelait le Sénégal un vaste réservoir d'hommes. Notre Afrique occidentale est, sous ce rapport, un Sénégal amplifié.

Nos troupes indigènes ont déjà contribué à la conquête d'un grand nombre de nos colonies. Représentées aujourd'hui au Maroc, elles pourraient peut-être quelque jour collaborer à d'autres œuvres.

Et la métropole a si bien compris tout cela qu'elle a fait de Dakar, point d'appui de notre flotte, le centre de notre puissance militaire en Afrique Occidentale ainsi que la résidence du général qui commande notre armée dans ces vastes régions.

Champ de coton du jardin d'essai de Richard Toll.

Une tournée administrative dans le cercle de Louga.

LE FLEUVE SÉNÉGAL

Son cours ; son régime ; ses points de ressemblance avec le Nil. L'ancien commerce du Fleuve, la Petite et la Grande Traite. Nos postes le long du Sénégal : Dagana, Podor, Bakel, Kayes, Médine. L'aménagement actuel du Fleuve pour la navigation, son utilisation future pour l'agriculture.

Le fleuve Sénégal donna, voici longtemps, son nom à la colonie tout entière et le fait s'explique sans peine.

Si les fleuves sont des chemins qui marchent, ils sont de plus en Afrique les seuls chemins qui existent. Aussi la civilisation suivit-elle constamment ces voies naturelles qui lui permirent de pénétrer peu à peu le continent noir, hier encore nommé « mystérieux ».

Or, c'est le Sénégal que rencontrèrent d'abord les Blancs, sur la côte d'Afrique, jusqu'ici désolée, et c'est en suivant son cours qu'ils purent atteindre le Soudan.

Le fleuve est par malheur intermittent. Chaque année ses eaux semblent tarir durant de longs mois. C'est pourquoi les explorateurs et les autres missionnaires de la civilisation durent mettre plus de temps et dépenser plus de peine pour atteindre le but, d'abord imprécis, qu'ils poursuivaient.

Le cours du Sénégal s'étend sur environ 1.700 kilomètres. Deux rivières principales le forment, le Bakhoï et surtout le Bafing dont la source se trouve auprès de Timbo, en plein Fouta-Djalon.

Ces deux rivières se dirigent vers le Nord, puis leurs eaux s'infléchissent vers l'Ouest, et le Sénégal, enfin constitué, continue sa course dans un lit rocheux et tourmenté.

Le fleuve, déjà puissant, se partage en de nombreux biefs navigables, coupés de rapides et souvent même de véritables chutes qui le rendent impropre à la navigation.

Mais s'il ne rendra jamais peut-être service au commerce, si l'agriculture ou l'industrie ne pourront l'utiliser que plus tard, le Haut Sénégal enchante déjà, par le pittoresque de ses rives, les rares voyageurs qui remontent son cours.

Il faut bien reconnaître que les facultés admiratives de ces voyageurs ont dû être fort exaltées, lors de leur passage dans les basses régions monotones; toutefois des curiosités naturelles comme les chutes du Gouina ou du Félou peuvent compter parmi les plus remarquables qu'on puisse voir.

Durant l'hivernage, les eaux du fleuve font presque disparaître, sous leur masse grondante, les rochers qui forment ces dernières. Quand vient l'été, au contraire, le Sénégal appauvri se précipite tout entier, de leur sommet jusqu'à leur base, en formant une cascade de plusieurs mètres de hauteur.

Ces chutes ne sont pas seules intéressantes, car le banc de grès tendre dans lequel elles sont taillées, tantôt se trouve coupé en longs canaux étroits, profonds et rectilignes, tantôt creusé en forme de gigantesques marmites où bouillonnent les eaux.

Les beautés justement célèbres du Félou ne constituent pas toutes seules l'importance de ces chutes.

Le fleuve devient en effet navigable dès qu'il les a franchies, au moins pendant les crues annuelles, tandis qu'au-dessus de ce point, des pirogues seules se faufilent à grand'peine d'un bief dans l'autre, sauf encore à s'arrêter parfois devant des obstacles infranchissables.

Or, près de 1.000 kilomètres séparent de l'embouchure du fleuve, les chutes du Félou dont l'altitude au-dessus du niveau de la mer ne dépasse pas 40 mètres.

Le Sénégal traverse, au sortir des chutes, un pays couvert de hautes collines rocheuses, peuplées de panthères et de grands singes cynocéphales et son lit s'encombre encore de roches qui, sans arrêter la navigation, la rendent très difficile.

Le passage des Kippes constitue, un peu au-dessous du Félou, un véritable défilé, à peine large de deux cents mètres où les eaux atteignent une vitesse propre de six nœuds.

C'est seulement après Kayes, port du Soudan et véritable point terminus actuel de la grande navigation, que le fleuve devient plus sûr. Quelques seuils rocheux, noyés par la crue sous plusieurs mètres d'eau, s'y rencontrent cependant, tandis que d'autres collines, moins élevées que les précédentes, ferment l'horizon, à droite et à gauche du Sénégal.

Le dernier gros affluent du fleuve se nomme la Falémé. Il vient, lui aussi, du Fouta-Djalon et atteint le Sénégal à quelques milles au-dessus de Bakel.

Quand les eaux ont dépassé cette escale auprès de laquelle exista naguère un puissant barrage de roches, elles continuent leur cours jusqu'à l'Océan encore lointain, dans une région argileuse et plate où leur masse traça un sinueux sillon.

Les méandres, dessinés par le fleuve, sont parfois si prononcés qu'ils constituent de véritables obstacles pour la navigation des gros navires. L'action du courant qui ronge sans cesse une des berges tend heureusement, d'elle-même, à rectifier le cours du Sénégal.

La pente est insignifiante dans la plaine immense que parcourt le moyen Sénégal, aussi celui-ci précipite-t-il son trop-plein par les nombreuses brèches ouvertes dans ses hautes berges d'argile.

Pour ce motif, au lieu de recevoir de nouveaux affluents, il crée lui-même dorénavant des marigots, rivières sinueuses comme lui et souvent très étendues, qui reçoivent la surabondance de ses eaux pour aller les perdre dans des dépressions de terrain, ou pour les lui ramener un peu plus tard.

Dans le lit même du fleuve, toujours large au moins de 400 mètres, des bancs de sable apparaissent ou même des îles plus ou moins importantes et sur l'une et l'autre rive, de temps en temps, se dressent quelques collines minuscules où cependant le regard s'accroche, faute de mieux.

Le panorama se déroule ainsi, durant des centaines de kilomètres, toujours pareil et cependant agréable aux yeux, du moins quand on voyage pendant l'hivernage, alors que le fleuve coule puissant, entre ses rives égayées de villages et de cultures, ou bien couvertes de brousse et d'arbres verdoyants.

Le Sénégal atteint ainsi Kaëdi qui, par extraordinaire, se trouve bâti sur la rive droite, immédiatement en aval de l'embouchure du Gorgol, artère morte depuis longtemps, qui lui apportait jadis le tribut du vaste plateau saharien, le Tagant.

Son orientation varie à partir de ce point. Il va plus franchement encore vers l'ouest, mais le paysage ne change toujours pas et ce sont perpétuellement les mêmes méandres, dessinés à travers la même plaine argileuse.

Le fleuve se dédouble ensuite, durant près de deux cents kilomètres, pour enserrer entre ses deux lits jumeaux l'étroite île à Morphyl que sillonnent de nombreux marigots, bientôt perdus dans d'innombrables marécages.

Quand le Sénégal a récupéré les eaux de son second lit qu'on nomme le marigot de Doué, il crée encore d'autres marigots, et notamment à gauche, la rivière de la Taoué et celle de Garak à droite, qui sont les affluents de deux vastes dépressions, marécages en été et lacs véritables pendant la crue. Ces dépressions sont le Cayar, célèbre dans les fastes mauritaniennes et le grand lac Guier, dont l'extrême prolongement, le marigot de Boundoun, pénètre en plein Sénégal à plus de cent cinquante kilomètres du fleuve.

Une comparaison vient de suite à l'esprit entre ces lacs et les déversoirs du Nil que la nature avait également créés, mais que l'homme transforma, recréa en quelque sorte.

Ces vastes marécages, inondés seulement pendant trois ou quatre mois de l'année, rappellent en effet le fameux lac Mœris égyptien. Les deux fleuves et les régions qu'ils parcourent se ressemblent donc à première vue, mais les climats ne sont pas identiques, ni les conditions géographiques générales, ni surtout les riverains de l'un et de l'autre. Et c'est pourquoi la comparaison entre le Nil civilisé depuis des siècles, et le Sénégal demeuré sauvage jusqu'à nos jours, ne peut guère se continuer plus longtemps.

Le fleuve se trouve bientôt à quelques kilomètres de l'Océan. Dans la plaine sans limites qu'il traverse, on ne voit plus nulle part la moindre levée de terre, le sol est lui-même friable et sablonneux.

Il semble qu'on soit tout près de l'embouchure, et voilà que faisant un angle brusque de 90°, le Sénégal dirige tout d'un coup ses eaux limoneuses vers le sud.

Les nombreux marigots qu'il a émis précédemment sur sa rive gauche, vont au plus court et rejoignent le lit principal, en s'anastomosant entre eux, plus ou moins loin de l'embouchure qui s'ouvre quatre-vingts kilomètres plus bas.

Il est probable, tout l'indique en effet, qu'ayant perdu de sa puissance à la suite d'une lente diminution des pluies sur les régions voisines, le fleuve se vit peu à peu fermer l'accès direct de la mer par les sables que le vent et la lame poussent constamment le long de cette côte.

Aussi son embouchure chemina-t-elle, progressivement, du nord vers le sud, tout en faisant parfois des sauts brusques en sens opposé, sous l'influence de crues exceptionnelles, ou bien en profitant de brèches ouvertes par l'Océan lui-même dans le cordon littoral sablonneux.

Cependant leur propre pression consolidait peu à peu les sables émergés, de sorte que le rivage s'est beaucoup fortifié. Aussi peut-on avancer que les variations futures de l'embouchure du Sénégal ne se feront plus désormais qu'entre la pointe au Chameau située à deux kilomètres en aval de Saint-Louis et N'taré Nord, qui se trouve à 22 kilomètres environ plus au sud.

La comparaison précédente entre le Nil et le Sénégal ne s'offre pas seulement à l'esprit, lorsqu'on compare entre eux les cours des deux fleuves ou le delta si connu de l'un avec celui de l'autre. La même comparaison s'impose également lorsqu'on étudie le régime des eaux de ces deux grandes artères africaines.

Les pluies commencent avec le mois de mai sur les pentes du Fouta-Djallon, d'où viennent le Bakhoï, le Bafing, la Falémé et leurs affluents. Dès le mois de juin, toutes les rivières et les innombrables ruisseaux qui descendent de ce massif remplissent le lit presque vidé du fleuve.

La crue progresse avec lenteur, car elle doit, non seulement vivifier le fleuve, mais encore les marigots qui se branchent sur lui.

Son maximum se fait sentir à Bakel vers le 1er septembre. Podor est atteint vers le 10 octobre, Richard-Toll, le 20 seulement. Enfin Saint-Louis qui se trouve à près de 150 kilomètres de ce dernier point, doit attendre huit à quinze jours de plus.

La hauteur des eaux dépasse 15 mètres au-dessus de l'étiage à Bakel et 8 mètres à Podor. Elle n'est que d'un mètre à Saint-Louis qui, lui-même, n'a pas une altitude supérieure au-dessus du niveau de la mer.

Lorsque le fleuve et ses marigots débordent enfin autour de Saint-Louis, le haut Sénégal commence déjà à se dessécher.

La crue s'écoule rapidement. Comme un vase troué, le vaste fleuve se vide d'abord par en haut, puis, plus lentement dans le bas pays.

Les marigots restituent ce qu'ils avaient reçu. Les plaines voisines du fleuve où l'inondation apportait son limon, reparaissent, s'assèchent et bientôt leur surface se craquèle sous l'action du soleil, car toute l'humidité du sol qui provenait du fleuve y retourne naturellement.

L'eau baisse d'un jour à l'autre et les berges d'argile semblent s'élever en même temps. Ces dernières atteignent enfin huit à dix mètres de hauteur.

Entre les deux murs qu'elles forment, le beau fleuve transformé en un maigre ruisseau se traîne, lamentable, au milieu de bancs de sables qu'interrompent parfois des assises de roches.

Le lac Cayar et surtout le Guier se vident à leur tour ainsi que les marigots plus voisins de Saint-Louis. Le puissant courant du Sénégal pénétrait durant l'hivernage, jusque dans la mer qu'il souillait de limon mais l'Océan prend alors sa revanche et ses eaux salées pénètrent dans son lit, envahissent ses marigots, remontent très loin dans l'intérieur le long de ses rives nues ou couvertes de palétuviers nains.

Aussi faut-il aller pendant la saison sèche jusqu'auprès de Dagana pour retrouver des eaux complètement douces. L'influence du flux se fait même sentir beaucoup plus haut, jusqu'au delà de Podor, à Diouldé Dialbé, que 348 kilomètres séparent de l'embouchure.

Comme celle du Nil, la crue du Sénégal fertilise les terres qu'elle recouvre et colmate en même temps, mais l'homme n'a jamais ébauché dans cette région aucun des immenses travaux accomplis au cours des siècles dans la vallée Égyptienne et seule, la culture rudimentaire des noirs tire profit des largesses de la nature.

Le Sénégal fut donc, jusqu'ici, plus utile au commerce qu'à l'agriculture.

Une légende, il en existe plusieurs différentes sur ce même sujet, explique de la manière suivante l'origine de son nom.

Les premiers navigateurs qui fréquentèrent ces côtes interrogeaient des noirs montés à leur bord.

— Quel est ce fleuve ? Et leurs bras tendus désignaient la nappe d'eau sur laquelle flottaient les pirogues de leurs visiteurs.

— Les noirs répondirent : Sou nou gal. Ce sont nos pirogues !

Le nom du Canada proviendrait, dit-on, d'une erreur analogue, à moins que ce ne soit d'un désir semblable de tirer parti de syllabes phonétiquement rapprochées, qui aurait germé dans l'esprit des historiens !

Quelle que soit l'origine de son nom, le Sénégal ne tarda pas comme on sait, à être fréquenté par les marins et les commerçants d'Europe. Une des îles les plus proches de son embouchure offrit asile à un poste français qui grandit peu à peu au point de devenir la ville de Saint-Louis.

Mais le commerce ne s'en tint pas là, car la large voie qui se prolongeait à perte de vue devant lui l'incitait à pénétrer toujours plus loin, vers le pays mystérieux de la précieuse gomme, puis plus loin encore, vers la terre de légende où l'or se présentait aux yeux éblouis.

La gomme avait longtemps été fournie à l'Europe par l'Arabie mais le Sénégal fit dès le xve siècle concurrence à ce dernier pays. Il devint bientôt le principal exportateur de ce produit que nous envoie surtout, aujourd'hui, le Soudan égyptien, voisin de l'Arabie.

Toujours est-il que la gomme attira longtemps les navires sur la côte saharienne et dans le fleuve et qu'elle fut la principale raison pour laquelle Anglais, Hollandais et Français se disputèrent l'îlot désolé d'Arguin comme l'île sablonneuse de Saint-Louis.

Le commerce de cette sécrétion produite par des arbres épineux de la famille des acacias, se fit sur le fleuve jusqu'au milieu du xve siècle, d'une manière qui vaut d'être rapportée.

Il existait trois points, le long de la rive droite du Sénégal, où se réunissaient à des époques, toujours les mêmes, les commis des compagnies européennes et les Maures des diverses tribus.

Le désert stérile et brûlé s'animait soudain. Les chalands et les barques jetaient l'ancre tout près du bord sur lequel s'alignaient bientôt les campements barbares des Maures dont les chameaux transportaient la précieuse matière dans des peaux de bœufs non cousues.

On donnait une « coutume » aux chefs et à leurs « officiers », on nourrissait de plus tous ceux qui venaient au marché.

Brüe qui sut innover en tant de choses, régularisa ces transactions. Il fit d'abord établir un petit retranchement précédé d'un fossé autour du camp qu'il traça lui-même à terre. Puis, il décida de ne nourrir que les vendeurs, au prorata de ce qu'ils apportaient.

Son historiographe, le P. Labat, nous apprend qu'on donnait par quintal de gomme, tant de portions comprenant chacune deux livres de viande et deux autres de couscous.

Les errements anciens recommencèrent après Brüe et cette traite demeura toujours une cause de vols de la part des commis, de tromperies mutuelles entre acheteurs et vendeurs, et de violences exercées par les Maures dès que se relâchait notre surveillance.

A peine le dernier quintal de gomme était-il payé qu'on devait en effet se garder des coups de lance ou de fusil et appareiller au plus vite.

Aussi le juge Carrère pouvait-il encore écrire en 1853 ;

« Dès qu'un Maure est à l'escale, il quémande insolemment à tout le monde. On est son tributaire. Les choses sont un peu changées depuis peu, cependant il en prend encore à son aise. »

Une des raisons qui expliquent l'insolence passée des Maures à notre égard se trouverait, a-t-on dit, dans la croyance où ils furent que la gomme servait à la nourriture de nos rois.

Le traité passé entre le directeur Durand et les Darmankours donnait à ce dernier le titre de « pensionnaire du roi » qu'ils avaient traduit par « fournisseur des vivres du roi ». Mais la meilleure raison de ce triste état des choses se trouve bien plutôt dans notre insigne faiblesse à l'égard de ces éternels pillards.

Nous donnions cependant naguère une extrême importance au commerce de la gomme, puisque le produit devait être expédié seulement en France et que cette obligation subsista jusqu'en 1880.

Les prix de la précieuse denrée varièrent souvent au cours des siècles.

1000 livres prises à l'escale du désert coûtaient en 1715, 28 livres en marchandises, cadis, serge, objets divers, et 36 livres en 1750. Le kilo valut même jusqu'à 3 francs et plus en 1889.

Les coutumes, véritables impôts dûs aux chefs, étaient comptées à part. On les acquittait avec de la guinée, sorte d'étoffe bleue qui constitue depuis plus de deux siècles, une espèce de monnaie pour les Maures.

On donnait en 1855, jusqu'à Podor, une guinée aux chefs par 700 kilos de gomme traitée et une à Bakel pour 800 kilos.

L'exportation de la gomme était de 900 tonnes en 1750; elle atteignit 2753 tonnes en 1868 pour diminuer ensuite peu à peu, surtout dans ces dernières années, à cause de l'extrême avilissement des prix qui sont aujourd'hui de 30 à 40 centimes par kilo.

Les transactions auxquelles donnait lieu la traite de la gomme furent réglementées jusqu'à ces derniers temps.

Lorsque les compagnies à privilège furent dissoutes, ceux qui voulaient faire ce commerce devaient être inscrits sur la liste générale des traitants, tenue à jour par l'administration.

Ils partaient de Saint-Louis à date fixe, sous la protection et la surveillance des bâtiments de guerre, pour n'aller qu'aux seules escales reconnues.

Chaque embarcation de traitant devait emporter un armement prévu et contrôlé au départ. Non seulement la composition des équipages, mais même celle des rations qui leur étaient délivrées, se trouvaient fixées par l'autorité.

Il existait aussi une Petite traite, celle de Galam, mais peu de gens s'y livraient car si elle était productive elle était également très dangereuse.

Le départ de la Petite traite s'effectuait non pas en avril-mai comme pour la Grande, mais au mois de juillet et elle était encore plus rigoureusement surveillée que la précédente. On y traitait également la gomme et surtout l'or et les captifs.

Un commerce aussi barbare ne pouvait subsister toujours ainsi. Trop d'obstacles s'opposaient à son développement comme à son existence même.

Certains de ces obstacles provenaient du fait de la nature, d'autres, ils n'étaient pas les moins redoutables, du fait des hommes.

Ces derniers étaient surtout causés par la déloyauté des chefs indigènes et de leurs sujets, les premiers, par le régime spécial du fleuve et par le climat.

Mais nos pères redoutaient surtout les hommes. Aussi Brüe qu'avait éclairé l'heureux essai de ses fortifications à l'escale du Désert, voulut-il, pour protéger le commerce, créer des postes fortifiés permanents.

Il fit donc construire les forts de Saint-Joseph sur le Haut-Sénégal et de Saint-Pierre sur la Falémé dans le voisinage des mines d'or, étudiées par ses commis.

Ses tentatives furent malheureuses et les forts, trop éloignés de leurs bases, furent bientôt détruits. Ses projets d'occupation militaire et d'exploitation des mines réussirent moins encore et l'on se contenta longtemps de pratiquer au petit bonheur, la Grande et la Petite traite, dans des escales ouvertes.

C'est après que le Sénégal nous fut rendu par les Anglais, que nous songeâmes enfin à reprendre une partie des projets de Brüe, à créer des postes fixés le long du fleuve, pour la protection de notre commerce sans cesse menacé par les riverains.

Les deux forts de Dagana et de Bakel datent en effet de cette époque. Leur création cependant ne signifie pas que l'état des choses antérieur doive cesser tout d'un coup. Il faut attendre Faidherbe pour voir disparaître, d'une part les escales ouvertes que remplacent notre ligne ininterrompue de postes, et de l'autre, le paiement des coutumes à titre d'impôt.

Faidherbe conserve cependant les coutumes mais elles ne sont plus que des cadeaux destinés à témoigner de notre satisfaction aux chefs.

Enfin la liberté du commerce dans la rivière ne tarda pas à devenir effective quoique le décret qui la rendra légale ne date que du 22 mars 1880.

C'est donc pour protéger notre commerce que nous avons échelonné des postes de plus en plus nombreux, le long du Sénégal. Ces postes devenus dès l'année 1861, les chefs-lieux d'autant d'arrondissements administratifs, devaient grouper autour d'eux, un peu plus tard, tous les territoires voisins. Ils étaient les germes d'où allait sortir le Sénégal actuel.

Remonter le fleuve en partant de Saint-Louis et visiter les escales, l'une après l'autre, représente un voyage très court, facile, et que devraient entreprendre tous ceux qui visitent le Sénégal.

Le fleuve dont la largeur atteint près d'un kilomètre un peu au-dessus de Saint-Louis roule, vide et triste, durant de longues heures. Ses rives sont plates et noyées, des îles marécageuses aux berges semées de palétuviers nains, des embouchures de marigots, se rencontrent seules.

Le premier village qu'on découvre se signale par les ruines d'un ancien poste du temps de Faidherbe, puis la navigation continue, toujours aussi monotone.

Un arbre suffit pour attirer le regard. Parfois quelques huttes, qu'on discerne à peine, indiquent la présence d'habitants misérables. On atteint ainsi le poste de Richard Toll placé au confluent de la Taoué émissaire du lac Guier ou Paniéfoul.

Ce poste fut construit en 1820 dans le même temps qu'on en bâtissait un autre à Dagana, distant de 23 kilomètres.

Richard Toll avait pour mission spéciale de préserver les plantations qu'on fit alors dans la région jusqu'en 1830 mais il survécut aux champs qui l'entouraient car Faidherbe le fit restaurer. Toutefois il n'est plus aujourd'hui qu'une station d'essais agricoles, peu utile et peu prospère. Dagana, dont les constructions longent le fleuve, posséda dès sa création une tout autre importance. C'est que Dagana servit au commerce, lorsque les espoirs qu'on avait placé dans la culture s'évanouirent sans retour.

Sur la berge plate et maintenant déboisée, nous avions acheté en 1820 un terrain de quelques hectares, à proximité du village et nous y avions construit une petite caserne entourée d'un quadrilatère de murs. On renforça plus tard cet ouvrage en élevant des bastions aux quatre coins du mur d'enceinte qu'on refit du même coup.

La garnison comportait en 1835 un lieutenant, un chirurgien, trente sous-officiers et soldats. Ces derniers, presque tous noirs, étaient tirés de la compagnie spéciale du Sénégal qu'on recrutait parmi des captifs du pays et à Madagascar. La garnison de Richard Toll avait une composition identique mais on en diminua un peu plus tard l'importance.

Le personnel de Dagana comptait en plus de la troupe, un « gourmet », un cuisinier, un boulanger, un infirmier, sept laptots et trois pileuses de couscous.

Les communications avec le chef-lieu étaient assez rares et la vie monotone, dans ce réduit avancé d'où la garnison ne devait s'éloigner ni souvent même pas sortir. Aussi son temps de séjour n'excédait-il généralement pas six mois.

Les instructions du gouverneur se résumaient alors en ces mots qu'ont trop souvent connus nos administrations coloniales : « Pas d'affaires. »

Nous n'étions, comme le disait plus tard El Hadji, et nous ne voulions être que des marchands.

« Votre prédécesseur, écrit le 28 mai 1836 le gouverneur Guillet au lieutenant Mion, a fait tirer à toute volée sur un parti de Maures Trarzas qui se présentait à Dagana, mais ces Maures accueillis peu après par les gens du village, il n'avait pas cru devoir insister pour les éloigner. Il a bien fait .

« Je vous l'ai dit verbalement, notre système actuel dans la guerre entre les indigènes est de garder une exacte neutralité, de ne la compromettre ni par imprudence, ni par une trop prompte susceptibilité. »

Dix ans plus tard, les Maures étant entrés dans le village, le gouverneur écrit au chef du poste :

« J'espère que vous leur avez rappelé les droits de la France et que vous n'avez combattu que s'ils ne se sont pas rendus à vos raisons. »

Notre mansuétude va si loin qu'un coup de poignard donné à une sentinelle n'attire de notre part que des observations verbales.

Là comme ailleurs, nous avons souvent payé cher cet amour exagéré de notre tranquillité, mais l'expérience passée ne semble pas nous avoir toujours servi depuis lors !

L'artillerie dont le fort était pourvu rendait cependant des services. On devait 7 coups de canon aux grands chefs qui passaient et 3 ou 4 à d'autres plus petits.

La surveillance des traitants qui montaient faire la traite était une des grandes préoccupations des chefs de poste, mais ils en avaient d'autres sans doute, et des tristesses causées par le sentiment de leur oisiveté contrainte, de leur impuissance voulue et de leur isolement devaient les envahir quelquefois !

Leurs soldats noirs désertaient assez fréquemment. Quant aux besoins les plus pressants du poste, on ne les autorisait à les satisfaire qu'à la dernière extrémité.

Le débarcadère de Dagana tombait en ruines, le Commandant reçut permission de le réparer si cela ne devait coûter que « de la peine aux soldats et laptots ».

Le village qui longtemps nous fut hostile, revenait à de meilleurs sentiments lorsque Faidherbe prit le pouvoir. La situation allait enfin changer. Dagana fut de suite annexé et le nouveau régime, fait de force et de justice, porta ses fruits sans retard.

Le commerce fleurit de suite dans l'escale. On dut y vendre des lots de terre aux traitants qui construisirent de belles maisons à la mode de Saint-Louis.

Le village comptait trois mille habitants en 1859, il fit dans la même année un mouvement d'affaires de quatre millions.

Mais cette prospérité ne survécut pas au commerce de la gomme qui en était l'unique raison.

Dagana n'a pas aujourd'hui d'importance commerciale. Il n'est plus que le chef-lieu d'un des treize cercles de la colonie dont le territoire circonscrit celui de la commune de Saint-Louis pour remonter au nord, puis à l'est, le long du fleuve, à peu près jusqu'aux limites anciennes du pays des Toucouleurs.

On avait en 1852 planté des fromagers, devenus magnifiques, sur le quai construit devant le poste à la même époque. Des troncs de rôniers entraient seuls dans la composition de cet ouvrage, ils résistèrent fort bien jusqu'aux grandes inondations de 1906 qui les ont gravement endommagés.

Les dernières années passées n'ont guère amené d'améliorations nouvelles pour Dagana. On l'a seulement doté d'une belle résidence et de bâtisses accessoires mais le fort est aujourd'hui déserté par sa garnison et les anciennes habitations des traitants qui s'échelonnent après lui le long de la berge, tombent pour la plupart en ruines.

Le village noir se trouve caché derrière ce décor misérable. On ne le voit donc guère et il ne mérite pas d'être vu.

Ce premier témoignage de nos efforts passés sur le Sénégal est attristant. On s'en éloigne avec d'autant plus de plaisir que les rives, nues jusqu'ici, se couvrent surtout à droite, d'une végétation plus dense.

Le fleuve se rétrécit un peu en certains endroits et notamment à Khalo où les traitants devaient jadis payer une coutume. Les exactions des gens du Dimar avaient du reste été de tous temps si pénibles à supporter que nous essayâmes plusieurs fois de nous en préserver par la force. Battus vers la fin du XVIIIe siècle, nous fûmes plus heureux en 1849 lorsque nous prîmes d'assaut Fanaye.

L'hostilité constante des Toucouleurs nous contraignit cependant bientôt après à de nouveaux efforts.

C'est pourquoi le gouverneur Protet commença le 27 mars 1854, avec toutes les troupes de la colonie, la construction du fort de Podor situé à 260 kilomètres environ de Saint-Louis et où les Anglais auraient, dit-on, bâti un poste que les Toucouleurs enlevèrent par surprise, en cachant des armes dans des bottes de paille qu'ils apportaient.

Nous y aurions, nous-mêmes tous les premiers, possédé un poste en 1743, assure Labarthe d'après les mémoires de Lajaille.

Le capitaine du génie Faidherbe dirigea les travaux du fort actuel dont l'enlèvement d'un enseigne de vaisseau n'interrompit pas le cours, malgré l'espoir qu'en avaient les Toucouleurs, bientôt battus à Dialmath.

La construction du nouveau fort était la première application du régime nouveau auquel le ministre Ducos voulait soumettre le Sénégal et que le futur gouverneur Faidherbe allait appliquer et développer.

« Soyez toujours prêt à rendre au centuple les coups qu'on voudra vous porter », écrivait déjà en 1855 Protet qui réglementait en même temps l'administration des villages de Podor et de Toffi placés par lui sous notre dépendance directe et astreints à l'impôt. Le poste de Podor ressemblait beaucoup à celui de Dagana, comme armement et comme construction. C'était un grand carré entouré de murs percés de meurtrières, derrière lesquels de solides bâtiments en brique assuraient à la garnison un sûr et frais abri contre le soleil.

Il était éloigné de quelques centaines de mètres du Sénégal et cette simple disposition indiquait déjà les immenses transformations survenues depuis peu dans notre état d'âme.

Nous ne craignions plus en effet de nous éloigner du fleuve, unique lien qui existât entre nos postes et le chef-lieu ; nous nous sentions assez forts pour maintenir en tous temps nos communications entre nos murs et ses berges.

La situation n'était décidément plus la même. Podor venait à peine d'être fondé depuis trois ans qu'on allotit les terrains voisins sur lesquels des traitants ne tardèrent pas à s'établir.

La prospérité du bourg, situé à trois lieues au-dessous de l'ancienne escale du Coq, survécut toutefois à la déchéance de la traite des gommes. On est ici plus loin de Saint-Louis, le pays est plus riche qu'en aval, ses populations plus travailleuses, aussi le commerce se ressent-il de ce favorable état des choses.

Plusieurs maisons européennes existent encore dans l'escale et elles y prospèrent tandis que Dagana ne possède que de petits traitants indigènes.

L'aspect sous lequel se présente Podor rappelle cependant beaucoup celui du poste précédent.

En amont du fort, une série de maisons à l'européenne se succèdent le long du fleuve qui fut pourvu, il y a peu d'années, d'un superbe quai en maçonnerie.

Ce travail devait servir à protéger la rive sur laquelle est bâtie l'escale, contre les affouillements du fleuve. Trois des quatre superbes rangées de cailcedrats qu'on avait plantées dans les premiers temps de l'occupation, entre la berge et les maisons, avaient déjà disparu, enlevées par le courant.

La nécessité de la dépense qu'on engagea et qui dépassa 100.000 fr. était donc évidente. Mais ceux qui furent chargés d'entreprendre ce travail n'avaient peut-être pas toute la compétence nécessaire. Leur œuvre n'a rendu aucuns services. Il en subsiste dès maintenant à peine quelques débris, sous forme de blocs de ciments que le fleuve désagrège chaque jour davantage.

Peut-être eût-il mieux valu tirer profit de l'heureuse expérience de Dagana et construire en troncs de rôniers ce quai qu'il faudra refaire un jour ou l'autre, sous peine de voir disparaître Podor.

Des rues horizontales et d'autres verticales par rapport au fleuve divisent l'escale en carrés réguliers. Le village indigène se trouve derrière elles et va jusqu'auprès du fort.

Podor est le chef-lieu d'un cercle important. Sa résidence et les dépendances ordinaires s'élèvent en amont de l'escale. On construisit ces bâtiments selon les meilleures données de l'architecture tropicale mais le fleuve les menace également, de sorte qu'il conviendrait, sans trop tarder, de les protéger contre ses dépradations annuelles.

Podor qu'on aperçoit de très loin, grâce aux nombreux méandres du fleuve, est situé dans l'île à Morphyl, jadis « unie, grasse, peuplée, extraordinairement bien cultivée, remplie de toutes sortes d'arbres » où dominaient les rôniers, « riche en éléphants » car on y rencontrait communément des troupeaux de 40 à 50 pachydermes.

Des marécages et des lougans l'entourent seuls aujourd'hui mais son avenir peut être envisagé sans inquiétude pour peu qu'on veuille tirer parti des ressources du pays, car les terres voisines sont fertiles.

Un intelligent fonctionnaire a créé dans les environs une véritable colonie agricole où il tente, entre autres choses, des essais de culture du coton. Son œuvre est belle, on doit craindre cependant que le succès ne récompense pas ses efforts. Pour de nombreuses raisons parmi lesquelles on doit citer le défaut de main-d'œuvre et le manque d'eau, durant une partie de l'année, les simples particuliers si richement doués qu'ils puissent être des plus précieuses qualités morales, ne pourront qu'exceptionnellement réussir dans des entreprises agricoles. L'État seul peut et doit, pour le moment, oser au Sénégal des essais de ce genre.

Podor demeure pendant plus de six mois de l'année la tête de ligne de la navigation à vapeur sur le Sénégal.

Les voyageurs qui montent au Soudan doivent y débarquer à partir de janvier. Ils continuent ensuite leur voyage dans des chalands traînés à la cordelle. Les vapeurs pourraient à la vérité dépasser Podor en tous temps et atteindre le barrage rocheux de Mafou où la marée qui s'y fait encore sentir cause une différence de niveau d'environ 20 centimètres mais il n'existe en ce point aucun poste européen. Un banc de roches, jeté en travers du fleuve, constitue ce barrage de Mafou comme celui plus éloigné de Diouldé Dialbé et comme aussi le plupart de ceux qu'on rencontre en remontant le Sénégal.

Ces barrages n'ont d'action véritable sur le cours du fleuve que pendant la saison sèche. Ils remplissent alors, jusqu'à un certain point, le rôle d'écluses naturelles et conservent un peu d'eau dans le lit qui s'assècherait peut-être tout à fait sans eux.

Pendant l'hivernage au contraire, ils ne sont qu'une série de récifs plus ou moins dangereux, bien connus de tous les pilotes.

Avant de rencontrer l'origine du marigot de Doué qui est le second bras du fleuve, lancé par celui-ci autour de l'île à Morphyl, les bateaux passent devant Saldé dont le poste construit par Faidherbe et maintenant abandonné, prend, d'un peu loin, des allures de château féodal démantelé.

Cette illusion toutefois ne tarde pas à se dissiper dès qu'on s'est un peu plus rapproché.

Soixante kilomètres environ séparent Saldé du poste plus récent de Kaëdi, bâti en 1891 sur le modèle naguère fourni par Faidherbe.

Kaëdi présente une particularité remarquable. Il est le seul de nos postes fluviaux qui soit placé sur la rive saharienne.

Les anciennes escales devaient servir uniquement à protéger le commerce et à défendre l'accès de la rive gauche aux Maures. Mais la situation n'était pas la même lorsqu'on créa Kaëdi. Les Maures étaient depuis longtemps chassés du Sénégal et nous n'allions même plus tarder à pénétrer chez eux.

Toujours est-il que la situation du poste se révèle au premier coup d'œil comme particulièrement heureuse. Du haut de sa colline de latérite, bien modeste cependant, le fort domine l'escale bâtie sous son ombre et déjà très prospère, Touldé, village Toucouleur placé à l'embouchure du Gorgol dans le fleuve et Gataga, le village Sarracolet, qui étale ses cases un peu plus vers le nord.

Un lac immense exista jadis sur toute cette région. Les deux branches, maintenant asséchées, de l'oued gorgol drainaient à son profit presque toute cette partie de l'immense Mauritanie, et, notamment, le plateau rocheux du Tagant.

Mais des siècles nombreux sont passés et aujourd'hui si les terres faites de l'ancien limon demeurent susceptibles de cultures, si l'eau existe toujours, cachée sous la terre, le liquide bienfaisant ne peut cependant plus fertiliser la plaine, tant que l'homme ne l'aidera pas un peu.

Brüe visita jadis cette région où se trouvait au nord de Kaëdi, « Goumel » la résidence d'été du « Sératik » des Fouls.

Le pays était à cette époque couvert de bouquets de haute futaie et de cultures. On y rencontrait de beaux champs de cotonniers et, bien entendu, de superbes troupeaux, car la race Peule fut toujours très versée dans les questions d'élevage.

Les Fouls formaient alors un grand état féodal, le plus puissant du fleuve et l'islamisme commençait seulement à les pénétrer.

L'empire Foul n'existe plus et les futaies qu'admira Brüe, non seulement auprès de Kaëdi mais tout le long du fleuve, les grands arbres qu'il touvait plaisants, ont disparu eux aussi et par notre propre faute.

Les rôniers de l'île à Morphyl ont naguère fourni des solives pour toutes les maisons de Saint-Louis et maintenant les autres arbres, transformés en charbon, sont encore dirigés vers cette même ville.

La rive gauche est définitivement désolée. Comme un règlement, mal observé du reste, défend de couper les arbres vivants, des feux de brousse s'allument aussi, depuis qu'on ne craint plus les Maures, sur la rive droite qui perd chaque jour quelques nouvelles pièces de son ancien manteau de verdure.

Matam, escale de commerce et chef-lieu de cercle, mérite seul une mention après Kaëdi. Il fut construit par Faidherbe au moment de sa lutte contre El Hadj Omar. Ce marabout guerrier avait projeté d'établir dans ses environs immédiats, un barrage artificiel pour arrêter nos bâtiments. Le fleuve eut tôt fait de détruire le fragile obstacle qu'on lui opposait et maintenant il s'attaque également au fort élevé par nous contre le chef barbare.

Quelques petites élévations, plus ou moins éloignées des berges, ont seules été aperçues depuis le départ de Saint-Louis jusqu'au moment où l'on atteint Bakel.

Aussi trouve-t-on pittoresque la situation de cette escale, la dernière de la colonie sur le fleuve

Deux chaînes de hautes collines rocheuses viennent resserrer le Sénégal entre leurs derniers contreforts. Celles de la rive gauche sont les plus élevées, elles atteignent près de cent mètres d'altitude et sur elles sont bâtis le fort et ses ouvrages avancés tandis que le village s'étend sous leur protection jusqu'à la berge.

Si la nature paraît s'être ingéniée en ce point à donner quelque allure au spectacle qu'on a sous les yeux, les hommes se sont sans doute piqués au jeu et, pour la première fois aussi, ils ont élevé des constructions durables qui ont vraiment bel air sous l'aveuglant soleil.

On croirait, quand on remonte ou qu'on descend le fleuve, que celui-ci va s'arrêter subitement mais il fait seulement un coude assez brusque, de sorte qu'on ne peut voir, de quelque côté qu'on aille, au delà des hauteurs dont il vient d'être parlé.

Le village est percé de rues propres et bien tracées. Il possède même une vaste place dont le nom, sans doute inconnu des indigènes, mérite du moins notre respect. C'est celui de Caillé, le doyen de nos explorateurs africains modernes.

Deux mille indigènes peuplent l'agglomération qu'un vaste espace libre sépare du poste construit en solide pierre sur un éperon rocheux avancé dans le fleuve.

Ce poste constitue un véritable fort. Ses hautes murailles que rehausse leur piédestal de roches à pic, ses deux bastions massifs tournés vers le fleuve lui donnent tout à fait bonne apparence.

On aperçoit de loin ses deux bâtiments jumeaux et couverts en tuiles où loge toujours l'administrateur du cercle mais que les officiers, ses premiers garnisaires, ont quitté depuis bientôt trois ans.

Un autre village, Guidimpalé, habité naguère par les traitants ouoloffs, longe encore le fleuve en amont du fort auquel le relie un pont en pierre le premier et le seul qui ait été construit dans tout le Sénégal, jusqu'à ces dernières années.

Enfin, sur les hauteurs voisines, dont l'ensemble forme une sorte de barrière qui enserre le fort et le village, des tours et d'autres travaux de défense se dressent encore. L'ouvrage du Mont au Singe, la tour Jorris, haute et carrée sur sa colline de 95 mètres, celle du télégraphe, rappellent comme le fort lui-même, des souvenirs guerriers encore récents et qui paraissent bien vieux, tant ce pays tranquille et notre actuelle quiétude semblent éloigner dans un passé presque légendaire des faits cependant contemporains.

Les archives des postes du Sénégal, quand par hasard on en constituait, étaient si mal tenues et si peu surveillées que le gouverneur Protet dut, en 1851, donner des ordres suivis pour qu'on en créât partout.

Si les hommes n'en dispersaient pas eux-mêmes les pièces, les rats, les cancrelats ou les termites détruisaient sûrement celles-ci.

Bakel, dont l'histoire est très riche, conserva par un hasard heureux, malgré de nombreuses causes de destruction, ses archives à peu près complètes, depuis l'année 1820, date de sa fondation par les Français.

Le voisinage du Bambouk qui était le pays de l'or attira de tout temps les Européens dans la région. Les Portugais nous y auraient précédé. Brüe y éleva deux forts, l'un sur la Falémé, dont son commis Compagnon explora le bassin dans tous les sens, l'autre sur le fleuve à Makhana. Nos efforts se continuèrent après lui, ils furent encore moins heureux que les siens, malgré le voyage du gouverneur Levens en 1730, ceux de Pelay, de Legrand et celui de David en 1740.

Les Anglais tentèrent à leur tour des établissements au Galam, chaque fois qu'ils furent les maîtres de Saint-Louis. Même après qu'ils nous eurent rendu le Bas-Sénégal, on a des raisons de croire qu'ils s'attachèrent encore, en prenant le chemin de la Haute-Gambie, à s'assurer la possession des mines d'or si vantées de la région.

Ils étaient montés en 1809 à Bakel où la population les reçut très mal. Ils firent également un établissement au village de Tou baboukané que les Français retrouvèrent un peu plus tard en assez bon état et où l'on voit encore quelques canons abandonnés.

Le séjour des Anglais dans le haut fleuve fut particulièrement tragique. Le médecin de leur premier détachement rapporte que le voyage dura six semaines, durant lesquelles un tiers de l'effectif succomba aux fatigues et aux dangers de la route.

Ceux qui parvinrent à destination trouvèrent un petit fort indigène construit sur une hauteur, au tournant de la rivière dont les deux rives présentaient ensuite un pays plat couvert de bois touffus.

« Là, toute la nature paraissait conspirer contre l'homme. Lions, serpents et crocodiles pullulaient. Des éléphants et des autruches énormes rôdaient autour du fort et la seule distraction des vivants consistait, avec les défroques des morts, à vêtir des singes qu'ils faisaient danser. »

La relève devait s'effectuer tous les ans mais quatre hommes seulement de la seconde expédition atteignirent le fort. Aucun des mineurs envoyés dans le même temps, pour exploiter les mines d'or, ne parvint au but.

Les débuts des Français furent moins pénibles. Ces derniers remontèrent le fleuve dès 1818 mais, prudemment, ils s'en allèrent en annonçant qu'ils reviendraient.

La deuxième expédition, arrêtée dans le Fouta, se replia sur Dagana et, seule, la troisième put atteindre Bakel, après de nombreux engagements où elle perdit dix hommes par le feu de l'ennemi.

Une commission avait été chargée de choisir sur les lieux l'emplacement du fort que nous devions construire. Trois voix contre une s'étant déclarées pour Bakel, nous achetâmes le terrain sur lequel se trouvait un tata composé d'une muraille en pisé derrière laquelle se réfugiait la population lorsqu'on signalait une incursion de Bambaras.

Les travaux commencèrent sous la direction de l'enseigne de vaisseau Hesse, commandant du brick l'*Argus*.

Ils étaient simples et se bornaient à l'édification d'abris en pierre sèche pour les hommes, et d'une enceinte en terre, de sorte qu'on devait réparer pendant la bonne saison les brèches qu'y avaient ouvertes les pluies de l'hivernage.

Des traités furent signés avec tous les chefs voisins, l'almamy du Boundou, le Tounka de Tuabo, l'émir des Maures Edouaïch. Quelques-uns de ces chefs et notamment ceux de la famille de Bathieri de Makhana conservèrent la plupart du temps de bons rapports avec nous.

Certains nous confièrent même, un peu plus tard, plusieurs de leurs enfants qui vinrent s'instruire à Saint-Louis. Le baron Roger amena l'un d'eux en France ou ce pauvre prince mourut du temps qu'il achevait sa philosophie au collège de Limoux.

Chacun de ces chefs recevait de nous des « coutumes » plus ou moins importantes. Mais, malgré, sinon à cause de notre condescendance à leur égard, il n'est pas d'ennuis qu'ils ne nous aient longtemps causés pour la plupart.

Les premières années furent, comme il est naturel, particulièrement pénibles à ce point de vue.

La garnison qui se composa d'abord de quelques officiers et canonniers blancs ainsi que de trente soldats ou laptots noirs, avait encore d'autres préoccupations. La fièvre et la dysenterie décimaient les hommes, mal abrités, mal nourris et mal soignés, car c'est seulement en 1822 qu'on envoya au Sénégal, pour la première fois et pour toute la colonie, une once de quinine.

Des traitants s'installèrent cependant bientôt à côté du nouveau poste ainsi qu'une importante compagnie commerciale, la Société de Galam. Aussi un ordre du commandant prescrivit-il à toutes les maisons d'envoyer l'une après l'autre, deux laptots par jour pour prendre la garde, afin de procurer quelque repos à la garnison.

Cette compagnie du Galam qui s'était installée à Bakel en 1825 avait été l'une des principales causes de la création de ce poste. Elle occupait tout au près de lui une bâtisse à un étage, crénelée, et ses affaires furent d'abord très prospères, grâce au monopole dont elle jouissait. Toutefois la clause de son contrat par laquelle elle s'engageait à envoyer deux caravanes par an jusqu'à Tombouctou, ne fut certainement jamais exécutée.

Le commerce du haut fleuve devient promptement une des principales ressoures du Sénégal. Mais par contre, les mirages de ce fallacieux Eldorado qu'est le pays de Galam se dissipèrent d'autant plus vite qu'on connut mieux cette région. Nous voyons en effet que la question de l'or est promptement abandonnée. L'État renonce tout le premier à l'exploitation des mines de la Falémé et si les particuliers songent encore aux alluvions aurifères du Bambouk, ils s'en désintéresseront bientôt à leur tour, définitivement.

Le Fort de Bakel reçut en 1854 quelques-unes des améliorations qu'exigeait l'importance de sa position. Faidherbe dirigeait ces travaux ; devenu gouverneur un peu plus tard, il consacra d'un coup 75.000 fr. à l'achèvement de cette œuvre, car le poste, comme la colonie tout entière, devait se préparer à soutenir l'assaut d'El Hadji.

Le commerce ne cessait pas, pour cela, ses opérations et l'on traita dans l'escale en 1856, 78 grammes d'or, 11 tonnes de cuir, 102 kilos d'ivoire, plusieurs centaines de tonnes de gomme, des arachides et du mil.

El Hadji battu, les jours sombres n'étaient pas encore terminés pour l'escale et le fort de Bakel. Leur histoire n'est pas moins intéressante que celle de la création du poste, mais elle est plus connue, on peut donc s'y attarder moins longtemps.

Il faut cependant rappeler qu'en 1886, le siège du fort par les bandes fanatiques de Mamadou Lamine coûta 41 morts et 76 blessés à la garnison et aux traitants ouoloffs de Guidimpalé.

On peut espérer aujourd'hui que la voix du canon ne réveillera plus les échos de Bakel, endormis depuis plus de vingt ans. Les peuples voisins, sauf quelques pillards maures, sont tous soumis. Le Soudan lui-même est conquis et les seules victoires qui soient encore à remporter dans ces régions, arrosées naguère du sang des héros, sont uniquement des victoires économiques.

La navigation du fleuve devient tout à fait intéressante à partir de Bakel. Les villages sont comme en aval, toujours très rapprochés les uns des autres et souvent considérables. Les dénivellations du sol augmentent de plus, en nombre et en relief.

On atteint bientôt l'embouchure de la Falémé sur laquelle nous n'entretenons plus aucun poste et dorénavant l'on se trouve dans les eaux du Soudan.

Mais, comment ne pas pousser jusqu'à Kayes et Médine qui ne sont guère à plus de cent kilomètres de la frontière? On dépasse donc Toubaboukané, gros village auprès duquel se voient les ruines d'un ancien poste occupé tour à tour par les Anglais et les Français, puis devant Ambidedi où doit aboutir, en attendant mieux, le chemin de fer de Kayes à Dakar.

On traverse avec précaution le barrage de Diakandapé et l'on atteint enfin Kayes fondé en 1880, lorsqu'on reprit les projets de Faidherbe sur le Soudan, peuplé dans ces régions de Kassonkés et de Bambaras, ces « Auvergnats » de l'Afrique.

Kayes était jusqu'à ces derniers mois le chef-lieu du Soudan. Il offre, mais seulement le long de l'avenue qui longe le fleuve, l'image d'une véritable et belle ville. C'est de cette avenue que part le chemin de fer du Sénégal au Niger et c'est à côté d'elle qu'abordent pendant l'hivernage, jusqu'au jour où la voie ferrée desservira Ambidedi, les grands vapeurs expédiés de Bordeaux ou de Marseille.

Douze kilomètres séparent Médine de Kayes. On ne parcourt plus en bateau cette courte distance, depuis qu'un embranchement du chemin de fer soudanais réunit les deux villes ; aussi serait-il impardonnable de ne pas faire cette brève excursion.

Près du fleuve, devant l'île Cagnon où Brüe voulait construire un poste, Faidherbe bâtit en quelques semaines le fort, rectangle de quarante mètres de côté qu'allait illustrer la défense de P. Holle attaqué pendant trois longs mois par les 15.000 hommes d'El Hadji.

Lorsque Faidherbe atteignit enfin la place assiégée, les défenseurs de celle-ci n'avaient plus de vivres et ils allaient aussi manquer de poudre.

Ah ! vraiment, on se sent saisi d'une émotion profonde lorsqu'on se remémore toute cette histoire, surtout devant ces murs d'apparence si modeste, qui virent de telles choses et dont la construction elle-même fut si pénible, car « dès le premier jour, un fourrier qui faisait la distribution mourut, en trois heures, d'un coup de soleil et beaucoup d'hommes contractèrent la fièvre ».

La cause coloniale trouve encore des détracteurs dans notre pays. Il est même de mode pour certains d'entre ceux-ci, de traiter de barbares les hommes qui nous ont légué nos empires exotiques.

Et cependant l'héroïsme trop ignoré des soldats qui moururent au Sénégal, au Soudan ou ailleurs, n'a pas seulement été profitable à leur patrie, mais aussi, mais davantage peut-être, aux fils de ceux qu'ils vainquirent naguère, malgré la nature hostile.

Si leur sang fut versé pour la France, il le fut donc aussi pour le plus grand profit de la civilisation.

Or, combien savent cela, de ceux qui osent mal parler quelquefois de notre œuvre coloniale?

*
* *

Les obstacles que l'homme noir apportait au commerce européen furent définitivement écartés lorsque la paix française régna sur le parcours entier du fleuve. Ceux que la nature dressait contre nous nécessitèrent des efforts plus considérables encore et ils n'ont cependant pas tous été vaincus.

La barre constituait le premier de ces obstacles comme peut-être aussi le plus insurmontable.

Un directeur des anciennes compagnies, Richebourg, s'y était noyé en 1713. De nombreuses victimes s'y perdent encore actuellement et la promenade à Gandiole, classique pour les habitants de Saint-Louis, suffit pour faire découvrir parmi les sables, des vergues et des carènes de navires qui s'échouèrent, voici plus ou moins longtemps, dans ce passage difficile.

Le tonnage croissant des navires modernes, l'augmentation de leur tirant d'eau, tendent même à augmenter les périls que présente la barre.

On a du reste calculé que celle-ci est absolument impraticable, au moins 70 jours par an.

Si la barre est bonne un jour, rien n'indique qu'il en sera de même le lendemain, car l'action de nombreuses causes peut la transformer d'un moment à l'autre.

La première mesure prise pour faciliter l'accès du fleuve fut la création d'un corps de pilotes, uniquement attachés à l'étude et à la surveillance de la barre.

Certains indigènes remplissaient déjà, de père en fils, ces lucratives fonctions, mais dès l'année 1822, c'est-à-dire peu de temps après la restitution de la colonie par les Anglais, l'administration voulut à juste titre se réserver ce domaine.

Les cadres et les obligations des nouveaux fonctionnaires furent soigneusement fixés. La rémunération de leurs services était assurée au moyen de droits qui frappaient les navires, proportionnellement à leur tonnage.

On créa même pour les pilotes une caisse de retraites abondamment pourvue.

L'organisation actuelle comprend un capitaine de la barre européen, des pilotes maîtres et des apprentis pilotes, tous indigènes.

La barre doit être étudiée chaque jour de l'année, son chenal praticable, marqué par des bouées et le piétage, c'est-à-dire la plus faible hauteur d'eau, soigneusement appréciée, notée, puis télégraphiée à Saint-Louis et à Dakar où elle est portée à la connaissance du public.

Les pilotes doivent de plus, comme il est naturel, guider les navires qui veulent entrer dans le fleuve ou bien en sortir.

Le général Lasserre aurait, le premier, établi tout au début du XIXe siècle un télégraphe optique entre l'embouchure du Sénégal et Saint-Louis, grâce auquel on pouvait connaître en ville, au bout d'un quart d'heure, ce qui se passait sur la barre.

L'idée, d'abord exclusivement militaire, rend aujourd'hui sous une forme amplifiée, les plus grands services au commerce.

La profondeur du chenal de la barre atteint rarement quatre mètres, et oscille d'ordinaire entre 2 m. 50 et 3 m. 50. C'est la raison pour laquelle les bâtiments qui fréquentent le Sénégal ne peuvent avoir un tirant d'eau très élevé. La plupart d'entre eux sont de plus dans l'impossibilité de passer la barre à pleine charge.

Ils sont au contraire obligés, soit d'aller se décharger en partie à Dakar, soit de se délester sur rade, par le moyen d'allèges, avant de pouvoir entreprendre le passage dangereux.

Ceux d'entre eux qui doivent remonter le fleuve n'ont plus qu'à refaire leur plein avant de continuer leur route.

Les transbordements successifs, les retards ou les voyages à Dakar que nécessite si fréquemment l'état de la barre, ont souvent suggéré l'idée de creuser un chenal fixe au fleuve, par où les bateaux d'un certain tirant d'eau, seraient toujours assurés de pouvoir passer.

Les études anciennes de Bouquet de la Grye comme celles, toutes récentes, d'autres ingénieurs, n'ont pas encore abouti. On a toutefois commencé des travaux dans ce but auprès de la Pointe au Chameau, en aval de l'île Saint-Louis.

L'entreprise, dont le succès demeure aléatoire, coûterait cinq à six millions. Elle consisterait à creuser à travers l'étroite langue de Barbarie un chenal fixé par d'énormes pieux en ciment armé et que l'on maintiendrait libre, au moyen de dragages permanents.

On pensait en dernier lieu qu'il serait utile de protéger par une jetée l'entrée du chenal contre l'envahissement des sables du large.

Il est bien certain en tout cas que l'avenir du fleuve et des régions voisines se ressentirait très favorablement du succès de cette entreprise.

Mais si l'on venait à bout d'une telle œuvre, d'autres travaux s'offriraient encore à l'intelligence et au courage des ingénieurs.

Le lit du fleuve, à partir de Richard Toll, s'encombre fréquemment de bancs de sable ou de roches qui constituent autant d'écueils dangereux.

L'établissement de cartes fort bien faites avait, dans le cours des dernières années, apporté une aide efficace aux capitaines de vapeurs qui pouvaient au surplus se faire guider par des pilotes spéciaux, rompus à la pratique de la navigation fluviale.

Les sinistres demeuraient cependant assez nombreux, aussi voulut-on faire davantage. La mission Mazeran dont les travaux n'ont pris fin qu'en 1905, s'occupa d'abord de remettre au net la carte du fleuve.

Les Travaux publics de la colonie allumèrent ensuite, sur ses indications, des feux sur chaque récif important et ils jalonnèrent de signaux les berges fluviales, dans tous les passages difficiles.

Il ne reste donc plus à résoudre qu'un problème, celui de l'insuffisance du débit du fleuve durant une longue partie de l'année.

Les grands vapeurs du commerce, d'un tirant d'eau de quatre mètres, peuvent atteindre Kayes, à partir du mois d'août jusqu'au début d'octobre.

Les bateaux moins importants peuvent, un peu plus tard, remonter encore jusque-là. Ils s'arrêtent ensuite, à mesure que la saison s'écoule, à Bakel, à Kaëdi, enfin seulement à Podor.

On publie chaque jour à Saint-Louis l'étiage, c'est-à-dire la hauteur de la couche d'eau du fleuve, en chacun de ces points importants, car cette ville est la tête de ligne de la navigation fluviale.

Les navires de l'État transportèrent des voyageurs vers l'intérieur, à partir de 1861. C'est seulement depuis 1890 qu'une compagnie privée, la maison Devès et Chaumet, se trouva chargée de ce service important pour lequel elle reçoit une forte subvention du gouvernement général.

Le prix du voyage, nourriture comprise pour les hautes classes, varie pour aller de Kayes à Saint-Louis entre 160 et 30 fr. Les vapeurs en service sont suffisamment confortables et le trajet s'effectue, durant les hautes eaux, en moins de quatre jours.

Le transport des marchandises oscille entre 40 et 12 fr. la tonne, selon qu'elles montent ou descendent, selon leur nature et leur quantité. Les plus bas prix sont accordés aux produits d'exportation du pays, coton, arachide, etc.

La seule amélioration qu'on pourrait encore réaliser sur le fleuve consisterait donc à retenir au moyen de barrages, dans ses biefs supérieurs, la plus grande partie des eaux de l'hivernage, afin d'augmenter pendant la saison sèche l'importance de son débit.

On a pensé également creuser à proximité du lit actuel du Sénégal, un canal qui dériverait toutes ses eaux d'été, et qui permettrait ainsi la navigation, durant l'année entière, à des embarcations d'une certaine importance.

Le moindre défaut de ces divers projets réside dans leur prix fort élevé qui est peu en rapport avec les ressources disponibles actuelles.

Le Sénégal, pays exclusivement agricole, tire de son sol sa subsistance et ses produits d'exportation.

L'agriculture n'est pas plus délaissée le long du fleuve que partout ailleurs. Surtout à partir de Matam et jusqu'à Médine, les villages se succèdent, très rapprochés les uns des autres et leurs cultures de petit ou de gros mil et de maïs remplissent l'intervalle qui les sépare.

On pourrait donc supposer, devant ce spectacle, que la colonie possède une abondance de produits et une densité de populations tout à fait exceptionnelles. Mais à quelques cents mètres du fleuve, les cultures font place à la brousse qui s'anémie bientôt elle-même pour disparaître ensuite.

Les cultures des bords du Sénégal sont, de plus, des cultures de barbares. Le fleuve qui les fait vivre pourrait cependant féconder des champs infiniment plus étendus et donner des récoltes plus riches et plus variées.

Le Sénégal qui ressemble par tant de côtés au grand fleuve égyptien pourrait devenir un Nil pour la Sénégambie. Il faudrait, pour qu'il en soit ainsi, non seulement l'améliorer lui-même, mais encore transformer pour ainsi dire les populations riveraines, leur donner l'amour du travail et l'ingéniosité des fellahs dont ils ignorent même le système primitif d'irrigation par l'emploi des noriahs.

Nous avons déjà voulu doter la colonie d'une agriculture perfectionnée. Le chevalier de Boufflers rêvait jadis que le Sénégal pourrait cultiver le coton, l'indigo et les divers produits riches des Antilles.

« Je puis promettre dans la suite à la France des millions de la part de l'Afrique, soit qu'on les lui demande par le commerce ou par la cultivation, écrivait-il. » Il n'était pas seul à nourrir d'aussi vastes espoirs. L'économiste P. F. Fage les partageait avec lui.

Ce n'est toutefois qu'après le retour du Sénégal à la France, en 1817, que nous essayerons de transformer cette vieille colonie jusqu'alors exclusivement commerciale, en une possession agricole. Il nous parut alors logique de tenter l'utilisation sur place, de la main-d'œuvre que nous en tirions au profit des Antilles. Notre connaissance du pays n'était malheureusement pas assez approfondie et nous ne savions pas même quels obstacles nous aurions à vaincre pour réaliser de tels projets.

Un des premiers soins du colonel Schmaltz, notre premier gouverneur, fut de choisir un territoire susceptible d'être mis en cultures. Son choix s'arrêta sur le Oualo qui longe le Sénégal, depuis Saint-Louis jusqu'à Dagana et qu'arrose la Taoué ainsi que le lac Guier ou Paniefoul.

Un traité signé le 8 mai 1819 avec Amar Boye, brak du Oualo nous donnait le droit d'entreprendre dans toute la région des établissements de culture et de les protéger par le moyen d'un fort élevé à Dagana et de quelques autres postes fortifiés.

Deux ans plus tard les Trarzas nous vendaient à leur tour les droits qu'ils pouvaient posséder sur le Oualo. On se mit à l'œuvre sans tarder et, jusqu'en 1830, on ne désespéra pas du succès.

Le Oualo avait été divisé en quatre cantons, les îles voisines de Saint-Louis en formaient un cinquième. Trente-trois établissements y furent créés. On essaya le coton, l'indigo, le café, le poivrier, la canelle, la canne à sucre et le giroflier. On planta également la plupart des arbres fruitiers des tropiques. L'indigo et le coton seuls donnèrent des résultats.

Un auteur de l'époque calcula qu'un hectare d'indigo produit 280 livres à 15 fr., soit 4.200 fr., tandis que les frais d'exploitation n'atteignaient pas 1.200 fr.

Une société d'agriculture se fonda dans Saint-Louis et elle compta treize membres. Aussi le baron Roger, gouverneur de la colonie et poète à ses heures, écrivait-il avec lyrisme que :

« C'était vivant comme une création fécondée, c'était riche comme un avenir heureux, c'était riant et vert comme l'espérance. »

Mais la mauvaise foi des noirs qui détruisaient les travaux des colons, le manque de pluies, la sécheresse irritante de l'atmosphère, enfin la rareté des rosées, découragèrent les colons.

N'ayant plus le courage d'exploiter la terre, il leur vint à l'idée d'exploiter le budget de la colonie qui leur allouait d'importantes primes, selon l'étendue et la nature de leurs cultures.

Comme ces primes étaient calculées d'après le nombre de plants cultivés, les « habitants » mettaient en terre, pour le jour de l'inspection, des branches qui figuraient des plants.

Les primes supprimées en 1830, les champs retournèrent à la brousse. Les tentatives agricoles interrompues, le traité avec le Oualo devint lettre morte, les Maures rentrèrent en maîtres dans la région et nous fûmes bientôt obligés de défendre la banlieue de Saint-Louis contre les attaques de ces voisins dangereux.

Lorsque la guerre de la Sécession Américaine se déclara, de

Le Félou.
Vue panoramique des chutes, prise en aval, pendant les hautes eaux.

Dagana. — La place sous les murs de l'ancien poste.

nouveaux essais furent tentés pour propager la culture du coton. L'honneur de ces essais qui se prolongent jusqu'en 1868 revient d'abord à Faidherbe, puis aux Dollfus d'Alsace.

L'administration achetait, à raison de 0,40 centimes par kilo, tout le coton produit et cet encouragement parut d'abord efficace, mais les tornades, les sauterelles, la fièvre jaune annihilèrent les efforts accomplis.

On tente encore quelques essais en 1878, pour le coton et le caoutchouc céara, ils échouent de nouveau et l'on parvient ainsi à ces toutes dernières années.

Richard Toll revoit pour la quatrième fois des champs de coton. On répare le poste, on lance même sur la Taoué un pont de 30.000 fr. dont l'inutilité paraît absolue. On plante des espèces de coton américaines ou égyptiennes. Ces dernieres réussissent surtout. Des parcelles plantées le 31 juillet 1904 et arrosées tous les dix jours, ont 2 m. 50 de hauteur en décembre. Celles qu'on arrose tous les 20 jours n'ont que 60 centimètres. Les gousses sont abondantes et fournies dans les premiers lots, maigres dans les seconds. La récolte se fait de janvier à mars. Ces essais nouveaux ne doivent servir qu'à l'instruction du public. Ils démontrent que le sol et le climat ne présentent aucun obstacle sérieux à la culture cotonnière, pourvu que l'eau ne fasse pas défaut. Or, le fleuve lui-même est salé pendant une partie de l'année.

La rareté et l'instabilité de la main-d'œuvre constituent un second obstacle presque aussi considérable que celui du manque d'eau.

La suppression de l'un et de l'autre demanderont beaucoup de temps et d'efforts.

Des travaux préparatoires ont été cependant commencés, non pas pour fournir de l'eau à l'agriculture, mais pour améliorer les conditions de navigabilité du fleuve. Toutefois les deux causes se mêlent si entièrement que tout ce qui servira l'une aidera l'autre du même coup.

Le capitaine du génie Thibauld étudia, dans le cours des années 1905-06, le haut fleuve en amont du Felou jusqu'aux chutes de Gouïna. Ses recherches avaient pour but l'établissement de barrages en ces deux points.

Un avant-projet fut même dressé concernant un barrage de deux mètres de hauteur sur le Félou, et sa dépense évaluée à 5 ou 6 millions. Un ouvrage plus puissant et un autre analogue au Gouïna entraîneraient une dépense d'environ 30 millions, mais ces travaux permettraient d'élever de façon très appréciable le niveau des eaux du fleuve pendant la saison sèche.

Sans parler de la navigation, la culture tirerait de ce fait de réels profits, mais on pourrait souhaiter davantage encore pour elle.

Il faudrait, en effet, pour fertiliser le bassin entier du fleuve, couper également son cours moyen de barrages plus ou moins nombreux.

Il faudrait enfin creuser les chenaux qui relient le Sénégal à ses deux exutoires naturels, le lac Cayar et le Guier. Peut-être même devrait-on fermer, au moyen d'écluses, tous les marigots du bas fleuve comme on a fermé le marigot de Lampsar qui fournit d'eau douce la ville de Saint-Louis.

Mais cette œuvre colossale coûterait plusieurs centaines de millions, et si tout cela doit se faire sans doute, à la longue, on peut dire aujourd'hui que l'heure n'est pas encore sonnée.

Il faut, du reste, reconnaître que nombre de cultures sont dès à présent possibles et rémunératrices au Sénégal, à condition qu'on laisse les indigènes s'y livrer seuls.

Le marché mondial des produits gras ne risque pas d'être jamais encombré. Or, le climat et le sol de la colonie conviennent admirablement à nombre de plantes productrices de ces matières, et plus les indigènes cultiveront l'arachide, le béraf, le ricin même, et sur la côte, le cocotier, plus le commerce, domaine exclusif des blancs, prospérera.

Faidherbe a jeté, voici moins d'un demi-siècle, la semence d'où est sortie notre Afrique.

Ses successeurs ont cultivé la plante après lui. Le dernier de tous, par le moyen de chemins de fer lancés dans la brousse et de ports créés sur le littoral, grâce également à la création de l'hygiène publique dans ces régions barbares, vient de commencer hier la conquête économique de l'Afrique occidentale.

La prochaine génération peut-être achèvera l'édifice dont la construction se poursuivit si laborieusement. La grande œuvre future sera celle de la construction des réservoirs géants et des canaux du fleuve Sénégal.

L'ère prochaine sera celle des ingénieurs hydrauliques et agronomes. Mais longtemps encore avant ce jour, des millions de mètres cubes d'eaux précieuses se perdront chaque année dans l'Océan, sans que le Sénégal altéré puisse se les approprier et produire, grâce à elles, d'opulentes moissons.

LE CHEMIN DE FER DU CAYOR

La terre des Ouoloffs, son histoire et sa conquête. L'arachide est le plus important de ses produits. La voie ferrée, ses principales stations : Thiès, Tivaouane, Louga. Les bienfaits du chemin de fer. L'avenir du pays.

Derrière les dunes de sable qui forment le littoral entre Dakar et Saint-Louis, existe une bande de terre d'aspect tropical qu'on s'étonne de rencontrer si loin vers le nord, si près du Sahara, dans le Sénégal aride et desséché : c'est la région des Niayes.

Elle commence à Gandiole, près de l'embouchure du fleuve mais, durant quarante kilomètres environ, jusqu'à Lampoul, elle n'est encore constituée que par de nombreuses mares peu étendues, entourées de quelques arbres.

Remplies d'eau pendant l'hivernage, ces cuvettes se transforment en prairies ou bien sont cultivées durant la saison sèche.

Les véritables Niayes apparaissent à partir de Lampoul et s'étalent au fond des petites vallées creusées au pied des dunes marines souvent élevées de 15 à 20 mètres. Ces lacs véritables mais étroits s'étendent parfois sur plus d'un kilomètre de longueur et des bois très denses de palmiers à huile dressent autour d'eux leurs fûts énormes souvent enguirlandés de lianes.

On croirait se trouver, devant un tel spectacle, en pleine Casamance, à six cents kilomètres plus au sud.

Certains de ces niayes gardent même leurs eaux toute l'année tandis que les autres se transforment en pâturages. Après le grand lac de Tamna, le sol n'est plus guère qu'une éponge où marigots et niayes montrent à chaque pas les trésors liquides qu'il recèlent. On est alors près de Rufisque et de Hann, voisin de Dakar, et c'est là que se termine cette région pittoresque, peu connue même au Sénégal.

Derrière elle, commencent les vastes étendues sablonneuses du Cayor où la végétation subit, sous l'effort de la chaleur, des effets analogues à ceux que lui font éprouver les rigueurs de nos hivers.

Les feuilles des arbres et les herbes de la brousse disparaissent pendant les mois brûlants d'été et ne reviennent à la vie que grâce aux pluies hivernales. L'eau est du reste rare presque partout au Cayor, nulle part elle n'y est visible à la surface du sol. Il faut donc l'aller chercher dans la terre où elle se cache.

Cette région également si différente des pays tropicaux et du Sahara stérile, c'est la vieille terre de la race Ouoloffe qui jadis fut un grand peuple obéissant à un seul maître.

Il faudrait pour atteindre le début de cette époque lointaine remonter au moment où l'histoire fait place à la légende. Il est vrai qu'en terre d'Afrique, ce moment n'est toujours pas très éloigné de nous !

Or voici ce que dit la légende.

Chaque village possédait son chef particulier et l'anarchie régnait sur le pays ouoloff lorsqu'un vieillard sortit par miracle d'un marigot du Oualo.

Il apaisa les querelles intestines et, malgré sa résistance, on le fit « bour » c'est-à-dire Roi. Le nom qu'on lui donna fut Bay-Samsame. Son fils Mam-Paté lui succéda et leurs héritiers naturels étendirent les frontières de la terre ouoloffe.

Un de ceux-ci, Guelem-Samba, insulta son vassal le chef du Cayor qui se révolta, tua le Bourba Djoloff et se dit « Damel », celui qui brise les liens.

Alors, chaque province suivit l'exemple du Damel. Il y eut un brack du Oualo, un bour Baol et un bour Diambour en même temps qu'un bourba Djoloff.

Toutefois, chaque chef envoyait encore à Diahrkor, auprès de ce dernier, son tambour d'honneur en témoignage de respect. Cette coutume subsista jusqu'en 1850 mais elle n'avait aucune importance pratique.

L'anecdote suivante est une preuve du respect théorique qu'inspirèrent si longtemps les bourba Djoloff.

Un bourba ayant battu le damel qui l'avait attaqué, ce dernier expliquait son échec par cette phrase qui devint bientôt un proverbe :

« La poule a pris en naissant la crainte de l'épervier ! »

Mais tout cela n'empêchait pas les damels du Cayor d'être les chefs les plus puissants de la région, ceux auxquels obéissaient la plupart des autres.

L'autorité de ces divers princes était aussi lourde à leurs sujets que leur voisinage dangereux pour leurs voisins.

Des guerriers nommés « Tiédos », querelleurs et ivrognes, quoique l'introduction de l'islamisme dans le pays remonte au XVIIe siècle, suivaient les chefs dans leurs guerres et les aidaient surtout à dépouiller le simple paysan, le « badolo », attaché aux travaux de la terre.

La suppression de la Traite maritime ne retira pas même à ce dernier la crainte d'être un jour enlevé de son village, car s'il ne pouvait plus être vendu aux planteurs des Antilles, il courait toujours le risque de devenir le captif des Maures ou des Toucouleurs.

L'existence du « Badolo » demeura donc précaire et sa tranquillité fut sans cesse troublée par les guerres, intestines ou étrangères, qui remplissent l'histoire des pays ouoloffs tout le temps que ceux-ci demeurent indépendants.

Les relations des Européens avec les chefs de la région ne furent guère, pendant des siècles, que d'ordre commercial. Nous leur achetions d'abord des captifs ou de l'ivoire et plus tard, nous leur demandions seulement de vouloir bien admettre nos traitants sur leur territoire.

La partie importante de nos établissements était alors le fleuve, et la contrée qui séparait Saint-Louis de Gorée nous intéressait beaucoup moins. Aussi Rufisque demeura-t-il longtemps le seul point du Cayor où nous ayons des intérêts.

Quelques directeurs, Dancourt entre autres, puis Brüe font tout au plus, en suivant le littoral, le voyage entre nos deux anciens postes. Les gouverneurs qui leur succèdent, et notamment Boufflers, suivent leur exemple sans s'attacher plus qu'eux à pénétrer dans l'intérieur.

Ce dernier partit de Gorée le 3 février 1786 avec deux officiers et dix-huit domestiques. Sa petite troupe marchait sur le bord de la mer quand le reflux découvrait la plage et elle atteignit ainsi Saint-Louis en quatre jours.

Suivant l'exemple de ses prédécesseurs, Faidherbe ne s'occupa du Cayor qu'après avoir réglé les autres problèmes qui se présentaient à lui le long du fleuve et le long de la petite Côte.

Alors qu'il fonde Médine en 1856 et qu'il pousse une colonne jusqu'à Kaolak dès l'année 1859, il ne commence ses premières opérations contre le Cayor qu'au début de 1861.

De nombreuses raisons expliquent sa conduite. Il lui fallait d'abord aller au plus pressé, or nos intérêts commerciaux étaient importants sur le fleuve et minimes dans le Cayor.

Cette dernière région nous fournissait seulement, par nos frontières communes, du mil et des troupeaux. Un courrier à pied transportait à cette époque, en trois jours, la correspondance entre Gorée et Saint-Louis.

Quelques-uns de nos traitants indigènes pénétraient toutefois dans le Cayor, ils y couraient le risque d'être pillés, rançonnés, ou même assassinés par les tiédos.

Les désordres du pays, les razzias systématiques des chefs sur leurs propres sujets menaçaient de dépeupler la région, ils avaient en tous cas pour premier résultat de causer le plus grand tort à notre commerce.

Nous ne nous décidions cependant pas à intervenir, non seulement à cause de nos autres occupations politiques, mais encore parce que nous estimions que les difficultés de l'entreprise seraient considérables.

Nous savions l'extrême rareté des points d'eau que possédait le Cayor et nous pensions devoir y rencontrer une grande résistance, grâce au fanatisme des habitants et au courage des tiédos, guerriers de profession.

L'urgent besoin où nous nous trouvâmes enfin d'améliorer l'état des relations de Saint-Louis avec Gorée et Dakar qui venait de naître, nous fit signer en 1859 un traité avec le damel Biraïma. Cet acte nous permettait d'établir une ligne télégraphique à travers le territoire de ce chef et d'y créer des relais de courriers. Mais Macodou, le successeur de Biraïma, voulut nous refuser ces avantages.

Deux colonnes parties de Gorée et de Saint-Louis se rejoignirent en suivant la côte, elles s'enfoncèrent ensuite vers l'intérieur jusqu'à Mekhey, résidence du damel qui ne les attendit pas.

Trois postes, éloignés de cinq à six kilomètres de la mer, furent construits pour assurer des communications permanentes entre les deux véritables tronçons dont se composait alors notre Sénégal.

Le damel qui s'était soumis sans combattre ne tarda pas à se révolter sans motif. Nous le déposâmes et son successeur jura de respecter les traités. Mais il fut bientôt détrôné par Lat Dior qui devait être longtemps pour nous un redoutable adversaire.

Une première expédition fut dirigée contre ce chef en 1863. Chassé et déposé, Lat Dior revint ensuite plusieurs fois, avec ou sans notre permission, dans le pays où il ne tardait pas à fomenter des troubles.

Nous le reconnaissons cependant comme damel du Cayor en 1870 et, durant quelques années, il ne nous donne plus aucun sujet sérieux de mécontentement. Il nous aide même dans notre lutte contre Amadou Cheikou. Le projet de construction du chemin de fer amena toutefois de nouvelles querelles entre nous. Chassé une fois de plus, Lat Dior fut remplacé par Samba Laobé qui devait trois ans plus tard, en 1886, mourir en luttant contre nous de la main du lieutenant Chauvet.

Lat-Dior subissait le même sort, quelques semaines plus tard, au dur combat de Dekkélé.

Samba Laobé fut le dernier damel du Cayor que nous administrons maintenant directement, pour le plus grand bien de ses malheureuses populations, si longtemps décimées par leurs propres chefs.

L'histoire de la pénétration du Cayor était intéressante à connaître. On comprend mieux, en la feuilletant, combien sont justifiées, même au seul point de vue humanitaire, nos entreprises coloniales dans des régions aussi barbares.

Mais cette justification devient plus éclatante encore lorsqu'on étudie les progrès réalisés par le Cayor depuis son annexion au Sénégal.

Les causes de ces progrès sont incontestablement, d'une part l'extension de la culture des arachides et de l'autre, l'ouverture de la voie ferrée que Faidherbe nomma prophétiquement le chemin de fer de l'arachide.

L'arachide est-elle une plante autochtone au Sénégal, vient-elle au contraire d'Amérique ou d'Asie ?

Pour compliqué qu'il soit, le problème n'offre pas un grand intérêt. On peut supposer que l'arachide est autochtone au Sénégal et si le fait est inexact, du moins est-on en droit d'affirmer que sa culture s'y pratiquait depuis très longtemps sans qu'elle ait du reste jamais pris une grande extension.

Chaque famille cultivait autrefois son petit champ d'arachides pour sa consommation personnelle. Lorsque le commerce européen demanda ce produit, le noir qui en connaissait la culture et qui pouvait au besoin se nourrir avec sa récolte, en produisit facilement des quantités de plus en plus considérables.

L'arachide, vulgairement nommée « cacaouète » à Paris, est une légumineuse qui aime les terres légères. Ses feuilles ressemblent à celles du trèfle mais ses tiges sont rampantes.

Légèrement enfoncées en terre, grâce à l'allongement de leur pédoncule, ses graines se présentent à maturité sous la forme d'amandes enfermées dans une coque en bissac.

L'industrie européenne tire des graines d'arachide une huile fort estimée parce qu'elle n'a aucun goût et qu'on l'épure facilement.

La culture de l'arachide est fort simple et se trouve tout entière entre les mains des noirs.

On nettoie un champ et l'on place dans des trous éloignés les uns des autres de quelques centimètres, une ou deux graines que l'on recouvre du pied. Ceci se fait après la première pluie d'hivernage. Il ne reste plus qu'à pratiquer deux ou trois sarclages, à donner autant de façons superficielles à la terre, au moyen d'une hilaire, sorte de croissant de métal fixé au bout d'un long manche.

L'arrachage des graines doit se faire dès que les feuilles commencent à sécher, c'est dire que les récoltes commencent en fin novembre tandis que les semences ont été effectuées vers la fin de juillet.

Un hectare de terre produirait environ 2.000 kilos d'arachides dont la valeur oscille généralement entre 130 et 230 francs la tonne.

On cultive cette plante partout au Sénégal, depuis le fleuve jusqu'en Casamance, mais les meilleures graines proviennent du Baol ou du Cayor. Elles pèsent 353 kilos le mètre cube tandis que celles de Casamance, par exemple, n'atteignent guère plus de 275 kilos pour la même quantité.

La paille d'arachide représente, elle aussi, une valeur importante puisqu'elle est cotée environ 5 francs les 100 kilos à Saint-Louis. Elle constitue en effet un fourrage très estimé. Or, les bestiaux sont une des richesses du Cayor. On trouve dans cette province comme dans presque toute la colonie, des bovidées appartenant à deux races principales, des moutons sans laine, des chèvres et des chevaux. Une race de chevaux est même spéciale à la région. On la nomme M'bayar du nom du canton d'où elle est originaire. Cette race, précieuse grâce à sa rusticité, ne possède pas une grosse valeur marchande car elle n'a pas une taille très élevée. C'est la principale raison pour laquelle les indigènes, grands cavaliers et amateurs de chevaux, lui préfèrent la race d'origine arabe qu'on nomme la race du fleuve.

On trouve partout et en grande quantité, de forts beaux ânes mais à cause d'une répugnance locale, personne ne se livre à l'industrie mulassière qui donnerait certainement les meilleurs résultats.

Les nombreux chameaux qu'on rencontre pendant l'été jusque sur les bords de la Gambie, appartiennent pour la plupart aux Maures. Ils crèveraient presque tous si l'on ne prenait soin de les renvoyer vers le nord pendant les mois d'hivernage.

Les Serères, demeurés fétichistes, se livrent seuls à l'élève d'une race de porcs, noirs et petits, répandue dans presque toute l'Afrique.

Le commerce des bestiaux, celui, plus considérable, des peaux et surtout celui de l'arachide, font vivre aujourd'hui le Cayor comme les régions limitrophes.

La première exportation d'arachide hors de la colonie remonte à 1840. Elle portait sur 1200 kilos. Cinq ans après, la moyenne annuelle de l'exportation de ce produit atteignait 175 tonnes. Cette dernière quantité avait décuplé dix ans plus tard.

On exportait environ 26.000 tonnes d'arachides chaque année lorsque commencèrent les travaux de la voie ferrée, mais les progrès remarquables réalisés jusqu'à ce moment se trouvaient sur le point d'être interrompus.

L'arachide est en effet un produit encombrant et pauvre. Réduits à leurs moyens de transports coûteux, lents et restreints, les indigènes dépensaient déjà presque tous les bénéfices de la culture pour amener leur récolte jusqu'aux traitants. Ils ne pouvaient donc étendre au delà d'une certaine limite l'aire de leurs « lougans ».

On pouvait par contre penser que si le chemin de fer se construisait, de vastes espaces de terres, aptes à la culture des arachides mais précédemment trop éloignés des ports, seraient défrichés et que leur produit augmenterait dans de nouvelles et considérables proportions, l'exportation sénégalaise.

Les faits démontrèrent bientôt l'exactitude de ces prévisions, car l'exportation des arachides fut en 1890 de 37.000 tonnes, de 90.000 en 1900 et elle dépasse aujourd'hui 120.000 tonnes.

Pinet Laprade et Faidherbe avaient eu les premiers, l'idée de lancer un chemin de fer à travers les sables du Cayor.

Le capitaine du génie Pinet Laprade publia en 1856, une brochure intitulée « De l'Établissement du chemin de fer de Saint-Louis à Gorée ».

Donnant en exemple le chemin de Charleston à Augusta en Géorgie, il proposait d'établir une voie unique dont le coût reviendrait à 5.600.000 francs.

Les dépenses annuelles, en y comprenant l'intérêt du capital utilisé, atteindraient un peu plus de 1.100.000 francs. Il estimait d'autre part, que 60.000 tonnes payant 12 fr. chacune, transiteraient chaque année sur la ligne. Moins optimiste, l'administration ne voulait d'abord construire que 60 kilomètres de la voie à partir de Saint-Louis. On aboutirait plus tard au terminus de Dakar.

Les hésitations durèrent longtemps. Le général Brière de l'Isle eut, vingt ans après, le grand mérite de les faire cesser.

Les études de la future ligne prirent les années 1878 et 1879 et ce fut au début de 1880 que le ministre compétent demanda aux Chambres l'autorisation de construire.

On convint, après diverses négociations, que l'État donnerait 15 millions du capital nécessaire et que le dernier quart serait fourni par une compagnie déclarée concessionnaire.

Un revenu net de 1.154 fr. par kilomètre de voie exploitée était au surplus garanti au profit de cette dernière.

Les travaux commencèrent en même temps aux deux terminus

de la ligne au début de 1883, et l'on célébrait, le 6 juillet 1885, l'inauguration du chemin de fer enfin achevé.

Le prix kilométrique de la construction avait été de 68.000 fr. La ligne se développait sur une longueur totale de 263 kilomètres, dans une région presque toujours plate où la plus grande hauteur atteignait seulement 110 mètres au-dessus du niveau de la mer.

Il n'y avait eu à effectuer aucun travail d'art spécial puisque le seul pont qui existe sur le parcours entier n'atteint pas 100 mètres de longueur mais le pays était malsain et son climat pénible pour les ouvriers dont un grand nombre vinrent d'Italie.

Les régions que traversait la ligne étaient au surplus mal soumises, à tel point que des troupes devaient protéger les équipes d'ouvriers.

Le coût total de la ligne atteignit 23 millions, il dépassa donc dans des proportions relativement minimes les crédits qui avaient été prévus.

On se faisait généralement alors une idée très inexacte des services que rendrait le chemin de fer du Cayor, on pensait en effet que son utilité serait surtout d'ordre stratégique, aussi le construisit-on le plus économiquement possible.

Toutefois, l'important trafic qu'elle créa en quelque sorte contraignit bientôt à renforcer la ligne et à l'améliorer.

La voie, unique, est à écartement d'un mètre ; d'abord très insuffisant, le ballastage fut complètement refait dans ces dernières années. Les traverses en bois que rongeaient les termites ont été remplacées par des traverses métalliques. Des progrès plus considérables encore ont été réalisés dans l'état des constructions diverses et notamment des gares qui sont reconstruites aujourd'hui selon les données de l'hygiène tropicale la plus exigeante.

A la place des anciens bâtiments composés d'un simple rez-de-chaussée, on a élevé partout de superbes édifices en fer et en briques, pourvus d'un étage et entourés de larges vérandahs.

Ces vérandahs sont elles-mêmes protégées, la plupart du temps, contre les moustiques par le moyen de grillages métalliques.

Les gares terminales de Dakar et de Saint-Louis sont seules demeurées jusqu'ici dans leur état primitif mais uniquement parce qu'on veut leur donner des dimensions plus en rapport avec l'importance grandissante des localités qu'elle desservent.

La nature particulièrement favorable du terrain a permis de ne donner que 13 millimètres par mètre aux plus fortes rampes de la ligne tandis que les rayons de ses courbes sont au moins de 300 mètres. Il existe même en de nombreux points des paliers absolument plats et d'une rectitude parfaite.

La question de l'eau ne fut pas, par contre, toujours facile à résoudre, on en vint à bout au moyen de puits profondément creusés.

Deux trains de voyageurs circulent actuellement chaque jour dans un sens et dans l'autre de la ligne. Le trajet dure dix heures, la vitesse commerciale usitée est donc d'environ 25 kilomètres. On lance des trains supplémentaires entre Dakar et Tivaouane pendant la bonne saison ainsi que des trains, dits express, pour desservir chaque courrier. Ces trains couvrent la distance totale en huit heures.

Pendant la traite, dix trains environ, et parfois davantage, sont formés chaque jour pour le transport des arachides.

Les tarifs de la compagnie, moins élevés que ceux de beaucoup d'autres lignes tropicales, oscillent pour les voyageurs de 0 fr. 12 centimes en première classe à 0 fr. 055 en troisième et par kilomètre.

Plus de 300.000 voyageurs sont transportés annuellement car le noir apprécie beaucoup ce mode de locomotion.

Les marchandises paient de 0 fr. 20 à 0 fr. 13 centimes par tonne kilométrique. Toutefois des tarifs spéciaux pour les produits lourds et notamment pour les arachides, font qu'on peut transporter celles-ci à très bas prix, pour 10 francs la tonne sur le parcours entier.

Le total des recettes kilométriques qui était d'abord très inférieur à 3.000 francs, atteignait déjà 5.600 fr. en 1894 et dépasse aujourd'hui 12.000 francs.

La convention qui lie la société à la colonie prévoyait l'établissement d'un fond de réserve qui servirait aux améliorations possibles et dont le surplus serait réservé à l'État pour l'indemniser de ses avances en garanties d'intérêt.

Ce surplus atteignit 247.000 fr. pour la seule année 1904, aussi depuis longtemps déjà, les actions de la compagnie sont-elles payées en Bourse avec une prime d'au moins 75 % sur leur taux d'émission.

Telle est la situation financière du premier chemin de fer de notre Afrique occidentale.

Les services qu'il a rendus sont immenses. Il fut tout d'abord le meilleur agent possible de pacification. Depuis la mort de Samba Laobé, aucun mouvement politique grave n'est en effet venu troubler la profonde sérénité dont jouit le Cayor, si agité avant que nous n'y établissions la paix française.

Là ne se sont pas bornés les bienfaits du chemin de fer. On l'avait construit dans une sorte de désert où la population, clairsemée, vivait mal du produit de ses troupeaux et du mil qu'elle cultivait. Or, la ligne créa tout autour d'elle, et jusqu'à près de 100 kilomètres de distance, des champs nouveaux d'arachides dont les produits exportés ont augmenté dans de notables proportions les ressources des indigènes.

Comme le chemin de fer russe de la Trancaspienne auquel ses promoteurs eux-mêmes n'accordaient qu'une importance stratégique et qui suscita bientôt la plantation d'immenses champs de coton, celui-ci a donc fait jaillir du sol des sources imprévues de richesses, pour les noirs cultivateurs et pour les blancs qui se livrent au commerce.

Il n'est pas une seule des seize gares de la ligne qui ne desserve une grosse bourgade ou bien une véritable ville dans laquelle séjourne une colonie européenne adonnée au négoce.

Cette prodigieuse transformation de la région s'est faite assez vite et elle n'est pas encore achevée. L'indigène, par contre, semble n'avoir évolué lui-même qu'avec une extrême lenteur. Il est cependant incontestable que chaque année, pour ainsi dire, voit réaliser un progrès nouveau le long de ce double ruban ferré qui permet d'accomplir sans peine, malgré le fameux et chaud vent d'est des mois d'été ou malgré les tornades de l'hivernage, les durs voyages que le chevalier de Boufiers et tant d'autres firent si longtemps en plusieurs journées, et non sans craindre les nombreux périls de la route.

Les heures qu'on doit employer pour aller de Dakar à Saint-Louis s'écoulent promptement, pour peu qu'on veuille s'intéresser au spectacle d'une nature nouvelle et de gens si différents de nous.

C'est surtout pendant l'hivernage que le voyage est le plus agréable, c'est en effet l'époque où la nature se pare, où les « lougans » des noirs couvrent la campagne, où la brousse elle-même éclate de fraîcheur et de vitalité.

Le train quitte Dakar vers sept heures du matin. Le soleil dore à ce moment les toits de la ville et jette à peine un rayon sur la foule bariolée des noirs qui sont venus jusqu'à la gare accompagner quelques voyageurs.

La locomotive dirigée par des indigènes s'est ébranlée et bientôt un seul coup d'œil permet d'embrasser la ville qui s'éloigne et son port où déjà les dragueuses font leur bruyant office.

Il semble qu'on soit à la limite de deux mondes, sur le point de quitter la vieille Europe dont Dakar paraît être détaché, pour pénétrer dans l'inconnu.

Cet inconnu se présente d'abord sous un aspect rébarbatif.

Dès que la ville a disparu, on ne distingue des galeries qui longent un des côtés des wagons, que des sables stériles, tout blancs, modelés par le vent en petits monticules striés de rides, rongés çà et là comme d'un ulcère par des mares verdâtres. Pas un arbre, de temps à autre seulement quelques buissons de « salal », arbuste bizarre, couvert de longues feuilles étroites durant l'hivernage, et qui paraît mort pendant les longs mois d'été.

Une route toute nue et poussiéreuse suit d'abord la ligne mais presque jamais on n'y voit de passant.

Tout d'un coup, des palmiers se dressent sur la gauche et devant eux une grille apparaît. Elle s'ouvre entre deux longs pans de murailles qui s'arrêtent subitement sans rien enfermer dans leur immense cercle à peine commencé. C'est le jardin d'essai de Hann qu'on aperçoit au travers des humbles clôtures de piquets qui prolongent ces murailles. L'administration fit dans sa vaste enceinte un effort considérable pour créer quelque chose. La nature y avait déjà planté des palmiers et dans le sol de sable, elle avait mis une large réserve d'eau. Les agronomes furent moins heureux qu'elle. Leur œuvre coûteuse, bientôt abandonnée, n'est plus qu'une sorte de parc, but de promenade pour les gens de Dakar qui en étaient privés jusqu'ici.

On ne devrait pas conclure de ce fait à l'inutilité des services d'Agriculture, mais on doit reconnaître toutefois qu'ils se sont fâcheusement trompés dans cette circonstance. On peut même ajouter que leur erreur provient, pour une large part, d'un état d'esprit qu'ils partagent avec la plupart des administrations françaises, coloniales ou métropolitaines.

Nombre de nos services s'appliquent en effet à ignorer les autres, aucune liaison n'existe souvent entre eux.

Tel projet pour l'étude duquel l'avis des voisins serait précieux, voire même indispensable, se fait en dehors d'eux puis, l'œuvre achevée, on s'étonne d'y trouver de graves défauts.

Hann ne représentait pas le meilleur emplacement pour une station agricole car il se trouve à proximité de la couche d'eau où Dakar va puiser son alimentation.

Ses fumiers polluant les eaux de la ville, on dut sacrifier l'agronomie à l'hygiène.

La colonie possède au surplus trois autres jardins d'essai, celui de Saint-Louis qui est un désert de sable, celui de Richard Toll qui, mieux situé, fut naguère dépouillé au profit de Hann et enfin une petite station en Casamance.

Peut-être pourrait-on adresser au Service d'Agriculture un autre reproche plus général que le précédent et qui s'étend sans doute à tous les services analogues de nos colonies. On y écrit trop de rapports et l'on y fait trop de théorie mais de qui est-ce la faute ?

Le train continue sa course en longeant la mer, il stoppe bientôt devant une petite halte autour de laquelle se déroule un véritable paysage tropical. On se trouve à l'extrémité de la région des Niayes. Des marais encombrés de roseaux et de nénuphars alternent avec une brousse d'herbes épaisses d'où s'échappent des palmiers éleïs.

Quand vient le saison sèche, les chasseurs de Dakar et de Rufisque se donnent rendez-vous à cette halte et parfois ils en rapportent quelque oiseau d'eau ou bien un pigeon, seul gibier qui subsiste dans cette région trop fréquentée.

Des « lougans » indigènes s'aperçoivent à courte distance sur le sol devenu plus fécond. On y cultive l'arachide ou le mil, un peu de manioc. Quelque baobab les ombrage parfois ou bien un groupe de palmiers dont la silhouette donne seule au paysage une note d'exotisme.

Voici Rufisque, la tour carrée de son ancien poste, le dôme écrasé de son église et sa belle gare de fer et de brique, la première construction hygiénique qu'on rencontre sur la ligne.

Lorsqu'on s'éloigne, on longe l'Océan et l'œil découvre, à l'horizon, l'îlot rocheux de Gorée. Tout près, des deux côtés de la voie, il se repose sur de superbes champs de mil ou de maïs dont les hautes tiges cacheraient parfois un homme à cheval.

La ligne ne tarde pas à s'enfoncer dans les terres où, çà et là, la couche d'humus peu épaisse ayant été grattée, s'ouvre une carrière de pierres meulières avec lesquelles on a construit toutes les maisons de Dakar et de Rufisque.

Sebikotane, la gare suivante, se trouve dans la même région mais des palmiers rôniers aux longues feuilles en éventail, si caractéristiques, s'y rencontrent pour la première fois en nombre tandis que les collines de Thiès se profilent à l'horizon.

Les environs de Pout qu'on rencontre ensuite sont assez boisés. On avait planté en 1890, auprès de cette station, plusieurs milliers de plants de caoutchouc Céara. Ces arbres poussèrent fort bien et, pendant la saison des pluies, leur feuillage magnifique témoignait de leur bon état. Mais les saignées qu'on leur faisait subir ne donnaient que des quantités infimes de latex et la concession dut être abandonnée à elle-même.

L'industrie du charbon de bois prospère par contre à Pout qui fournit Dakar de ce combustible. Aussi peut-on supposer que cette région se déboisera promptement, si l'on n'y prend garde, comme se sont déboisés d'abord tous les environs de Saint-Louis puis le bords du fleuve jusqu'à une distance considérable de son embouchure.

Les collines de Thiès se trouvent maintenant à peu de distance et le train s'avance rapidement vers elles. Le paysage change, la terre est rouge, des rognons de latérite s'y rencontrent en divers points. La brousse épaisse, vigoureuse, est semée de termitières deux fois hautes comme des hommes et qui, de loin, ressemblent aux clochers élancées de cathédrales gothiques.

D'énormes baobabs se disséminent dans la campagne. Leurs troncs massifs sont fréquemment percés d'énormes ouvertures naturelles où tiendraient parfaitement un ou plusieurs hommes. Ils servaient jadis de sépulcres aux griots. Ces troubadours noirs forment une caste si méprisée qu'on jugeait faire affront à la terre en lui confiant leurs restes, et maintenant encore, il arrive qu'on reprenne à l'occasion pour eux la vieille coutume.

Le sol s'élève avec assez de promptitude ; la voie surplombe bientôt un ravin très encaissé où pénètrent divers petits sentiers et qui porte un nom très caractéristique. On le nomme le Ravin du Voleur et il méritait encore naguère largement son nom.

On se retrouve ici à quelques kilomètres de Thiès, c'est-à-dire en plein pays des Serères Nones qui sont de beaucoup les plus sauvages parmi les habitants du Sénégal.

Ces Serères demeurés fétichistes ne se refusent par conséquent pas l'usage de l'alcool dont ils font une grande consommation.

Ils étaient de plus séparés jadis en villages tout à fait indépendants les uns des autres, entre lesquels existaient des discussions fréquentes.

Or, le Ravin du Voleur représentait la route la plus courte et la plus facile pour traverser leur région si peu sûre. C'est la raison pour laquelle il était fréquenté par de nombreux voyageurs. Mais la sécurité de cette route elle-même était peu certaine et l'on pouvait toujours craindre d'y rencontrer, caché derrière un arbre ou un buisson, quelque bandit prêt à vous dépouiller.

Un noir qui devait traverser ce coin redoutable trouva une fois le moyen suivant, qui était fort original on en conviendra, de passer sans dommage.

Il plaça en équilibre sur sa tête une grande dame-jeanne de verre à demi pleine d'alcool et se garda bien de s'arrêter ni surtout de déposer à terre son fardeau, tout le temps qu'il fut dans le ravin.

Les bandits embusqués, pensait-il justement, craindraient en l'abattant d'un coup de fusil, de faire se briser le précieux récipient.

Le passage du Ravin du Voleur n'offre plus aucun danger depuis que, grâce au chemin de fer, nous sommes devenus les maîtres incontestés de la région, mais aussi bien le commerce a-t-il déserté cette ancienne route à laquelle notre ligne fait une concurrence trop redoutable.

Ce qu'on voit d'abord de Thiès rappelle l'époque de la conquête, car c'est le poste militaire devant lequel on passe en premier lieu lorsqu'on vient de Dakar.

Le décrire est inutile. Ayant été bâtis à la même époque, la plupart des postes de la colonie se ressemblent étrangement.

Une colonne partie de Rufisque était parvenue le 12 mai 1862 sur le plateau où se trouve Thiès, auprès d'un village dont nous avions à nous plaindre, et elle l'avait surpris à la pointe du jour, puis revenue à Pout, elle y avait installé un blockhaus dont la garnison se laissa massacrer peu de temps après. On dut en installer une autre plus importante et le colonel Pinet Laprade décida de construire également un fort à Thiès même.

Cette région turbulente se calma depuis lors. La création du chemin de fer rendit plus profonde encore la sécurité qui règne dans le pays entier.

Une garnison assez importante existe toujours cependant à Thiès, elle comprend une compagnie de troupes blanches et une autre de tirailleurs, mais la situation stratégique de ce bourg, et non pas l'état politique défavorable de la région, se trouve être la seule cause de son maintien.

La Résidence s'élève à côté du poste. Elle est construite dans un style bizarre et n'offre rien de remarquable sinon son superbe verger.

Diverses constructions, particulières ou administratives, surgissent du sol dans son voisinage.

Cependant la ville se trouve presque tout entière bâtie de l'autre côté de la voie ferrée.

On la distingue à travers les grilles de la gare devant laquelle s'ouvre une grande place dont le nom rappelle le souvenir de Chautemps, commis des affaires indigènes, assassiné, il y a quelques années, dans des conditions fort honorables pour lui, lorsqu'on voulut appliquer aux chefs de la région les lois sur l'esclavage.

Les assassinats d'Européens sont très rares au Sénégal et surtout les assassinats politiques et l'on peut souvent dire, lorsqu'ils se produisent, qu'ils proviennent d'erreurs commises par nous dans notre politique locale. Tel fut le cas dans la circonstance, toutefois le malheureux événement n'eut du moins pas de lendemain.

Un marché couvert s'élève sur la place Chautemps. Un puits très profond se trouve à proximité ainsi qu'un autre petit marché où des Syriens basanés vendent aux indigènes des bimbeloteries diverses.

La ville entoure cette place. Elle est divisée en damiers réguliers où les maisons européennes et les cases indigènes se mêlent très intimement. Un vaste boulevard la borne sur les trois côtés d'un rectangle qu'achève de circonscrire la voie ferrée.

Les jardins de l'ancienne mission catholique longent la partie de ce boulevard qui est parallèle à la ligne.

Ces jardins ont été merveilleux. Tous les fruits des tropiques y furent introduits et beaucoup d'entre eux y réussissaient. Des puits munis de pompes ou de machines élévatoires, des canaux cimentés, servaient à l'irrigation de ce verger modèle que cultivaient, sous la direction des frères, une centaine d'orphelins ou de jeunes détenus, confiés à la mission par l'État lui-même.

L'établissement dont la fondation remontait seulement à l'année 1887 devait, aux termes d'un contrat qui le liait à la colonie, recevoir et élever de jeunes indigènes abandonnés. La convention valable pour une durée de onze ans et jusqu'en 1902, lui assurait une subvention annuelle de trente mille francs.

Lorsque le terme en fut échu, on ne la renouvela pas, aussi le jardin de Thiès tomba-t-il bientôt dans un abandon chaque jour plus prononcé. Une partie des orphelins à qui l'on n'apprenait guère à Thiès que l'arrosage fut alors réunie dans un établissement créé à leur intention dans le faubourg de Sor et où ils n'apprirent plus rien du tout.

Thiès, que le chemin de fer transforma, est actuellement promu à la dignité de commune mixte. Une colonie européenne d'environ cent personnes s'y trouve réunie pendant la traite, auprès de la population indigène qui compte plus de trois mille âmes.

Son budget s'élève à 40.000 fr. et elle possède un service de voirie. Cette vivante petite cité est aussi le chef-lieu du plus important cercle du Sénégal dont le rendement d'impôts atteint et dépasse même le million.

L'agriculture est très en honneur dans un vaste rayon autour de Thiès ainsi que sur les territoires desservis par la gare de Tivaouane qui se trouve immédiatement après celle-ci.

Ces deux escales exportent du reste, à elles seules, à peu près le tiers de la production totale de la colonie.

On a récemment fait de Thiès le siège d'un troisième arrondissement des Travaux publics dont le chef actuel s'est toujours occupé jusqu'ici, avec le plus grand succès, car il est un spécialiste du genre, du percement de nombreux puits.

La principale raison de cette nouvelle création administrative fut sans doute l'intention qu'avaient les autorités compétentes de faire aboutir à Thiès la longue voie ferrée qui doit réunir le Soudan avec Dakar et dont on a récemment commencé la construction d'un premier tronçon.

La région qui entoure Thiès est sans doute une des plus fertiles du Sénégal. Son sol se compose d'une terre rouge mêlée de sable qui produit également bien l'arachide, le maïs et les diverses sortes de mil dont se nourrit l'indigène.

Les villages possèdent tous de nombreux greniers en sparterie grossière, élevés au-dessus du sol, et que l'on confond sans peine avec des cases, lorsqu'on les regarde d'un peu loin.

On se trouve ici en terre serrère, mais les Ouoloffs y pénètrent partout maintenant, de telle sorte que nombre d'agglomérations sont exclusivement peuplées par eux.

Le grand niaye de la Tamna se trouve à peu près à la même hauteur que Thiès du côté de la mer, tandis que vers l'est de cette ville, s'étend l'ancien royaume du Baol où vivent, côte à côte, Sérères et Ouoloffs.

Une piste longue de 90 kilomètres réunit Thiès à Fatik, l'escale du Sine. Une autre se dirige vers Nyaning sur la petite Côte. Elle coupe la chaîne des hauteurs qui entoure la ville et va se terminer au cap de Naze, après avoir traversé une région encore très boisée où naguère vivaient de nombreux éléphants.

En dehors des champs cultivés, une brousse souvent épaisse et vigoureuse couvre la campagne. On y rencontre des rôniers, de beaux ficus au feuillage sombre, de rares tamariniers au port magnifique ou de superbes caïlcédrats ainsi que des acacias aux feuilles minuscules et aux épines innombrables. Mais surtout on y remarque des baobabs monstrueux et multicentenaires, dont les troncs sont souvent dépouillés d'écorce sur toute leur partie inférieure. Les indigènes utilisent en effet cette matière pour fabriquer d'excellents cordages.

Fait inattendu, l'abondance de la végétation arbustive dans un point donné de la région constitue le meilleur moyen de savoir à quelle race appartient la population qui l'habite.

Les Sérères conservent en effet la brousse que les Ouoloffs musulmans détruisent au contraire avec une ardeur inconcevable.

Tivaouane où l'on parvient peu de temps après avoir quitté Thiès, rappelle cette dernière ville, grâce à ses ombrages, à ses maisons européennes, construites en bois ou même en pierre, ses puits nombreux et les voies Decauville qui sillonnent ses grandes rues bien tracées.

La commune mixte de Tivaouane possède une population indigène, très supérieure à celle de sa voisine, sa colonie européenne est par contre inférieure de plus d'un tiers.

La gare porte une plaque de marbre placée en commémoration du passage d'un ancien ministre, le seul qui jusqu'à ces derniers mois ait jamais visité, même rapidement, et l'Algérie mise à part, une quelconque de nos colonies.

Nos ministres ont peut-être tout autre chose à faire que de parcourir nos possessions exotiques. Il serait fort utile en tout cas que ceux qui aspirent à leur succéder viennent auparavant prendre sur place quelques leçons, si courtes soient-elles, de science coloniale !

Une distance d'environ cent kilomètres sépare Tivaouane de Dakar et cependant on n'a guère vu, surtout pendant l'hivernage, le long de ce parcours, des points qui rappellent les descriptions classiques du Sénégal.

Toutefois la nature du sol a changé peu de temps après la sortie de Thiès. D'abord rare, le sable a fait des apparitions de plus en plus fréquentes, de sorte que maintenant il règne en maître presque partout le long de la ligne, mais une brousse vigoureuse l'habille souvent encore. Pire Goureyre et Mekhé sont deux escales d'une réelle importance, quoiqu'on ne puisse les comparer aux deux précédentes.

Elles se trouvent en plein Cayor et la presque totalité de leurs habitants appartient à la race ouoloff.

Le sol n'est pas seul à présenter des changements notables, la brousse elle aussi se transforme ; les essences épineuses se multiplient et deviennent prépondérantes, les baobabs se font rares. On ne trouve plus que par hasard les véritables taillis si fréquents autour de Thiès.

Kelle marque le milieu de la ligne. Il ne présente rien d'intéressant, sauf le buffet installé dans la gare elle-même où les voyageurs peuvent se restaurer très convenablement. On a dressé, durant le parcours, la liste des futurs convives que l'on a télégraphiée d'avance à l'hôtelier, et celui-ci peut ainsi prendre ses dispositions en conséquence.

Ce n'est guère bien longtemps avant d'atteindre Kelle qu'on peut se sentir véritablement dans le Sénégal légendaire, dans le pays par excellence du sable et de la chaleur.

Le train ne rencontre que des forêts de rôniers plantés, semblerait-il, par un attentif jardinier, à des distances soigneusement calculées, ou plus souvent une brousse d'herbes maigres, clairsemée de gonakiers ou d'autres arbres épineux.

Si ces spectacles ne manquent pas d'une relative beauté pendant l'hivernage, durant les longs mois de saison sèche, lorsque souffle le vent d'est, il faut que les voyageurs soient bien curieux et peu blasés pour ne pas suivre l'exemple des vieux Sénégalais. Ceux-ci se sont allongés sur les banquettes trop rembourrées, et ils s'efforcent de dormir à l'ombre des rideaux tirés et des persiennes closes.

Toute cette région, d'apparence si triste en été, produit cependant aussi des arachides.

N'Dandé, Kébemer, Guéoul et Louga fournissent chacune un ou plusieurs milliers de tonnes au trafic du chemin de fer. Aussi derrière toutes ces gares, peut-on voir se dresser à côté des cases du village indigène, des habitations de commerçants européens.

Louga qui est la plus importante de ces escales commence à prendre tournure de petite ville. Une colonie européenne vit dans cette commune mixte auprès de 1.400 indigènes. On l'a récemment pourvue d'un marché couvert et ce luxe paraît justifié lorsqu'on connaît son chaud soleil, mais ses rues sans ombre et sablonneuses ne sont possibles que pour les pieds des noirs.

On s'est souvent battu dans ce bourg qui jadis, comme tous les autres dont le nom précède le sien, n'était qu'un village fait de huttes de pailles sordides et misérables.

Nous y subîmes en 1869, dans un combat contre les gens de Lat-Dior, un échec qui nous coûta quatre-vingts tirailleurs et un capitaine.

La colonne dont faisait partie cette troupe et que dirigeait le colonel Lecamus s'avança le lendemain vers Louga, formée en carré autour de son convoi. Attaquée par 7.000 ennemis, elle les battit complètement, s'empara du village à la baïonnette et perdit seulement 25 hommes tués ou blessés, tandis que Lat-Dior abandonnait sur le terrain plus de 700 cadavres.

La défaite et la mort du célèbre agitateur Amadou Cheikou devait se produire quelques années plus tard, à une courte distance de Louga, dans les environs de Coki, autre village du Diambour.

Ce dernier nom désigne une ancienne *principauté* indigène, feudataire du Cayor, que l'on est contraint de traverser pour atteindre le Djoloff, berceau de la race ouoloffe, centre de l'ancien et vaste état que groupait sous son autorité un seul chef, le Bourba.

Ce pays du Djoloff est une vaste plaine sablonneuse qu'aucun accident géographique ne sépare du Diambour ou du Cayor.

Des ondulations aux pentes peu sensibles s'y succèdent presque indéfiniment, et l'aspect général de la région rappelle une mer calme, creusée de légères vallées liquides.

Aussi bien la mer couvrait-elle jadis cette terre où l'on rencontre parfois, mais surtout un peu plus près du littoral actuel, de véritables collines de coquillages dont l'Océan voisin nourrit encore des espèces identiques.

Le Djoloff porte une végétation arbustive relativement assez riche, car l'absence de voies de communication l'a préservé jusqu'ici d'un complet déboisement, malgré son peu d'éloignement réel de Saint-Louis.

Une mer d'herbes y ondule pendant l'hivernage lorsque par hasard le vent souffle à cette époque. On voit alors des troupeaux nombreux paître dans ces vastes prairies qui leur offrent, avec une abondante nourriture, des mares fréquentes formées par les pluies dans tous les replis du sol.

On se croirait, devant ce spectacle, dans une sorte de Normandie moins plantureuse, plus mièvre que la véritable, mais au milieu de laquelle, cependant, il faut faire un réel effort pour se souvenir qu'on se trouve en Afrique et surtout au Sénégal.

Un village peu éloigné de Coki, Djevol, marque la limite des deux anciennes principautés noires. L'une et l'autre de ces deux agglomérations purement indigènes sont pourvues de petits caravansérails bâtis, il y a quinze ou vingt ans, et qui tombent en ruine.

Les voyageurs qui les utilisent sont rares ; par contre, d'assez nombreux serpents sont les hôtes habituels de ces constructions administratives.

Les cases de tous les villages de la contrée sont établies sur un modèle uniforme et peu compliqué.

Un toit d'herbes est fixé sur un bâti de branches rond. Le tout se pose sur une paroi de chaume arrondie dont le diamètre intérieur oscille entre trois ou quatre mètres.

Deux ouvertures, dans cette paroi que traverse la lumière, représentent les portes et les fenêtres. Le mobilier, tout aussi primitif, se compose, comme du temps de Brüe, d'une claie légèrement inclinée, faite de branches tressées, posées à 50 ou 60 centimètres de hauteur sur quatre pieux solides.

Cette claie qui sert de lit tient à peu près toute la place.

Il convient de ne pas oublier que chaque village est pourvu de puits et de seïanes. Les séïanes sont de larges trous creusés de 2 à 3 mètres, au fond desquels l'eau affleure, au moins durant l'hivernage.

Les puits ont souvent au contraire une grande profondeur. Aussi leur forage présentait-il pour les indigènes des difficultés considérables et même des dangers sérieux. Mais ces travaux avaient pour eux une telle importance qu'ils se trouvaient souvent dans l'obligation de les entreprendre, car le pays est entièrement privé d'eaux courantes.

Voici comment ils procédaient. Leurs puisatiers, le choix du terrain effectué, creusaient un peu le sol en forme de carré. Après avoir garni les bords de cet orifice avec de fortes branches bien entrelacées, ils continuaient ensuite à creuser et à boiser les parois, alternativement.

Nous possédons, bien entendu, des procédés infiniment préférables.

Nos équipes militaires de puisatiers posent sur le sol, après un sondage préalable, de grands cercles en fonte ou en ciment armé, hauts d'un mètre et d'un diamètre double.

Ils creusent par dessous, le cercle s'enfonce. Ils remontent les terres, superposent un autre cercle au premier, puis un autre encore. On boulonne ensuite ces cercles les uns aux autres, de façon à constituer une colonne fixe de métal.

L'eau atteinte, on dote le nouveau puits d'une margelle et l'on va plus loin continuer l'œuvre bienfaisante.

Ces puits sont parfois profonds de 80 mètres, aussi les indigènes éprouvent-ils quelques difficultés à les utiliser. Ils *emploient* pour cet objet de petites outres de peau rectangulaire, à l'orifice desquelles sont placés des tampons d'herbages. L'eau pénètre dans les outres et quand elle les a remplies, elle applique d'elle-même le bouchon contre les bords de l'orifice. Hissé par le moyen d'une longue corde, ce récipient permet donc, malgré les heurts du voyage, de remonter un peu du précieux liquide.

De villages en villages, sur plus de cent kilomètres à partir de Louga, le sentier se poursuit assez monotone. Les blancs n'y voyagent guère qu'à cheval, quoiqu'une voiture légère puisse à la rigueur y passer, au moins lorsque les pluies ont durci le sable pur.

Yan-Yau, où l'on parvient enfin, est le chef-lieu actuel du Djoloff et la résidence du Bourba. Ce village relativement propre se pose coquettement sur le dos d'une forte ondulation de terrain appartenant à une chaîne très peu élevée qui marque la limite du Ferlo.

Le marigot du Boudoun, affluent du lac Guier, passe à ses pieds, mais ne représente guère, la plupart du temps, qu'une large prairie semée de petits marécages, de flaques d'eau naturelle et de seïanes peu profondes. Cependant l'eau recouvre encore le lit du marigot dans certaines années très pluvieuses et c'est ainsi que nos chalands ont pu monter jusqu'à Yan-Yan, lors de notre courte lutte contre Ali-Bouri, dernier souverain du Djoloff.

Le Bourba actuel n'est en effet qu'un fonctionnaire révocable plutôt qu'un prince reconnu. Sa succession revient bien à l'un de ses enfants, mais tout autant que l'administration ne s'y oppose pas.

Ses attributions sont du reste fort diminuées ainsi que sa liste civile. Le Bourba touchait naguère la dime, il ne reçoit plus qu'un pourcentage peu important sur les impôts perçus dans son territoire.

Le Bourba actuel s'est fait élever une maison à l'européenne dans son village et il a adopté un certain nombre de nos habitudes.

Élevé en Tunisie, il connaît aussi la France qui est certaine de son dévouement.

Le Bourba Bouna N'diaye est en somme un des Sénégalais les plus intelligents de sa génération. Il fait donc honneur à sa famille qui est la plus ancienne de la colonie, il fait aussi honneur à sa race et, par son propre exemple, témoigne également de la perfectibilité, tout au moins relative, de celle-ci.

Le vaste Ferlo qui commence derrière Yan-Yan s'étend du nord au sud, depuis le fleuve Sénégal jusqu'à une courte distance de la Gambie, et il remonte vers l'est au moins jusqu'à la hauteur de Matam.

Les cartes les plus récentes accompagnaient son nom sonore d'une courte mention suffisamment explicite : « désert sans eau », indiquaient-elles. Et suivant l'exemple que, dans nos écoles, leur donnaient les jeunes élèves, les administrateurs ou les colons passaient, sur le terrain, à d'autres études.

Mais si les premiers étaient bien excusables, peut-être n'en était-il pas de même des seconds.

Le désert du Ferlo qui commence à moins de cent kilomètres de la voie ferrée, qui, par conséquent, peut être atteint sans grande fatigue et sans danger, ce désert tout blanc et vide sur la carte, verdoyant et même assez peuplé dans la réalité, le Ferlo demeura donc longtemps, jusqu'à ces derniers mois pourrait-on dire, un des coins les plus ignorés de l'Afrique.

Les deux anciennes traversées les plus connues de cette région, et peut-être les seules qui aient d'abord été tentées, furent effectuées, la première par Mollien, l'un des échappés du désastre de la *Méduse*, l'autre beaucoup plus tard, par Monteil.

Toutefois diverses missions pénétrèrent le Ferlo tout récemment et elles le firent mieux connaître. Celle du capitaine Vallier date de 1904. La mission d'études du chemin de fer de Kayes à Thiès souleva également quelques-uns des voiles sous lesquels disparaissaient cette contrée. Nos géographes la croyaient déserte et inhabitable et cependant elle possède, avec de rares villages permanents, un grand nombre de campements où s'établissent, durant l'hivernage, de nombreux Peuls qui mènent paître leurs troupeaux dans les vastes steppes voisins.

Il était du reste de connaissance générale dans le pays que le désert du Ferlo nourrit de nombreux troupeaux de biches, de sangliers phacochères, même de girafes et peut-être d'éléphants, sans compter l'accompagnement ordinaire des fauves et notamment des lions.

Or, personne ne devrait ignorer qu'aucun de ces animaux ne peut vivre dans une région dépourvue de ressources végétales et liquides.

Nos connaissances sur le Ferlo sont donc maintenant plus étendues qu'elles n'étaient, il y a peu d'années encore.

Nous savons, entre autres choses, qu'il consiste en un plateau surélevé de quelques dizaines de mètres au-dessus des plaines littorales. Ce plateau, nous l'avons appris, présente quelques vallonnements. Les cours devenus souterrains du Sine et du Saloum s'y prolongent jusqu'en son milieu, et les vallées peu profondes que suivent ces rivières mortes, se trouvent jalonnées par des mares plus abondantes que sur le plateau voisin, et surtout plus persistantes.

Le lit du Bounoun qui se jette dans le lac de Guier présente, lui aussi, des phénomènes identiques et ce n'est pas seulement devant le village de Yan-Yan qu'on y trouve l'eau en creusant à deux mètres de profondeur.

Le Ferlo ne représente certes pas un Eden et il n'en sera jamais un, on ne peut dire cependant qu'il soit un désert. Les Peuls et les autres indigènes du Sénégal connaissent bien ses beaux pâturages, toutefois ils n'en parlaient jamais, car les percepteurs ne les y suivaient pas.

Le Ferlo peut être au surplus amélioré dans une certaine mesure, par les mêmes procédés que nous employons déjà si heureusement dans les provinces limitrophes. On n'y verra jamais de grandes villes ni de vastes cultures, mais si nous savons l'aménager, certaines de ses parties sont susceptibles de nourrir une population plus stable et plus dense que nous n'aurions cru naguère encore.

Après qu'on a dépassé Louga, le paysage se présente le long de la ligne, sous un aspect de plus en plus triste. La végétation se fait plus rare et plus maigre en effet. Les petites gares que l'on rencontre encore et où l'on s'arrête exportent cependant des arachides comme les précédentes, mais en moins grande quantité.

Le pont métallique de Leybar permet de passer un marigot large et peu profond que frange, sur ses deux rives, un épais liséré de palétuviers nains.

La ligne ferrée se prolonge encore de quelques kilomètres à travers la banlieue sablonneuse de Saint-Louis et la gare terminale se distingue enfin, derrière son rideau d'eucalyptus.

Tel est le chemin de fer du Cayor.

Il n'a pas failli aux destinées que lui présageaient ses créateurs. Il a contribué puissamment, il faut le répéter, à la pacification du pays et plus encore, s'il est possible, d'une manière véritablement prodigieuse, à sa prospérité économique.

Aucun des voyageurs qui circulent dans ses trains confortables ne devrait ignorer que nous pénétrâmes, il y a moins de quarante-cinq ans, pour la première fois, dans ces régions alors si redoutées.

Personne non plus ne devrait ignorer qu'on se tirait encore des coups de fusils, il y a moins de vingt ans, presque jusqu'aux portes de Saint-Louis.

Le gouverneur Clément Thomas avait désannexé deux années auparavant diverses provinces parcourues par la ligne, lorsque, le 12 décembre 1892, les chefs du cercle de Saint-Louis, Yamar Bodge, chef du Oualo, le bour Diambour Ibrahima N'diaye, le bourba Djoloff et quelques autres chefs signaient au chef-lieu une convention par laquelle ils reconnaissaient notre suprématie absolue sur leurs territoires.

Cette convention, dans laquelle ils se targuaient du titre de fidèles sujets en même temps qu'ils reconnaissaient l'heureuse influence de la France, abolissait le boubeul, droit de circulation sur les marchandises, elle établissait un impôt personnel fixé à 2 fr. par tête sur la population tout entière et supprimait, du moins en partie, la traite des captifs.

Elle consacrait en somme et pour tout dire notre prise de possession définitive qui, demeurée seulement politique, ne s'était jamais affirmée si nettement jusque-là dans l'ordre administratif.

Ce traité date d'hier et personne ne s'en souvient plus! Dans ces régions si difficiles, soumises depuis si peu de temps, aucuns troubles importants ne sont, en tous cas, survenus depuis lors. Notre autorité s'y est sans cesse accrue, tandis que celle des chefs, nos protégés, diminuait insensiblement. Les impôts de capitation ont doublé et jamais personne ne protesta, ni ne contesta le bien fondé d'aucun de nos actes!

Or, on peut reporter, pour une bonne part, à la présence du chemin de fer, l'honneur de cette heureuse transformation, car il contribua puissamment à rendre notre force plus tangible!

La situation politique est telle aujourd'hui qu'on ne peut guère plus l'améliorer, mais, en échange, beaucoup de progrès économiques peuvent encore être réalisés.

Des travaux spéciaux et souvent difficiles ont déjà permis de connaître l'hydrographie souterraine de toutes ces régions qui n'ont pour ainsi dire pas d'eaux de surface.

Lors des premières campagnes du Cayor, le principal souci des chefs de corps était de connaître la quantité de liquide qu'ils trouveraient dans une localité donnée, et si elle suffirait aux besoins de leur colonne.

Il s'agissait aussi pour eux de savoir combien il leur faudrait de temps pour aller d'un puits à un autre et, souvent, une poursuite fut arrêtée ou une expédition remise par crainte du manque d'eau.

La situation a déjà bien changé sous ce rapport, car les puits ont été multipliés, et l'on sait qu'un puits nouveau équivaut le plus souvent à la création d'un village nouveau.

Si importante que soit la multiplication des points d'eau permanents, le problème de la mise en valeur progressive de toutes les provinces parcourues par le chemin de fer nécessite encore d'autres efforts.

L'arachide croît à peu près partout, mais, en beaucoup d'endroits, l'indigène ne peut encore se livrer à cette culture qui l'enrichirait, faute de moyens pour transporter sa récolte à bon compte.

Le chemin de fer permit naguère aux populations du Cayor d'accroître leur production dans des proportions considérables. La nouvelle ligne, dont les travaux sont commencés, augmentera encore la capacité d'exportation du Baol.

On ne pourrait cependant, et cela saute aux yeux, couvrir le pays tout entier d'un réseau suffisamment serré de voies ferrées. De simples routes ne pourraient non plus, comme cela se passe chez nous, accroître l'aire des territoires desservis par les lignes existantes. La nature sablonneuse du sol dans cette partie du Sénégal exige en effet des travaux d'empierrement des chaussées extrêmement coûteux. Mais peut-être il y aurait avantage à créer dans certains points des réseaux de voies Decauville ou bien, si les essais qu'on a tentés quelque part pouvaient être menés à bien, des lignes de monorails, peu coûteuses à construire.

Le perfectionnement poussé aussi loin que possible des moyens de transport économiques, l'utilisation chaque jour perfectionnée de la nappe souterraine aquifère, tels sont, ou peu s'en faut, les seuls mais puissants moyens que nous ayons d'augmenter la valeur de cette partie du Sénégal, le bien-être de ses habitants et, par conséquent, leur fidélité à notre égard.

Outre qu'elle serait peut-être impossible ou du moins très difficile, l'introduction de cultures nouvelles offrirait moins d'avantages et de moins prompts.

La place Chautemps à Thiès
(Vue prise de la gare).

Un puits à Soussoune
(cercle de Thiès).

On doit cependant faire exception pour la culture du cocotier, facile, rémunératrice, et qui pourrait s'étendre tout le long de la mer, de Saint-Louis jusqu'à Rufisque.

Cet arbre étrange se plaît surtout comme on sait, au seul voisinage de la mer, il faut, pour qu'il prospère, que la brise saline souffle à travers ses larges palmes.

On peut planter environ 112 cocotiers à l'hectare, chacun de ces arbres rapporte après dix ans, de 80 à 100 noix qui valent actuellement dix à vingt centimes pièce à Saint-Louis et les frais de culture sont à peu près nuls.

La tonne de coprah qui est la pulpe desséchée de la noix vaut plusieurs centaines de francs.

Le prix des matières grasses s'est élevé dans ces dernières années, et toutes nos colonies réunies n'ont, de longtemps, pas à craindre la surproduction pour cette classe de produits agricoles.

Le littoral sénégalais pourrait donc, à lui seul, rapporter dans quelques dizaines d'années, plusieurs centaines de mille francs, sinon plusieurs millions, grâce à cette culture, que l'administration essaie bien d'implanter, mais sans y apporter peut-être l'énergie et la constance suffisantes qui sont plus nécessaires ici que partout ailleurs.

L'amélioration des divers élevages serait aussi très désirable et la création de services zootechniques y contribuera très puissamment.

Les autres progrès que nous voudrions voir réaliser par nos sujets du Cayor et des régions voisines viendront plus tard d'eux-mêmes après ceux-là, s'ils doivent venir.

Mais qu'ils soient d'ordre matériel ou moral, leur réalisation sera d'autant plus facile que ceux dont la courte énumération vient d'être faite auront été plus complètement acquis au préalable.

LA PETITE COTE

Habitée par les Sérères, cette région boisée et fertile attire de nombreux émigrants noirs. L'alcoolisme chez les Sérères. Nyaning et la maladie du sommeil. Ngazobil et Joal, territoires des missions.

La Petite Côte s'étend de Rufisque jusqu'à l'embouchure du Saloum, sur une étendue d'environ 110 kilomètres. Elle fait administrativement partie des deux cercles de Thiès et de Kaolak qui se la partagent à peu près également.

Cette région du Sénégal est une des plus curieuses de la colonie. La constitution de son sol et sa configuration générale, le caractère de ses habitants, la forme qu'a revêtue chez eux l'influence européenne, méritent également d'attirer l'attention.

Il n'est pas jusqu'aux maladies de la Petite Côte qui ne soient particulières et qui n'offrent, du moins pour les spécialistes, un très grand intérêt.

La Petite Côte n'aurait été peuplée, au dire de certains auteurs, qu'à une époque relativement peu éloignée de nous, vers le XIIIe siècle ou le commencement du XIVe. Les Sérères, qui furent ses premiers occupants, trouvèrent le pays entier couvert de vastes forêts dont les traces subsistent encore presque partout aujourd'hui, notamment entre Thiès et Nyaning et dans les environs de Ngazobil et de Joal.

La forêt couvre aussi la plupart des trente kilomètres qui séparent cette dernière localité de Fatick et il y a peu d'années, on pouvait encore dire que sur toute sa longueur et sur une largeur d'environ trente kilomètres, la Petite Côte n'était qu'une immense forêt, arrosée par plusieurs rivières et de nombreux ruisseaux.

Cette région, dont la fertilité dépasse celle des autres parties du Sénégal, est devenue pour les populations voisines un centre d'attraction véritable depuis que notre présence y maintient une tranquillité naguère inconnue.

Aussi des Ouoloffs et des Mandingues y émigrent-ils en assez grand nombre pour s'installer, plus ou moins définitivement, à côté des Sérères. L'habitat de ces derniers commençait du temps de Brüe à quelques kilomètres de Rufisque ; la situation n'a pas varié depuis lors mais, soit que leur race ait diminué, soit plutôt parce qu'elle ne suffit pas à peupler tout son territoire, les représentants des autres peuplades sénégalaises se juxtaposent à elle presque partout et de préférence dans les escales du commerce.

Les Sérères étaient naguère très jaloux, non seulement de leur indépendance, mais aussi de leurs territoires d'où ils chassaient impitoyablement les étrangers.

Ils étaient au surplus très divisés entre eux. Aucune cohésion n'unissait leurs villages les uns aux autres. C'est seulement dans l'intérieur, sous la pression des Ouoloffs, et sans doute aussi à cause de leur pénétration chez eux que les Sérères parvinrent à constituer de véritables royaumes.

L'état anarchique des Sérères de la Côte n'était pas sans entraîner pour eux de graves conséquences. Les négriers européens, leurs fournisseurs attitrés, les teignes ou les damels du Baol ou du Cayor ainsi que tous les autres principicules voisins, venaient récolter le bois d'ébène chez ces malheureux qui, malgré leur vaillance, succombaient le plus souvent.

Aussi la raison de la sauvagerie tant reprochée aux Sérères, de la méfiance atavique qu'ils éprouvent encore vis-à-vis des étrangers, provient-elle sans doute du souvenir, toujours vivant chez eux, des violences subies par leurs pères !

Lorsqu'on sort de Rufisque et qu'on suit le littoral en se dirigeant vers le sud, on traverse d'abord plusieurs villages, où, sauf les Sérères, la plupart des races Sénégalaises possèdent des représentants.

Le pays parcouru n'offre rien de particulier. Il est plat, dénudé, mais semble couvert de bois, un peu plus loin vers l'intérieur.

Après le large et peu profond marigot de N'dougoun, un plateau commence qui se termine le long de la mer par une falaise abrupte. Un village formé, selon l'habitude locale, par la réunion de plusieurs hameaux habités chacun par une race particulière, se dresse sur le sommet de cette falaise, il se nomme Yen et marque la limite des pays de population Sérère.

Les Sérères de ce village ainsi que de quelques autres, voisins, appartiennent à la tribu des Nones qui peuple également les environs de Thiès.

Un auteur du milieu du siècle précédent, le P. Boilat, les a gratuitement gratifiés du titre de républicains. On ne donnait alors sans doute pas à ce mot, du moins sur la côte d'Afrique, le sens qu'il possède aujourd'hui. La république None qui s'étendait du cap Rouge au cap Naze, pas plus que celle, toute voisine, de N'dieghem, ou celle un plus éloignée des Lebous de Dakar, n'était une véritable république.

Un certain nombre de villages n'obéissant à aucun chef commun composaient ces groupes purement anarchiques. Leur indépendance mutuelle les uns vis-à-vis des autres était aussi complète que l'est encore celle des villages floups de la Casamance. Seuls, de graves dangers collectifs pouvaient, dans certains cas très rares, les réunir par accident et pour une période de temps toujours très limitée.

Aussi notre pénétration chez les Nones et leurs voisins, qui fut assez tardive, se fit-elle cependant avec une extrême facilité et notre autorité, depuis que Faidherbe sut l'imposer, n'y trouva-t-elle aucune opposition sérieuse.

Ducasse, devenu plus tard lieutenant général des armées navales du roi, avait déjà obligé, presque deux siècles auparavant, les divers chefs de la Côte à nous céder une bande de terre profonde de six lieues mais ni lui-même, ni les gouverneurs de la colonie, ne tinrent la main à l'exécution de ce pacte.

La courte expédition de Faidherbe et du commandant Pinet Laprade, effectuée avec 160 marsouins, 200 tirailleurs, quelques canonniers et des volontaires, commença le 6 mars 1859 à Dakar. Elle atteignait Yen le 10, M'bour le 12 et était le 15 à Joal d'où l'expédition fut poussée dans le Sine et le Saloum.

Quelques blockhaus laissés derrière nous, selon l'habitude du gouverneur, suffirent seuls à maintenir la tranquillité qui n'a jamais été troublée bien gravement depuis lors.

Le littoral devient très intéressant dès qu'on a dépassé Yen qui se trouve à environ quinze kilomètres de Rufisque, car on traverse alors le massif du cap Rouge, élevé de 30 à 40 mètres au-dessus de la mer dont les eaux viennent battre le pied de ses falaises à pic.

On éprouve même, sans trop de peine, l'illusion de se trouver dans le pays de Caux, lorsqu'on suit la plage sablonneuse encombrée d'éboulis que les vagues ont arrachés à la muraille calcaire, mais, seule, ici, une lande rougeâtre et nue surmonte la falaise.

Cette falaise ne se prolonge pas, elle s'abaisse bientôt au point de devenir une sorte de talus haut de quatre à six mètres seulement, toutefois des plages d'un sable épais se succèdent sans interruption pendant longtemps encore.

On atteint ainsi Toubab Guillao qui réunit ses cases en paille sur une sorte de petit plateau fort accidenté, entouré d'une série d'élévations absolument nues.

Une presqu'île rocheuse s'avance dans la mer devant le village et, sous d'autres latitudes, ce coin de terre paraîtrait destiné par la Providence à protéger derrière sa masse le casino d'une petite station balnéaire.

Mais trois ou quatre centaines de noirs habitent exclusivement ces parages où végète un unique traitant dont la baraque de bois s'abrite sous deux superbes ficus, seuls arbres, ou peu s'en faut, de tout le voisinage.

Le chemin traverse ensuite des collines, broussailleuses malgré la pure latérite qui les forme, puis une petite plaine où passe un marigot. Il atteint enfin Popenguine qui s'élève, lui aussi, sur un plateau, effondré en forme de falaise du côté de la mer, et qui, vers l'intérieur, s'abaisse en pente douce jusqu'aux pieds d'une chaîne de collines.

Popenguine était jadis un des plus gros villages de la côte lorsqu'une véritable épidémie de nélavan ou maladie du sommeil décima ses habitants. Ces faits sont vieux de plus de trente ans. C'est dans ce même village qu'on se trouve pour la première fois, lorsqu'on n'a pas encore pénétré dans l'intérieur, en présence des missions catholiques.

Les collines que traverse le chemin de fer, auprès de Thiès, viennent mourir dans ses environs immédiats, au cap de Naze, éloigné vers le sud de quatre kilomètres au plus.

Les cent quinze mètres d'altitude de cette pointe qui surplombe l'océan de toute sa hauteur lui donnent une allure et un pittoresque bien rares au Sénégal. Plusieurs contreforts de cette véritable chaîne de montagnes en miniature enserrent et atteignent Popenguine lui-même.

Ces contreforts sont formés de blocs énormes de tuff noir aux reflets rouges, parmi lesquels une brousse arborescente cherche péniblement sa vie. Entre deux de ces collines, s'en glisse une autre, formée de calcaires durs dont la tonalité grisâtre paraît plus blanche à cause des tuffs voisins.

Une sorte de plateau sur lequel est bâti Popenguine sépare ces diverses hauteurs du rivage et celui-ci se creuse lui-même en demi-cercle, à partir du village jusqu'au cap de Naze.

Un commerçant européen, trois ou quatre cents indigènes habitant des cases rondes souvent surmontées d'une croix de bois, forment aujourd'hui toute la population du Popenguine de la mer, car il existe dans l'intérieur un autre Popenguine, dénommé pour ce motif, Popenguine Tangor ou « de la montagne ».

Les bâtiments en pierre de la mission sont disséminés depuis l'arête calcaire sur laquelle se dresse également une belle église, jusqu'au rivage incurvé que surplombe presque la maison des sœurs.

C'est en 1885 que commencèrent les travaux de cette mission. L'église fut conçue sur un plan peut-être trop vaste par un frère dont la grande foi fit un architecte trop ambitieux, mais alors il est vrai, le village comptait trois fois plus d'habitants qu'aujourd'hui.

Toujours est-il que construite sur une vaste et solide plate-forme de pierre, l'église demeura inachevée jusqu'à maintenant. Le corps du bâtiment est seul terminé ainsi que la tour carrée et crénelée qui orne sa façade et au pied de laquelle s'ouvre le porche d'entrée.

Le transept et le chœur sont à peine sortis de terre, de même que les arc-boutants extérieurs dont l'aspect donne un faux air de ruine à l'ensemble.

La maison des pères, longue et basse, partage avec l'église le même enclos égayé par quelques massifs de lauriers-roses.

Derrière ces constructions, commence la montée de la colline, au milieu d'un véritable amoncellement de blocs parmi lesquels poussent des baobabs pansus.

La maison des sœurs s'élève en face de l'église. Spacieuse et confortable, elle abrite trois religieuses et vingt ou trente élèves des deux sexes. Deux Pères, dont un noir, dirigent cette petite communauté chrétienne qui compte moins de deux cents membres.

L'établissement possède, selon l'excellente tradition des missionnaires, deux petits jardins placés dans l'abrupt vallonnement qui borne au sud la mission, mais la terre s'est asséchée depuis qu'on les a créés, l'eau des puits s'est enfoncée plus profondément dans le sol et, pour comble de malheur, l'air marin grille toutes les plantes.

Un mouillage très sûr pour les bateaux de commerce existe juste en face de la maison des sœurs, à moins de trois cents mètres du rivage; toutefois malgré l'immigration de quelques Sossés et de Ouoloffs, le pays dépeuplé ne produit plus autant que naguère.

Popenguine, dont l'aspect est étrange, fait songer à ces hameaux du moyen âge dont les humbles huttes se pressaient comme un troupeau apeuré autour de l'église protectrice. On ne s'y arrête pas. La plupart des Européens du Sénégal ignorent même son nom et quel motif auraient-ils à le connaître ? Mais son souvenir hante la mémoire quand une fois on l'a vu et l'on ne peut se rappeler son église à demi-bâtie, à moitié ruinée, ses maisons de pierre, ses cases de paille, les habitants des unes et des autres sans réfléchir, sans comparer, sans rêver aussi un peu, en un mot, sans agiter des pensers divers et qui, au fond, tout au fond, vous rendent mélancolique.

Le plus court chemin pour aller de Popenguine à Portudal, puis à Nyaning, serait de continuer à longer le littoral, mais il faudrait pour cela franchir plusieurs contreforts hérissés de roches et enfin couper à travers les escarpements qui forment le haut cap de Naze.

Or le soleil vous brûle, le sentier trop dur et trop abrupt pour un cheval n'est praticable que pour les piétons et l'on prend généralement un autre chemin.

Celui-là s'enfonce au sortir de Popenguine, de quatre ou cinq kilomètres dans l'intérieur des terres. On parcourt d'abord un défilé resserré entre des collines couvertes de tuff et de maigres broussailles, on débouche ensuite dans une vaste plaine où la terre paraît fertile et qui, naguère encore, devait être couverte de bois. Les arbres ont été si furieusement attaqués que l'ancienne forêt n'existe plus aujourd'hui, de vastes « lougans » l'ont remplacée partout et leur fertilité provient certainement d'elle.

Ces lougans, où l'on récolte surtout des arachides, sont séparés les uns des autres par des haies de broussailles épineuses coupées et desséchées. Le sentier, car employer le terme de route ou celui plus modeste de chemin, serait inexact, le sentier donc, cherche issue à travers ces innombrables barrières épineuses, enchevêtrées et infranchissables. Il se perd, se retrouve, s'égare encore à chaque pas et, malheureusement pour lui, le voyageur qu'on ne guide pas suit trop bien son exemple.

Quelques villages se rencontrent durant l'étape. C'est d'abord Kéniabou, à partir duquel on oblique pour se diriger de nouveau vers le sud, parallèlement au rivage. La rivière Somone n'en est pas éloignée. Son lit manque de profondeur et s'encombre de roches glissantes, ses bords sont givrés de sel car la marée remonte jusque-là.

Le paysage offre toujours la même brousse, les mêmes lougans parsemés de nombreux arbres coupés à hauteur d'hommes et aussi les mêmes malencontreuses clôtures. Mais on rencontre également de beaux arbres encore debout, témoins, malheureusement plus rares chaque jour, de l'antique forêt.

Quelques traitants se dispersent dans tous les villages de la région et, quoique Ouoloffs ou Sossés et musulmans, ils vendent aux Sérères des genièvres hollandais et des absinthes allemandes ou françaises.

Ces liquides abominables, quelle que soit leur nationalité, sont spécialement fabriqués pour le Sénégal. Ils étaient vendus sur place de 1 fr. 25 à 1 fr. le flacon de six cents centilitres. Comme les fabriquants livrent en Europe les mêmes boissons sur le pied de 25 centimes la bouteille, on peut s'expliquer sans peine l'importance de leurs bénéfices en même temps que la nocivité du produit vendu. Les droits nouveaux dont viennent d'être frappés les alcools de traite et qui montent à 200 fr. l'hectolitre d'alcool pur augmenteront un peu ces prix de vente. Ils représentent donc un palliatif que l'administration emploie très justement dans sa lutte contre l'alcoolisme [1].

On a cependant avancé que la multiplication des droits d'importation sur les alcools ne peut servir, au delà d'une certaine limite, qu'à encourager la fraude. L'argument n'est pas exact, tout au moins pour cette partie si difficile de la côte africaine.

Des marchandises aussi encombrantes ne peuvent en effet débarquer que dans les grands ports où la surveillance sera toujours facile. La cherté des alcools toxiques contribue de plus à favoriser l'usage du vin qui se répand déjà chez les Sérères et qui leur est beaucoup moins nuisible, si inférieure que puisse être sa qualité.

Quand le sentier rallie de nouveau la côte, on se trouve dans le voisinage d'un des points les plus connus du Sénégal, mais qui mérite du reste fort peu son renom relatif, c'est Portudal.

Les moindres petites cartes du Sénégal, voire même de l'Afrique, citent ce nom avec celui de Joal. Elles oublient souvent par contre, sinon toujours, ceux de centres commerciaux importants tels que Nyaning ou Fatik. Or, Portudal qui n'est rien aujourd'hui, n'a jamais été grand'chose dans le passé.

Les Portugais s'y étaient installés naguère et telle serait l'origine de son nom. Les Hollandais les chassèrent de cet établissement qui fut bientôt après, complètement détruit par nous.

On prétend que le puits voisin de notre ancien poste serait un vestige du passage des Portugais. Ce poste construit par Faidherbe fut rebâti en pierre un peu plus tard. Il n'est plus qu'une ruine longue de dix mètres, large de six et haute de quatre. Quelques tirailleurs en constituaient la garnison. La maladie du sommeil les aurait décimés et ils ne furent pas remplacés.

Les Sérères nomment Sali le maigre village qui existe encore actuellement à côté de ces décombres d'aspect si débonnaire. Leurs cases sont disséminées près du rivage, dans une belle plaine en partie couverte de superbes baobabs.

Un autre Sali, aussi peu important, et habité par des Sossés, existe également à près d'un kilomètre de distance dans l'intérieur.

M'bour est, à lui seul, beaucoup plus peuplé que les deux Sali.

1. Une surtaxe supplémentaire de 30 francs frappe les alcools étrangers.

Des champs d'arachides couvrent son vaste plateau bien ventilé et, parmi les cases indigènes alignées le long de ses rues tracées droit dans la brousse, on compte plusieurs habitations de négociants européens.

Le véritable centre commercial de la région se trouve toutefois à huit kilomètres plus au sud, c'est Nyaning.

Les blancs l'ont fréquenté à partir de 1870, ils s'y sont installés quinze ans plus tard tandis que, depuis plusieurs siècles peut-être, les Sérères y possédaient un village. Avec les blancs sont venus peu à peu les représentants de toutes les races sénégalaises, des Ouoloffs, des Lébous de Dakar, des Sossés et même des Bambaras soudanais.

Lorsque les Sérères étaient les maîtres chez eux, ils en chassaient impitoyablement tous les étrangers ou bien ils leur faisaient subir les plus cruelles avanies. Il n'y a pas longtemps encore qu'ils contraignaient les musulmans à balayer la terre sur laquelle ces croyants venaient de faire leur salam.

Aujourd'hui, les premiers noirs venus s'installent partout en conquérants. Ils construisent des cases dans la forêt qu'ils incendient puis, au milieu des cendres à peine refroidies, ils sèment le mil ou l'arachide.

Les Sérères n'ont pu voir d'un œil indifférent cette invasion qui commença voici un peu plus d'un quart de siècle et les haines de races amenèrent quelquefois des violences.

Notre autorité sur la région n'était d'abord représentée que par nos deux postes de Joal et de Portudal dont les petites garnisons furent relevées à peu près au début de cette infiltration.

L'anarchie régnait donc un peu partout sur la côte. Notre suzeraineté politique dans le pays n'était certes pas discutée mais notre autorité administrative y était certainement ignorée quoique la région, annexée par Faidherbe, ait toujours été considérée depuis lors comme territoire d'administration directe. L'impôt n'était pas payé et les chefs de village ne répondaient pas même aux rares convocations des administrateurs installés à cent kilomètres de distance.

Toutefois nos traitants n'avaient rien à craindre de personne et la discorde ne séparait que les noirs.

Si les Sérères haïssaient les envahisseurs de leur sol, ces derniers méprisaient et détestaient leurs hôtes involontaires. Des croyances ridicules attisaient les querelles des races qui se reprochaient même ce dont elles n'étaient pas coupables.

La terrible maladie du sommeil qui fait tant parler d'elle aujourd'hui existe depuis très longtemps dans cette partie de la Petite Côte et Nyaning est justement le point du territoire qu'elle ravage le plus.

Or, les immigrés qui croyaient les Sérères réfractaires à l'affection accusaient ces derniers de la répandre autour d'eux.

Les Sérères lavaient, assuraient-ils, leurs cadavres avec de l'huile qu'ils vendaient ensuite et telle était l'origine du Nélavan, nom ouoloff de la maladie du sommeil.

Cette croyance n'était, bien entendu, que trop inexacte.

La maladie du sommeil provient en effet d'une autre cause dont les Sérères ne sont pas plus responsables que de l'affection dont meurent, surtout pendant l'hivernage, tous les chevaux conservés dans la région.

Ces deux maladies et quelques autres toutes étroitement voisines, sont causées par la piqûre de certaines espèces de mouches appartenant à un genre spécial et qui portent le nom scientifique de glossines.

Les mouches tsé-tsé, si justement redoutées au Congo et en Afrique Orientale, dans la région des grands lacs, sont également des glossines. Elles répandent des maladies semblables ou analogues à celles qui ravagent la région de Nyaning.

La glossine « palpalis » communique à l'homme la maladie du sommeil, d'autres glossines transmettent, notamment au cheval, au chien et au mouton, des affections de même nature.

Ces insectes hébergent des parasites spéciaux qu'ils introduisent avec leur salive dans le sang des hommes, de quelque race qu'ils soient, ou des animaux qu'ils piquent. Les parasites, nommés trypanosomes, s'y multiplient bientôt et ce sont les poisons sécrétés par eux qui causent les maladies, maintenant bien connues, dont la mort était jusqu'ici le terme à peu près fatal.

Les glossines vivent et se reproduisent soit dans les forêts humides et chaudes, soit près des rivières et des marigots là où le sol formé d'argile conserve mieux, selon l'observation du Dr Thiroux, l'humidité qui est indispensable à leurs larves. Nyaning, près duquel existe le marigot de Tiemassas, et qui naguère était entouré de forêts, se trouve donc dans des conditions favorables à l'existence de ces mouches.

La maladie des chevaux y fut toujours constatée. La maladie du sommeil dont on parlait moins, il y a peu d'années encore, probablement parce qu'on la croyait spéciale aux noirs et peu répandue, y existe également, depuis une époque sans doute aussi éloignée.

Elle s'étendait naguère sur toute la côte jusque et bien au delà de Dakar, puisqu'elle aurait décimé un village construit sur l'emplacement actuel de Hann et que l'on trouve encore des glossines « palpalis » auprès de Rufisque. Les affections à trypanosomes précédemment indiquées se rencontrent toujours le long de la Petite Côte et dans la partie la plus méridionale des Niayes, mais il semble qu'elles y soient devenues plus rares.

Il n'est peut-être pas impossible de donner une explication satisfaisante de ce fait étrange autant qu'heureux. Si la température de la région est demeurée, selon toute vraisemblance, la même que par le passé, le régime de ses eaux s'est au contraire profondément modifié, surtout au cours de ces trente dernières années.

A force de s'attaquer à la forêt, les noirs l'ont fortement réduite un peu partout sur la Petite Côte, peut-être serait-ce le motif pour lequel la région est si nettement asséchée.

Toutefois, on peut constater des phénomènes d'assèchement analogues à ceux de la Petite Côte, dans presque toutes les régions, non seulement de l'Afrique, mais encore du globe.

Le bassin du Sénégal, celui du lac Tchad se dessèchent visiblement. Il en est de même, à des degrés très différents, de certaines régions d'Asie ou d'Amérique, et le pays de Beauce en France semble, lui aussi, souffrir d'un mal analogue.

Laissant de côté ce grave problème, on peut en tous cas supposer que les conditions d'existence des glossines étant devenues moins favorables que par le passé, par suite du dessèchement de la région, la pullulation de ces insectes s'est trouvée arrêtée et, du même coup, la propagation des maladies dont elles sont cause.

Lorsque nous avons voulu porter remède à la fâcheuse situation administrative de la Petite Côte dont il a été parlé tout à l'heure, nous nous sommes contentés de partager la région entre les deux cercles les plus voisins de Thiès et de Kaolak, et nous avons placé quelques fonctionnaires dans les escales les plus importantes.

Le commissaire de police de Rufisque représentait seul, jusqu'alors, l'administration de la colonie, depuis cette ville jusqu'à l'embouchure du Saloum et, bien entendu, il ne devait pas sortir des limites de sa commune.

Un agent de police et un douanier furent donc installés à Joal. Nyaning, plus éloigné de tous les centres, fut en même temps pourvu d'un commis de résidence qui peut y remplir en toute liberté le rôle de chef de cercle. Un douanier, puis un employé des postes lui furent adjoints.

Joal ressortit à Kaolak, tandis que Nyaning et les cantons environnants ont été rattachés aux provinces Sérères du centre de Thiès. Ces dernières provinces étaient jusqu'à ces derniers temps, placées sous l'autorité d'un chef supérieur, Abd-el-Kader, originaire de Rufisque et qui habitait le village de Fissel sur la route de Thiès à Fatick.

Le bourg de Nyaning est peuplé de Lébous, de Sossés, de Bambaras et de Sérères qui tous, forment des agglomérations spéciales entre lesquelles l'escale européenne aligne des maisons, quelquefois très confortables, le long des rues sablonneuses où passent des Decauville.

L'escale est depuis longtemps pourvue d'un warf qui permet l'accostage à des chaloupes car le mouillage des vapeurs se trouve à plus d'un mille au large, mais, du moins, la mer demeure-t-elle toujours très calme dans ces parages.

Vingt commerçants ou commis européens habitent Nyaning pendant les mois secs de la traite. La place exporte environ cinq mille tonnes d'arachide par an, mais comme ses environs se peuplent avec rapidité, comme la forêt, sans cesse diminuée, cède la place à des lougans nouveaux, ce chiffre déjà considérable sera certainement dépassé dans un avenir prochain.

La région qui s'étend au sud de Nyaning n'est pas désagréable à visiter. Les bois y sont encore fréquents, le littoral mouvementé. On rencontre successivement le long de celui-ci, la Pointe Sérène, la pointe Fasna, qui marquent l'une et l'autre l'entrée de deux marigots tout en largeur, prolongés par des « tannes », sortes de plaines dénudées où pénètre l'eau de la mer.

Les plantations de mil cèdent, pour la première fois, le pas au riz qui nécessite un travail plus considérable en même temps qu'il exige une terre plus riche, plus argileuse et mieux arrosée.

Un détour vers l'intérieur fait traverser le petit village de M'bodien. On passe sur un pont branlant auprès d'une rustique église desservie par un prêtre noir et l'on pénètre, peu de temps après, dans une belle forêt de rôniers et de caïlcédrats qui se continue jusqu'à Ngazobil où l'on retrouve la mer.

Saint-Joseph de Ngazobil n'est pas même un village. Ses huit ou dix cases en font tout au plus un simple hameau. Il n'est cependant personne dans la colonie qui ne connaisse son nom, et sa réputation n'est pas usurpée.

Ngazobil étonne en effet les rares voyageurs qui le visitent. Il apparaît à leurs yeux comme un oasis de civilisation au milieu de la barbarie environnante. Et s'il est véritablement remarquable par lui-même, la région dans laquelle on l'aperçoit tout d'un coup, au détour d'une route de brousse, le fait paraître plus remarquable encore.

Ngazobil est, à proprement parler, une mission ou, mieux encore, une véritable ferme modèle. Il appartient à la congrégation du Saint-Esprit et sa fondation remonte au 19 mars 1849.

On voulut d'abord y créer un séminaire pour les noirs. Le pays n'étant pas assez sûr, les jeunes élèves renvoyés à Dakar, on se contenta de commencer des défrichements sur un carré de mille pas de côté.

Un décret datant de 1863 gratifia la mission de mille hectares de terre sur lesquels furent entreprises de vastes plantations de coton. La sécheresse et les sauterelles détruisirent les récoltes et découragèrent les Pères.

L'État reprit plus tard sa concession et, revenant alors en partie à leurs premières intentions, les missionnaires s'occupèrent exclusivement de l'orphelinat qui subsiste depuis cette époque à Ngazobil.

Mais il faut minutieusement décrire les lieux avant de vouloir porter un jugement sur l'œuvre.

Une petite ravine semblable à un fossé, qui débouche sur la plage étroite, à sept kilomètres environ au nord de Joal, marque la limite de Ngazobil. Un immense jardin enclos de murs peu élevés commence immédiatement après le ravin. Ce verger forme, avec les constructions de la mission, un rectangle d'environ quatre hectares de superficie.

Il est borné du côté de la mer par un vaste bâtiment flanqué de deux pavillons.

La longueur de cette construction, élevée d'un étage sur rez-de-chaussée, atteint environ quatre-vingts mètres. Une belle esplanade s'étend entre elle et la berge rocheuse et taillée à pic.

Une imprimerie d'où sortent des ouvrages de linguistique et de piété, des ateliers de reliure et de couture, des classes et un réfectoire au rez-de-chaussée, de vastes dortoirs et des chambres à l'étage, remplissent ce bâtiment au nord duquel on trouve d'abord une chapelle vaste comme une église.

Divers bâtiments qui constituent la ferme se succèdent ensuite. Ils abritent des écuries, une scierie bien outillée, une forge et un atelier de menuiserie. Le tout est enfermé par un mur qui vient se rattacher à la chapelle, puis au bâtiment principal.

Une immense cour, longue de près de trois cents mètres, qui s'étend entre toutes ces constructions, la mer et le mur d'enceinte, s'ombrage de ficus et de baïlos, arbres grands comme des platanes et couverts de fleurs en grappe.

Une véritable route, venue de Joal, longe d'abord le grand mur du verger et pénètre ensuite sur une vaste place qui sépare la chapelle et la ferme du hameau noir et de nouvelles bâtisses occupées par le couvent des sœurs et moins importants que les précédentes.

Ce couvent possède lui aussi une chapelle et un jardin qui semblent abandonnés, car tandis que les Pères dirigent environ quarante enfants, noirs ou mulâtres de toute origine, les sœurs, presque toutes de race noire, n'ont guère plus d'une quinzaine de filles sous leur direction.

L'ancien poste de Portudal.

La mission de N'gazobil.

Les Missionnaires, ils étaient récemment encore au nombre de deux, ne lisent guère sans doute, le désordre de leur bibliothèque en témoigne, mais ils gouvernent et prient, ce qui doit suffire à les occuper.

Des frères, véritables ouvriers religieux, menuisent, soignent les superbes bestiaux de la maison, fabriquent de la bière, surveillent les divers ateliers et font même la classe.

Par leurs soins se fait également la récolte des mangues et des autres fruits qu'on vend à Dakar ou dont on fabrique sur place quelques litres d'un excellent alcool.

Les petits hospitalisés apprennent machinalement des besognes quelconques, des prières, un peu de français et d'écriture. Ils sont vêtus d'une blouse, d'un pantalon et d'un chapeau. On change leurs vêtements une seule fois par semaine mais, pour si rudimentaires qu'elles soient, les pratiques d'hygiène qu'on leur inculque sont cependant infiniment supérieures à celles des noirs de la brousse environnante.

Une discipline rigide s'étend sur la communauté tout entière et règle heure par heure l'emploi de son temps.

Les Pères vivent avec leur petit monde sur leur propre fonds, sans luxe aucun, sans gêne non plus. Ils paraissent faire encore moins de prosélytisme ici que dans le voisinage où l'on garde seulement les maigres positions acquises.

Ils se plaignent des temps et des hommes avec une amertume discrète ; ils exercent l'hospitalité, simplement, pleinement, comme un très bon écolier remplit un devoir facile.

Ont-ils foi dans leur œuvre ? Oui, sans doute, mais ils semblent n'avoir plus aucune confiance dans l'avenir.

Leur œuvre est-elle utile à un autre point de vue que celui auquel ils se placent peut-être trop exclusivement ?

On doit dire oui sans hésiter car Ngazobil est, visiblement, une belle œuvre de colonisation privée qui n'a pas sa pareille dans toute la colonie. Or, elle n'a rien coûté à personne, que du travail et quelques vies humaines, librement données.

Aurait-on pu mieux réussir que n'ont fait les Pères à Ngazobil ?

Pour difficile qu'il soit de répondre à cette question, peut-être cependant peut-on le faire affirmativement !

Les Pères avaient entrepris naguère des plantations cotonnières. Ils n'ont pas persévéré dans cette voie au delà de deux ans mais il faut convenir que le succès était peu probable. Leur personnel dépassait alors à la vérité le chiffre de cent enfants et ils jouissaient de plus des faveurs officielles.

On peut cependant estimer que la construction de leur trop vaste mission, la création de leurs admirables vergers, suffisait pour absorber la somme possible de leurs efforts.

D'autant que leur œuvre ne s'est pas bornée à ce qui fut précédemment décrit.

Lorsque de Ngazobil on se dirige vers Joal, une route bien tracée vous mène jusqu'au petit hameau de Keni Santi, planté sur le bord de la mer, à proximité d'un grand jardin appartenant à la mission.

Une machine élévatoire, la seule du Sénégal qui fonctionne, actionnée par un cheval, y fournit non seulement l'eau qui sert à l'arrosage de ce jardin mais encore une partie de celle qu'on emploie à Ngazobil même.

Les deux ravins qui limitaient Saint-Joseph de Ngazobil au nord et au sud servaient de lit, il y a moins de trente ans, à deux clairs ruisseaux que les pluies grossissaient un peu, mais que les chaleurs ne tarissaient jamais tout à fait.

Peu à peu, la terre se desséchant, les ruisseaux se sont taris, les nombreux puits de la mission ont dû être approfondis jusqu'à près de dix mètres, de sorte que l'arrosage des vergers est devenu d'autant plus difficile que le personnel s'est trouvé beaucoup diminué dans le même temps.

Les difficultés matérielles ont donc augmenté au cours des vingt dernières années, tandis que diminuaient les facilités morales.

Aussi, loin de vouloir améliorer leur œuvre, on dirait que les propriétaires de Ngazobil prennent à tâche de la diminuer, afin de passer plus inaperçus.

Ils ressemblent à des vaincus qui ne prévoient pas de changements dans leur sort. Les chefs surtout sont découragés.

Si la culture du coton, du reste fort aléatoire dans la région, dépasse à l'heure actuelle, incontestablement, les forces de la mission, si même l'extension de ses essais horticoles lui devient impossible, il semble que les plantations de cocotier ou celles encore de l'agave sisal, si employé dans l'industrie textile, et pour ne pas parler de l'arachide, auraient eu toutes chances de réussir.

Outre les bénéfices pécuniaires que les Pères auraient tiré de leurs efforts, l'exemple donné par eux aurait servi puissamment au progrès matériel de leurs fidèles, sinon de la contrée tout entière.

Leur situation morale en aurait probablement été renforcée du même coup.

Quoi que l'avenir réserve aux créateurs de Ngazobil, quoiqu'on puisse reprocher à la mission de s'être trop confinée dans son rôle confessionnel, on doit dire que Saint-Joseph représente la seule entreprise privée, agricole par son verger et industrielle par ses ateliers, qui ait pu subsister dans la brousse du Sénégal.

On doit même ajouter que la mission s'est installée dans une des régions les plus délaissées de la colonie et que la cause de la civilisation perdrait beaucoup si elle disparaissait.

Sept kilomètres séparent Ngazobil de Joal, et deux autres, ce dernier point de Fadiouth.

On se trouve là au centre et à l'origine du pays des missions, aussi des signes nouveaux de l'œuvre des Pères se révèlent-ils à chaque pas.

On n'a pas encore parcouru la moitié de cette courte distance à travers une plaine grasse couverte pendant l'hivernage de rizières verdoyantes que, sous le couvert de grands arbres, on voit se dresser une sorte d'autel en marbre.

Des statues d'anges en prières, grossièrement coloriées et de grandeur naturelle, animent ce monument élevé en 1904 par les chrétiens du canton de Joal, comme l'apprend une belle inscription dont la presque totalité des généreux et pauvres donateurs serait dans l'impossibilité de déchiffrer les lettres.

Joal, l'escale la plus importante de la Petite Côte après Rufisque, se trouve bâti à l'extrémité d'une sorte de courte presqu'île formée par la mer et par un marigot que prolongent des tannes facilement reconnaissables aux efflorescences salines de leur surface.

Voici plusieurs siècles que Joal existe et cependant sa situation n'offre rien de particulièrement favorable. Il touche la mer et ne possède pas même une rade. Son seul avantage était naguère de posséder un bon puits où devaient venir boire, même les gens du village voisin, Fadiouth.

Les deux villages jumeaux appartenaient au Sine, et Fadiouth s'était placé dans son île de sable, incommode mais difficilement accessible, pour se préserver contre les pilleries du maître. Quant à Joal, sa qualité de courtier obligé du commerce entre les blancs et le « bour » Sine, le faisait respecter par ce chef.

Les gens de l'un et l'autre village sont aujourd'hui catholiques.

Des pères portugais s'étaient fixés à Joal, probablement dès les premières années du XVIe siècle. Quand ils abandonnèrent la côte, les noirs laissés à eux-mêmes mêlèrent leur christianisme trop neuf de superstitions plus anciennes qui le défigurèrent.

Quelques religieux français virent à la fin du XVIIe siècle, Joal qui était alors un point de traite florissant où Brüe prenait chaque année environ 200 captifs, 3.000 cuirs de bœufs, 1.200 quintaux d'ivoire et 500 de cire, produits par les vastes forêts voisines.

Les premiers de nos nationaux qui se soient établis à Joal sont encore des prêtres. Cela remonte à l'année 1848.

Les habitants du village se disaient toujours chrétiens, ils se nommaient Michel, Papaille, Domingo. La fourniture de l'alcool aux Sérères constituait leur grande occupation et leur sauvegarde en même temps. Ils parlaient du reste sérère et ouoloff, ce qui facilitait leur besogne de courtiers.

Les Pères nouveaux venus avaient d'abord été accueillis avec enthousiasme mais ils furent bientôt en butte aux pires avanies, de telle sorte que leurs doléances ont été une des principales causes de l'expédition de Faidherbe sur la Petite Côte.

Le blockhaus qui fut alors construit au milieu du village rétablit la tranquillité. Aussi les mulâtres de la colonie prirent-ils bientôt l'habitude de considérer Joal comme une sorte de station balnéaire.

La prospérité de l'escale se perpétua jusqu'à ces dernières années mais aujourd'hui que toute la côte est ouverte à l'activité européenne, le commerce s'est surtout concentré à Nyaning, mieux partagé que ses voisins en terres fertiles.

L'importance de Joal, pris entre cette ville et les escales du

Saloum, a donc beaucoup diminué et la place n'exporte guère que 1.000 à 1.500 tonnes d'arachides.

Deux ponts ont été jetés sur le marigot qui sépare Joal de la terre ferme; toutefois le meilleur sinon l'unique moyen d'atteindre le village est encore de prendre une pirogue à marée haute ou bien de passer à cheval entre les deux ponts. La première de ces œuvres d'art ne se compose en effet que de deux piliers de maçonnerie demeurés inachevés ; la seconde, plus modestement construite en bois, se trouve dans un tel état de délabrement qu'un acrobate seul serait capable de l'utiliser.

L'escale couvre une étroite langue de sable, elle contient des cases en roseaux qui possèdent souvent deux ou trois pièces et d'assez belles et nombreuses maisons, propriétés des mûlatres de Gorée ou de Saint-Louis.

Les Pères y occupent, ainsi qu'à Fadiouth, une mission et une église.

La population totale des deux centres n'atteint guère plus de trois mille âmes, elle est presque tout entière catholique et quatre ou cinq religieux se consacrent à son instruction religieuse. Il existe donc fort peu de paroisses françaises qui soient aussi bien desservies.

Voici passée en revue toute l'œuvre des missionnaires du Saint-Esprit dont les débuts dans la région remontent à plus d'un demi-siècle.

Ils ont, dans ce laps de temps, réuni quatre ou cinq mille fidèles depuis Thiès jusqu'à Joal et ils ont beaucoup bâti entre ces mêmes limites.

Les populations de la Petite Côte sont si peu pénétrées de civilisation, les progrès en tous genres qu'il leur reste à faire sont si considérables qu'on leur fera toujours du bien pourvu qu'on s'occupe un peu d'elles. Or, les missionnaires se sont toujours beaucoup occupé de leur troupeau. Cependant la façon dont ils ont procédé peut, semble-t-il, facilement expliquer l'insuccès relatif de leurs efforts considérables.

La plus belle œuvre des missions catholiques est, sans contredit, celle des Jésuites au Paraguay.

Les Jésuites avaient créé sur leur territoire des « Missions » un véritable peuple qui habitait de nombreux bourgs et villages. Ils avaient pris des Guaranis nomades et en avaient fait des cultivateurs. Attaqués par les Portugais du Brésil, ils avaient transformé ces nouveaux paysans en soldats qui repoussèrent les Portugais. Et cependant, dès que les Jésuites furent expulsés par ordre du roi d'Espagne, leur majestueux édifice s'écroula subitement.

Car s'ils inventèrent des agriculteurs, s'ils créèrent des soldats de même qu'ils construisirent des églises et des magasins, ils n'avaient pas, en même temps, volontairement ou non, transformé leurs sauvages de la veille en hommes, capables de penser et d'agir par eux-mêmes.

C'est pourquoi les guaranis livrés aux bandes espagnoles furent massacrés ou vendus et finalement détruits comme le serait un troupeau sans gardiens.

Les Pères Maristes ont créé vers le milieu du XIXe siècle un petit Paraguay dans deux îlots du Pacifique français. Les îles Wallis, catholicisées par eux, sont, sauf erreur, la seule terre polynésienne où la population indigène s'accroisse au lieu de disparaître comme elle fait aux Marquises ou aux Hawaï, rongée par les fléaux de l'alcoolisme, de la syphilis et de la lèpre.

Les Pères Maristes ont sauvegardé l'existence du petit peuple des Wallis en le préservant des vices exterminateurs de la race Maori, mais la situation de ces îles perdues dans un Océan peu fréquenté contribua largement à leur succès.

Les Pères du Saint-Esprit se sont peut-être trouvés sur la Petite Côte dans de moins bonnes conditions que les Jésuites du Paraguay ou les Maristes des Wallis.

Il faut convenir toutefois qu'ils ont réalisé une œuvre moins belle.

Ils venaient propager leur foi, et l'on ne peut s'étonner qu'un missionnaire donne à cette tâche spéciale la première place dans ses préoccupations, mais ils se trouvaient en présence de peuplades qui avaient tout à apprendre, qu'abrutissait l'alcoolisme, que caractérisait le manque le plus absolu d'hygiène.

Ces populations, naturellement si prolifiques, ne se multipliaient justement pas pour ces motifs. Leur situation matérielle était, de plus, tout à fait misérable.

Or, il faut bien le reconnaître, la mission n'a pas amélioré l'hygiène de ses catholiques, elle n'a guère lutté contre leur ignorance, ni cherché à relever beaucoup leur situation matérielle. Elle n'a pas même, ou si elle le fit, ce fut avec mollesse, combattu l'alcoolisme parmi ses fidèles.

Les Pères ont bien une infirmerie à Ngazobil mais ils n'ont par exemple jamais essayé de lutter contre le tétanos ou contre les mauvaises pratiques d'alimentation qui détruisent un si grand nombre de nouveau-nés.

Quels avantages n'auraient-ils pas retiré cependant de la diminution de la mortalité chez leurs chrétiens !

L'augmentation numérique des fidèles, importante par elle-même, aurait de plus, produit le meilleur effet auprès des populations voisines.

Pour s'être trop confinés dans leur rôle de prêtres, les missionnaires ont donc frappé leur œuvre d'une stérilité tout au moins relative.

Leurs nombreuses bâtisses leur survivront peut-être sans servir beaucoup à leur mémoire, tandis qu'ils auraient pu, grâce à leur incontestable dévouement, élever un autre monument, plus solide, plus durable et devant lequel tous auraient dû s'incliner très bas.

Les Pères du Saint-Esprit paraissent aujourd'hui quelque peu découragés, mais durant quarante ans environ, ils eurent les faveurs des pouvoirs comme celles du public. Or, ils ont laissé passer les années et maintenant sans doute est-il bien tard !

Si avec les meilleures intentions du monde assurément, les missionnaires n'ont pas réalisé tout le bien qu'ils auraient voulu faire, il ne s'ensuit certes pas qu'il soient nuisibles et qu'il faille en débarrasser la colonie.

Les Européens sont trop rares au Sénégal, il reste trop à faire au profit des noirs dans le pays, pour que tous les concours risquent d'y être jamais trop nombreux.

On aurait donc tort de renvoyer des chantiers n'importe quels ouvriers. Excellents ou médiocres, aucuns ne sont mauvais. Si peu qu'ils fassent, ce qu'ils font est toujours fait.

Puis, pour parler politique, mais dans un sens qui ne peut déplaire à personne, ne vaut-il pas mieux qu'une partie des Sérères, fatalement destinés à s'islamiser si on laissait les événements s'accomplir, suive au contraire, une autre religion.

Nous n'avons pas aujourd'hui besoin d'appliquer au Sénégal le grand principe résumé dans la formule : « Divide ut imperes. » Il est même probable que l'éventualité ne s'en produira pas. Qui oserait cependant prévoir l'avenir ?

Les indigènes colonisent activement la Petite Côte, surtout depuis ces dernières années. Peu peuplée jusqu'ici, la région le deviendra bien davantage car l'eau n'y est pas plus rare qu'ailleurs et la terre y est fertile.

L'administration s'est laissée distancer sur tout ce territoire par le commerce et, pourrait-on dire, en quelque sorte par les indigènes eux-mêmes.

Elle s'est bornée jusqu'ici à construire quelques maisons pour ses rares agents. Il lui reste donc beaucoup à faire.

La présence d'un médecin serait très utile à Nyaning. Ce praticien pourrait soigner de nombreux malades, étudier en même temps les affections locales et tenter la destruction si importante des mouches glossines.

L'administration devrait s'intéresser aussi, dès maintenant, à l'œuvre de l'aménagement et de la préservation de ce qui reste de la forêt.

La recherche des nappes d'eau souterraines, la multiplication des routes, mériterait également de fixer ses efforts.

Ce pays est plus accidenté que les régions voisines. Il est aussi plus fertile. La principale de ses cultures, celle de l'arachide, y donne des produits encombrants et d'un transport coûteux. C'est pourquoi la création d'une bonne route côtière, pourvue de quelques ponts pour le passage des marigots, serait du plus heureux effet sur son avenir.

Un certain nombre de sentiers, lancés des principales escales vers l'intérieur, augmenterait encore l'utilité de cette route.

Ces voies nouvelles de communication contribueraient sans nul doute à créer sur la Petite Côte des cultures ou même, des industries nouvelles.

Trouvant des débouchés dans les villes voisines, les huîtres de Joal, les fruits et les bois de Ngazobil, deviendraient peut-être les éléments d'un certain trafic, comme le sont devenus déjà les arachides de Nyaning et comme le seront peut-être plus tard, le coprah et les fibres du sésal. Et toutes ces différentes sources de revenus augmenteraient, dans des proportions plus ou moins grandes, la richesse encore bien mince des habitants de la Petite Côte.

LE SINE SALOUM

Les royaumes Sérères du Sine et du Saloum. — L'escale de Kaolak. — Un réseau de routes la réunit aux diverses parties du cercle, Fatik, Foundiougne. — Le futur chemin de fer de Thiès à Kayes. — La question de la Gambie anglaise.

Le cercle de Kaolak qui est après celui de Thiès la plus peuplée des divisions administratives du Sénégal, comprend dans sa vaste étendue deux anciennes principautés noires, le Sine et le Saloum. Il s'étend aussi sur une partie de la Petite Côte, sur le Rip, territoire infime par sa superficie et le chiffre de sa population mais dont la conquête nous coûta cependant de pénibles efforts.

Le Niumbato où des artistes indigènes taillent dans le bois des statues très naturalistes en fait également partie.

Les quinze mille kilomètres carrés sur lesquels s'étend ce cercle sont, ou peu s'en faut, couverts par une vaste plaine qui se réunit, par-dessus le Baol, avec celle du Cayor.

Quelques-uns des nombreux marigots qu'on y rencontre, représentent les restes de fleuves naguère puissants et maintenant disparus puisque l'eau qui remplit une partie de leur lit vient de la mer.

Le Saloum, navigable pour de gros bateaux jusqu'à Kaolak, s'étend sur une distance totale de plus de cent kilomètres. Son cours est orienté est-ouest.

Le Sine, son principal affluent de droite, étend comme lui ses innombrables sinuosités au milieu de terres souvent sablonneuses où l'on rencontre des « tannes » constitués par de vastes dépressions couvertes d'eau durant la saison des pluies, et d'efflorescences salines, lorsque vient la sécheresse.

Un certain nombre de ces « tannes » au sol constitué par de

l'argile, deviennent même très dangereux durant l'hivernage, car on peut, si l'on s'y égare, s'enlizer dans leurs boues profondes.

Le Sine et le Saloum possèdent un delta commun, formé par une grande quantité d'îles couvertes de marais et de palétuviers.

D'autres marigots, plus ou moins desséchés en été, traversent également le Rip et les cantons voisins, pour aller s'anastomoser ensuite avec le fleuve Gambie.

La colonie anglaise de la Gambie limite en effet au sud le cercle du Sine Saloum qui touche vers le nord-est au Ferlo, tandis qu'à l'est, il atteint Makacolibentan, le moins connu et le moins important des cercles sénégalais.

Une belle forêt de rôniers et de cailcédrats subsiste encore entre Joal et Fatik, de nombreux bois d'arbres épineux se rencontrent soit dans le Sine, soit dans le Saloum ou le Rip.

Aucune de ces régions ne possède toutefois de rivières semblables aux nôtres. Mais si les eaux qu'on y trouve à peu près partout demeurent souterraines, leur profondeur dans la terre reste le plus souvent minime.

Les cantons voisins de la Gambie possèdent un climat plus chaud et plus humide que celui du reste de la colonie. On s'y trouve en effet sur les confins de l'Afrique tropicale dont la Gambie marque en quelque sorte la frontière.

Le Sine et le Saloum ont toujours été les pays Sérères par excellence mais, parmi les populations du cercle, on compte également de nombreux ouoloffs émigrés du Cayor, des Sossés fixés de préférence dans le Rip et jusqu'à des Bambaras.

La partie la plus « colonisée » par ces émigrants, des divers pays Sérères, est incontestablement le Sine qui touche le Baol.

Toutefois, les Sérères occupèrent les premiers le Sine comme le Saloum, et ils s'y groupèrent en nationalités dès la fin du XVIe siècle.

Le premier prince Gueloar, nommé Massa Ouali Dom, aurait fondé le Sine vers 1600. Son petit-fils serait le fondateur de Diakhao, village qui fut le Versailles de cette royauté noire. Diakhao se trouve à quinze kilomètres environ de Fatik tandis que six kilomètres séparent de Kaolak Kahone l'ancienne capitale du Saloum.

Chacun des deux chefs qu'on nommait Bour ne commanda

jamais à de grandes foules d'hommes, mais ils avaient, l'un et l'autre, une cour et des dignitaires aux fonctions bien délimitées.

Comme chez les Ouoloffs, des bandes de Tiédos exécutaient de plus les volontés du maître et la tourbe des simples paysans vivait sous l'oppression de ces véritables bandits, reconnaissables au foulard crasseux dont ils enveloppaient leur longue chevelure.

Les principaux seigneurs Sérères étaient le grand Farba, sans l'autorisation duquel le Bour ne déclarait jamais la guerre. Il est vrai que ce dernier nommait lui-même le grand Farba.

Le grand Diaraff, l'analogue, avec un peu d'imagination, de notre garde des sceaux, était au contraire directement nommé par les tiédos dont le consentement lui permettait de déposer le bour.

Celui-ci possédait de nombreux droits, il s'arrogeait de plus tous les autres.

Les Sérères de ces régions s'étaient toujours, et beaucoup mieux que ceux du Baol, jalousement gardé contre l'islamisme et le contact des étrangers.

Les intrigues des marabouts commençaient cependant à susciter jusque chez eux des luttes d'influences, lorsque nous contraignîmes leurs princes à se soumettre.

Comme partout au Sénégal, c'est Brüe qui tenta le premier de connaître ces populations. Il vint jusqu'à Fatik échanger des politesses avec le Bour Sine.

Le comte de Repentigny renoua en 1785 ces relations et les étendit même au roi du Saloum qu'il alla visiter.

Plus tard encore, Faidherbe montra de nouveau nos couleurs aux Sérères ; toutefois ce n'était plus comme ses prédécesseurs, en ami et en négociateur.

C'est auprès de Fatik que le gouverneur, venant de Joal, battit l'armée du Sine. Il laissa en se retirant un blockhaus dans cette localité et un autre à Kaolak où, trois ans plus tard, le sergent Burg et ses douze hommes devaient héroïquement repousser une attaque de Maba, prophète toucouleur, qui venait de soulever le Rip.

Les traités imposés par Faidherbe aux deux bours Sine et Saloum n'empêchèrent pas ces petits potentats de se livrer longtemps encore, à des déprédations vis-à-vis de nos commerçants établis dans leur pays.

L'un de ceux-ci dut une fois danser tout nu devant le bour Sine qui prononçait quelquefois, à cette époque, le « laff » contre les maisons dont il prétendait avoir à se plaindre et dont nul indigène n'osait plus dès lors franchir le seuil.

Aussi le général Brière de l'Isle dut-il imposer un nouveau traité au bour Sanou Faye.

Dix ans plus tard, le petit-fils de notre ancien adversaire Maba recommence encore la lutte contre nous et le lieutenant-colonel Coronat doit faire un nouvel et considérable effort pour le réduire à l'impuissance.

Notre mainmise sur toute la région devient, après cette dernière expédition, plus complète chaque jour, si bien qu'en 1898, le gouverneur général décide, sans amener la moindre protestation, de diviser le Saloum en deux régions distinctes. Ainsi diminuée progressivement, l'autorité des bours se trouva bientôt réduite à rien.

Le premier administrateur civil qu'on envoya commander le cercle du Sine Saloum, fut, par fortune, un homme pénétré de l'importance de ses fonctions. Sous sa direction, le pays des Sérères commença à se transformer mais l'œuvre était grosse de difficultés, il ne faut donc pas s'étonner qu'elle ne soit guère encore qu'ébauchée.

Le Sine compte environ 65.000 habitants, le Saloum, 50.000 et le reste du cercle à peu près autant que le Sine.

Les Sérères Sine sont très travailleurs, ceux du Saloum le sont déjà moins.

On récolte l'arachide dans les terres légères de ces deux provinces et surtout sur les frontières du Baol.

Le mil est une autre importante production du pays. Le riz se cultive surtout du côté de la Gambie et l'on trouve souvent auprès des villages des champs de coton ou de manioc, proprement entourés de petites haies.

Des caravanes lentes de chameaux menés par des Maures, fréquentent les sentiers du cercle et transportent pendant la saison sèche ces divers produits jusqu'aux escales de commerce.

Les habitants de chaque agglomération se groupent par races, dans des hameaux séparés dont la réunion forme un seul village, à proximité duquel existent toujours des seïanes et des puits.

Lorsqu'un groupe de cases appartient à des Sérères, il s'abrite sous de beaux arbres dans les branches desquels on aperçoit souvent de vastes corbeilles d'herbes qui sont des ruches très rudimentaires.

Les gens de cette race sont de bons éleveurs, ils possèdent cependant moins de chevaux que leurs voisins du Cayor ou du Baol mais, par contre, ils travaillent leurs lougans avec une sorte d'amour qui rappelle la passion de notre paysan pour sa terre.

La propriété n'est cependant pas individuelle comme elle l'est chez nous. Le peu de densité de la population explique du reste cette particularité des mœurs car si le sol appartient à la collectivité, la récolte demeure, bien entendu, à celui qui la fait pousser.

Il est rare de ne pas trouver dans un village Sérère quelconque, un ou plusieurs traitants attachés à l'une des grandes maisons sénégalaises et qui achètent des arachides et vendent des étoffes et de l'alcool.

On boit beaucoup d'alcool, en effet, dans le Sine Saloum comme dans tous les pays fétichistes du Sénégal.

Cet alcool contribue à modifier défavorablement l'état sanitaire, déjà si mauvais, du noir, il influe également pour sa large part sur la criminalité de la région.

Les attentats contre les personnes demeurent cependant exceptionnels, mais les délits moins graves ne sont pas rares ; toutefois les tribunaux de villages, puis ceux de cantons, n'ont guère à juger que de menus vols et des adultères.

Le vol d'une chèvre était récemment tarifé trois jours de prison tout comme l'adultère. La punition de ce dernier délit atteint huit jours de prison ou vingt francs d'amende, si la femme devient enceinte.

Tout le monde, du reste, se juge satisfait pour ce prix.

L'administrateur appose de temps à autre son visa sur le cahier où l'on collationne ces sentences et tout est dit.

Mais la situation change lorsqu'un Européen ou bien un citoyen français devient partie dans l'affaire. Alors, notre loi doit être appliquée et la comédie commence.

Un boy dérobe à son maître quelques bouteilles de vin, on le prend, on l'expédie jusqu'à Dakar. Le voleur rentre chez lui deux mois après, satisfait d'avoir été nourri sans rien faire et tout prêt à recommencer.

Le plus intéressant dans cette histoire banale, serait de savoir combien doit payer le budget pour cette répression illusoire, seulement on n'a jamais fait ce calcul si instructif !

Les mœurs des habitants sont, bien entendu, très simples. Ils possèdent toutefois des griots à la poésie desquels ils ne sont pas insensibles. Aussi peut-on entendre quelquefois, à l'heure de la sieste, des chanteurs qui s'accompagnent d'une sorte de guitare dont ils tirent deux ou trois sons, constamment répétés.

L'artiste ferme les yeux pour se mieux recueillir et, d'un ton très élevé, il commence un verset qui se termine bientôt sur un mode mineur.

Le silence reste profond autour de lui et le concert peut durer longtemps. Ainsi chantaient naguère nos troubadours quand des auditoires de serfs ou d'hommes d'armes se récréaient à les entendre.

Le chef-lieu du cercle était primitivement Foundiougne. Kaolak lui succéda dans cette haute dignité, voici environ quinze ans, et ce court laps de temps ne fut pas perdu le moins du monde pour cette dernière ville. Il semble en effet qu'on puisse, sans trop d'exagération, donner le nom de ville à l'escale, héritière du poste fondé par Faidherbe.

La petite garnison qui défendait naguère le blockhaus primitif était relevée tous les trois mois car on considérait alors le climat de Kaolak comme le plus chaud du Sénégal après celui de Podor.

Malgré les dangers d'un semblable séjour quelques commerçants ne tardèrent pas à se fixer à l'abri du nouveau poste dont la position était du reste admirablement choisie, à la limite même de la navigabilité du Saloum.

La distance à vol d'oiseau qui sépare Kaolak de la côte ne dépasse pas 70 kilomètres, mais pour être relativement courte, cette voie de pénétration n'en est pas moins précieuse pour le commerce.

Les premiers traitants s'établirent donc vers l'année 1870, sur le terrain qui nous avait été cédé en toute propriété.

Le pont Noirot sur le Saloum.

La Résidence de Kaolak.

Les grandes maisons de commerce de la colonie élevèrent un peu plus tard les vastes constructions qui se succèdent le long du fleuve en amont de l'emplacement jadis occupé par le fortin.

Ces habitations possèdent toutes leur accompagnement obligé de magasins et de « seccos ».

Des rues rectilignes furent tracées entre ces diverses constructions, elles délimitent surtout des espaces, plus ou moins vastes, de terres salées, entourées de tapades, car le Kaolak commercial s'est en effet construit sur un tanne.

Une vaste place qui paraît immense, sépare l'escale du quartier administratif ainsi que de la ville noire.

Cette dernière compte trois mille habitants. L'administrateur N. dont le souvenir reste si vivace dans la région la divisa en carrés parfaits, séparés les uns des autres par des rues larges, propres et bien ombragées.

Les cases de la ville sont généralement en paille ; quelques-unes construites en pisé et couvertes de tuiles constituent de véritables maisons.

Ces dernières appartiennent le plus souvent à des Sossés.

Le quartier administratif contient une résidence qui est certainement une des constructions les plus confortables et les mieux adaptées au climat de toute la colonie. Elle fut construite, voici près de dix ans, par un vieux colonial qui connaissait le Tonkin.

Ses murs de briques sont très épais. Elle forme un vaste rectangle entouré d'une large vérandah et un toit de tuiles la recouvre entièrement.

Elle se trouve au milieu d'une cour spacieuse ombragée de quelques beaux arbres.

Un certain nombre de constructions voisines, moins réussies quoique plus récentes et aussi coûteuses, abritent les autres fonctionnaires.

Plusieurs jardins potagers ont été plantés à proximité. Ils possèdent des puits dont l'un est pourvu d'un appareil à vent, élévatoire d'eau, semblable à ceux qu'on rencontre si souvent dans la Beauce.

Cet appareil est même, avec celui de N'gazobil, le seul de son genre qui existe au Sénégal, mais s'il est plus perfectionné que ce dernier, il présente aussi le gros inconvénient de ne pouvoir fonctionner, car on n'a pas su l'entretenir longtemps en bon état.

Le camp des gardes de cercle se trouve également dans le voisinage immédiat des précédentes constructions, entre elles et les premiers carrés de la ville noire. Enfin, sur la place qui sépare la Résidence de l'escale commerciale, une sorte de bizarre construction qu'il serait impardonnable d'oublier, attire sur elle l'attention, moins par sa masse que par son aspect très inattendu.

Ses parois, composées d'un simple treillis de fibres de bambous badigeonné de plâtre, lui donneraient une ressemblance fâcheuse avec un immense panier, n'était l'espèce de campanile pointu qui couronne l'édifice et peut passer en quelque sorte pour la signature de son auteur.

Ce remarquable morceau d'architecture, dû à l'administrateur N., n'a du reste pas coûté grand'chose, ce qui est bien un mérite. Il sert d'école et l'on en trouve d'absolument semblables dans les deux escales de Fatik et de Foundiougne.

Si l'extérieur étonne un peu, l'intérieur n'offre rien que de très banal. C'est une classe, mal tenue d'ordinaire, où un maître noir ânonne un peu de français devant quelques élèves peu studieux. Des cartes murales, représentant des lions, des éléphants, du mil ou du café, indiquent la part faite dans l'enseignement à l'exotisme obligatoire. Des sentences, parfois aussi bizarres en leur genre qu'est dans le sien le campanile du toit, pour ce milieu s'entend, indiquent avec netteté, que nous ne pouvons jamais, aux colonies, dépouiller tout à fait le vieil homme.

« Réunissez-vous souvent, mais pas au cabaret ! » conseille une de ces affiches à des musulmans, tandis qu'une autre proclame, « Vox clamans in deserto » : « Honneur aux fondateurs de la Mutualité ! »

L'administrateur N., dont le nom vient d'être rappelé tout à l'heure, est une figure secondaire, mais intéressante cependant, de notre personnel colonial.

Il entra dans l'administration par hasard, et rien dans son passé n'indiquait clairement que telle devait être sa destinée. Une fois nommé, ce fonctionnaire tomba même dans une faute commune à nombre de ses collègues, si souvent abusés par leur subordonnés noirs, et notamment par leurs interprètes.

On accorde bien à la vérité certaines faveurs aux fonctionnaires versés dans la connaissance des langues indigènes, mais ces avantages sont tellement illusoires qu'ils ne tentent guère personne, c'est pourquoi les interprètes indigènes demeurent toujours aussi indispensables et aussi dangereux.

Pour en revenir à M. N., ce fonctionnaire pécha donc quelquefois par excès de confiance. Il fut un architecte d'un goût peu sûr et son style lui-même posséda un cachet savoureusement fantaisiste.

C'est lui qui écrivait dans un rapport officiel, à propos d'un chef local nommé le « Boumi » :

« Son écu porte bêche en sautoir sur champ de mil semé de pistaches.

« Cherchant dans le travail de la terre ses seules ressources, à ce titre, ce prince a droit à toutes mes sympathies.

« De plus, il aime le bon vin, puisse cette affection l'engager à convertir sa province en vignoble. »

Mais le caractère de M. N. brillait mieux que ses lettres car il était très ferme vis-à-vis de tout le monde et son œuvre fut vraiment considérable.

M. N. ne construisit pas seulement des écoles ou des fermes-modèles, mortes avant d'avoir vécu. Il ouvrit aussi, avec les seules ressources du cercle, tout un système de routes, il construisit, ce qui est encore plus remarquable, de nombreux ponts et des chaussées pour faire passer ses routes par-dessus les marigots et à travers les « tannes ». Or, mieux que des phrases bien cadencées, ses ponts et ses routes plaident en sa faveur !

Le réseau routier tout entier du cercle aboutit devant la résidence de Kaolak. C'est là que se termine la route de Fatik et que commence celle du Baol. Si l'on suit le rivage du Saloum au sortir de l'escale commerciale, on trouve une troisième route qui se bifurque bientôt. L'un des embranchements se dirige sur Malem vers l'Est. Il a quatre-vingt-six kilomètres de longueur et le premier village qu'il traverse, Kahone, demeure la résidence du Bour Saloum.

L'autre embranchement forme un angle droit avec le premier.

Il s'engage bientôt sur une longue chaussée, aborde le fleuve qu'il traverse sur un magnifique pont de rôniers, long de 180 mètres et pourvu d'une arche mobile. Il prend ensuite une autre chaussée, puis, se divisant encore, il s'enfonce au Sud jusqu'à Nior et à l'Ouest jusqu'à Foundiougne.

Ce pont, auquel la reconnaissance publique donna le nom de son créateur, fut commencé en 1894 et terminé plus d'un an après. Il avait coûté environ trente mille francs et représentait un véritable trésor d'ingéniosité, de courage et de persévérance. Aucun ingénieur, en effet, n'avait présidé à sa construction et l'administrateur N., seulement aidé d'un commis des travaux publics, en avait conçu le plan et assuré l'exécution.

Kaolak traitait, avant que cette œuvre ne soit achevée, environ un million de kilos d'arachides. Ce chiffre a quadruplé depuis lors et le mouvement continue car la récolte du Rip peut maintenant atteindre plus facilement l'escale.

Toutes ces routes qui représentent environ 300 kilomètres ont été réparées dans ces dernières années par un administrateur et par les travaux publics. On ne peut les comparer, bien certainement, à nos routes de France, mais elles sont très supérieures aux meilleurs sentiers africains. La nature de leur sol fait qu'elles seraient incapables de résister à un roulage important car elles manquent de ballast et ne sont faites que d'argile et de sable. Elles ont cependant fort bon air, surtout aux abords de Kaolak, près du maître, entre leurs fossés proprement curés et leurs arbres, plantés à distances égales. La scène change, par malheur, un peu plus loin, aussi l'idée sans doute inexacte, se présente-t-elle à l'esprit, qu'on a peut-être trop, dans ces derniers temps, sacrifié l'utilité vraie aux simples apparences.

Toutefois, les petites et légères voitures d'origine américaine qui sont répandues dans la région peuvent parfaitement circuler partout. Ces véhicules, nommés hirondelles, portent deux personnes avec quelques menus colis et ils coûtent, rendus sur place, environ 300 francs.

Les Européens possèdent seuls des voitures ; malgré les nombreux exemples qu'ils ont sous les yeux, les noirs n'ont jamais songé à utiliser des moyens de transport plus perfectionnés que les chameaux des Maures ou leurs propres ânes.

La route qui réunit Fatik à Kaolak est, sans doute, la plus importante et la plus mauvaise à la fois de tout le réseau. Elle traverse des tannes inondés pendant l'hivernage, puis des bois où elle semble vouloir se perdre.

Le fil de la ligne télégraphique la guide seul dans ces conjonctures, mais s'il lui rend service de cette façon, il constitue en même temps un véritable danger pour les voyageurs.

Il traîne en effet quelquefois sur le sol ou bien il trace au travers du chemin, à hauteur d'homme, en sautant d'un arbre à un autre, une courbe gracieuse et molle qu'un cavalier ou le conducteur d'une voiture pourront ne pas apercevoir à temps.

Les quarante-cinq kilomètres qui séparent les deux escales procurent donc quelques émotions sportives à ceux qui les parcourent. Il arrive même, pendant l'hivernage, qu'on ne puisse effectuer ce petit voyage autrement qu'en prenant la voie du fleuve, infiniment plus longue.

Fatik occupe sur ce cul-de-sac qu'on nomme le Sine, une situation analogue à celle de Kaolak sur le Saloum. Mais tandis que les cargos remontent en tous temps jusque devant cette dernière escale, seuls les chalands peuvent atteindre le centre commercial du Sine.

Le fret de Fatik doit donc descendre jusqu'à Foundiougne pour être embarqué, les chalands qui font ce transport prennent sept francs par tonne. Le fret de Foundiougne en Europe ne coûte ensuite pas plus cher que celui de Dakar à la même destination, c'est-à-dire environ 25 à 30 francs.

Fatik créé par Faidherbe en même temps que Kaolak, prit assez promptement quelque extension. Quatre grandes maisons y possédaient des succursales, à partir de 1875. Leur nombre augmenta beaucoup depuis lors, chacune d'elle possède aujourd'hui des constructions plus ou moins confortables ainsi qu'un long warf qui, de la terre ferme, va jusqu'aux eaux salées et peu profondes du Sine. Fatik n'a d'importance qu'au point de vue commercial et, récemment encore, elle ne possédait comme fonctionnaire européen qu'un administrateur adjoint dont la modeste résidence, bâtie sur l'emplacement de l'ancien fort, s'élève au débouché de la route qui se dirige vers Fissel et Thiès. Le médecin de Kaolak lui a été donné tout récemment, car c'est elle qui réunit la plus importante colonie européenne du cercle tout entier.

Elle compte, pendant la traite, près de soixante blancs auxquels il faut ajouter quelques européennes. Mais aussi le Sine qui fournit d'excellente arachide en exporte annuellement près de vingt mille tonnes.

Le bourg est moins dispersé que Kaolak, l'escale européenne et le village indigène se touchent en effet, et se pénètrent l'un et l'autre.

Toutefois, les maisons de commerce sont presque toutes construites le long du marigot, sur une longueur d'environ deux kilomètres.

Une des plus belles parmi ces constructions appartient à une société commerciale puissante et prospère puisque ses actions ont à peu près quintuplé de valeur.

La Compagnie française de l'Afrique occidentale mérite, il faut le dire tout de suite, d'autant mieux son succès qu'elle ne se contente pas seulement de satisfaire sa clientèle. Elle s'occupe également de diverses questions qui, malgré leur importance, semblent attirer plus rarement l'attention de ses concurrents.

Le choix de ses agents est d'ordinaire très sévèrement fait et l'on va jusqu'à s'intéresser à leur hygiène dont prennent moins souci d'autres maisons. Ainsi, des flacons de quinine doivent toujours se trouver sur la table des employés de chaque succursale et cette exacte discipline ne laisse pas que d'être fort utile.

Peut-être, pourrait-on reprocher à la Compagnie française d'être un peu trop administrative et d'avoir, par exemple dans la construction de ses vastes et toujours confortables agences, trop sacrifié quelquefois au désir de l'uniformité.

Sa maison de Fatik représente justement son dernier modèle officiel de construction dont on trouve des exemplaires identiques notamment à Bignona, en pleine Casamance.

Cette habitation, élevée d'un étage sur le rez-de-chaussée qu'occupe un magasin, possède une vérandah le long d'un seul de ses côtés. Or, s'il est indispensable en Europe de faire pénétrer le soleil partout et le plus longtemps possible, il est utile au Sénégal de pouvoir en préserver l'intérieur des habitations, non pas constamment comme font certains, mais à volonté.

Le défaut est en somme minime dans ce cas particulier et la grande majorité des voyageurs que la Société reçoit à Fatik n'a pas lieu de s'en apercevoir.

La Compagnie ne tient cependant pas d'hôtel, il n'existe même pas d'établissement de ce genre dans toute la région, mais il n'est pas non plus une maison de commerce qui ne fasse avec ses voisines, assaut d'hospitalité vis-à-vis des Européens de passage.

Dans cet ordre d'idées encore, la Compagnie française est loin d'occuper le dernier rang. Tous ceux qui excursionnent dans le Sine Saloum contractent donc une grosse dette de reconnaissance vis-à-vis d'elle ou des autres maisons de commerce.

Ce renom qu'elles ont si justement conquis pourrait être également attribué à presque tous les Européens, fonctionnaires ou colons, de la brousse sénégalaise.

On n'y cite nulle part ceux qui se font un plaisir d'offrir la plus large hospitalité possible aux hôtes amenés par le hasard, car autant vaudrait recenser tout le monde.

Fatik, à l'encontre de Kaolak, ne possédait pas de jardins jusqu'à ces dernières années. Un certain nombre de commerçants se sont décidés à en créer et à planter des arbres fruitiers. Une compagnie possède déjà un assez beau verger qui contient des cocotiers et des manguiers encore bien éloignés, par malheur, de donner des fruits.

Fatik est également pourvu depuis peu de temps d'une machine à glace.

Ainsi, le confort et le bien-être général augmentent partout peu à peu.

Or, chacun de ces progrès améliore la santé publique dans des proportions insoupçonnables, et c'est en partie à cause d'eux et d'autres analogues, que des régions naguère réputées fort malsaines, perdent à juste titre leur mauvaise renommée.

Une route qui part de l'escale, longe la rive droite du Sine puis celle du Saloum, pour s'arrêter enfin sur le bord de ce dernier marigot, juste en face de Foundiougne. Elle fut ouverte par l'administrateur N. et reconstruite tout récemment par les soins des Travaux Publics.

On s'accorde généralement à dire que la réfection ne fut pas parfaite, et il est inutile d'ajouter qu'elle coûta plus cher que le premier travail.

Sous l'ancien régime, en effet, les administrateurs faisaient appel aux chefs indigènes, lorsqu'ils voulaient entreprendre une œuvre d'utilité publique.

Deux ou trois cents hommes venaient passer quelques jours sur les chantiers ouverts. Alors on leur distribuait de l'alcool, du tabac et de la nourriture. Ils faisaient « bombey », terme dans lequel on a quelque droit de chercher la traduction littérale de notre bombance, puis ils s'en allaient contents. Les prisonniers du cercle entraient ensuite en scène et ils achevaient l'ouvrage.

Tout cela n'allait probablement pas sans donner lieu à des abus, mais le procédé, fort économique, aurait peut-être mérité qu'on ne le condamnât pas tout entier.

Cette route de Fatik à Foundiougne traverse presque constamment sur ses vingt-cinq kilomètres de longueur, une région de « tannes » désolés. L'un de ces tannes porte le nom significatif de Niam-Nioro depuis que s'y enlizèrent les habitants de Nioro, pourchassés par des Tiédos.

Quelques hangars, des seccos et un warf, propriétés de maisons de commerce, existent sur ce point qui marque la navigabilité du Sine pour les navires de commerce.

Un petit appontement en face de Foundiougne marque le commencement de la route. Il reste toutefois à traverser sur un bac le fleuve, large en cet endroit de plusieurs centaines de mètres.

On peut bien atteindre Foundiougne de pied ferme, mais il faut alors partir de Kaolak, traverser le Saloum sur le pont N., et laissant à gauche la route de Nioro, prendre un chemin long de 45 kilomètres, dont la plus grande partie est parfaitement carrossable.

Cette dernière route qu'on peut faire à cheval d'une seule traite, présente même plus d'intérêt que celle de Fatik à Foundiougne. Elle suit la rive gauche du fleuve, plus boisée que la précédente et sillonnée d'autant de marigots. Aussi possède-t-elle un certain nombre de ponts, très proprement construits en bois, précédés pour la plupart de chaussées souvent assez longues.

On raconte dans le pays, à propos d'un de ces ponts, celui de Gagné, une anecdote, sans doute apocryphe, qui vaut cependant d'être rappelée.

Un commerçant avait fortement pris à partie l'administrateur N. qui habitait alors Foundiougne. Il s'était même, dans la chaleur de la discussion, laissé aller à lui donner une paire de gifles.

Ayant réfléchi aux conséquences de son acte, l'irascible colon voulut sans tarder présenter ses excuses au fonctionnaire outragé. M. N. accepta d'arrêter l'affaire mais il fit donner gratuitement pour l'administration les poutres et les planches nécessaires à l'édification du pont de Gagné.

Un peu plus d'une heure après avoir quitté Kaolak, des écritaux cloués aux arbres de la forêt indiquent la proximité d'un village dont la visite est particulièrement intéressante.

Ce village est l'œuvre d'un noir de Gorée, Th. Turpin, qui s'installa dans la région, voici bientôt vingt ans.

Avec de vastes magasins et la boutique où il vend tout ce qu'on achète dans la brousse, cet homme possède encore des salines, des rizières, des champs d'arachide et de coton. Turpin se livre également à l'élevage des bœufs et des porcs de race yorkaise, introduits par lui-même dans la colonie.

Il s'habille à l'européenne quand il va dans les escales mais conserve chez lui les modes indigènes.

Son établissement qui touche la rive même du Saloum a été fondée par lui seul, dans une région auparavant déserte, à plusieurs kilomètres à la ronde.

L'œuvre ainsi menée à bien par cet homme est d'autant plus remarquable qu'elle est, tout entière, sortie des mains d'un Sénégalais livré à lui-même.

Elle ferait grand honneur à un colon européen et c'est le plus bel éloge qu'on puisse adresser à son créateur qui pourrait, au surplus, se vanter de n'avoir ni maîtres, ni disciples parmi ses concitoyens.

Foundiougne est construit dans une île qu'un marigot peu important sépare de la terre ferme.

L'embouchure du Saloum en est éloignée d'environ 24 milles marins. Elle présente une barre beaucoup moins pénible que celle du Sénégal, mais ses abords sont excessivement marécageux et presque partout impraticables.

Aussi Foundiougne joue-t-il un peu sur ce véritable bras de mer, et toutes proportions gardées, le même rôle que Saint-Louis sur son vaste fleuve.

L'histoire de l'escale offre ce caractère particulier que celle-ci fut fondée exclusivement par le commerce local.

Une grande maison du Sénégal acquit du bour, vers 1875, une vaste concession sur l'île, alors presque inhabitée. Son exemple fut bientôt suivi par une autre compagnie, puis par une troisième et une quatrième qui se partagèrent, le long du Saloum, tout le terrain émergé et même une partie des tannes voisins, inondés à marée haute.

Des indigènes fixèrent leurs cases à proximité des constructions européennes. L'escale était fondée. Son importance devenant considérable, la colonie y installa plusieurs fonctionnaires, un administrateur, des douaniers et un commissaire de police, sans compter un télégraphiste et un maître d'école noirs.

Mais l'administration elle-même dut subir les exigences des compagnies qui prétendaient, en accaparant les terrains, éloigner des concurrents possibles et se réserver du même coup le monopole du commerce des arachides récoltées sur cette partie de la rive gauche du Saloum, jusqu'à la frontière anglaise.

Les commerçants évincés installèrent tant bien que mal leurs seccos et leurs magasins auprès de Niam-Nioro ; quant à l'administration, elle obtint, péniblement et à cher prix, de quoi loger ses fonctionnaires.

Malgré certaines apparences contraires, les intérêts des grands propriétaires de Foundiougne ne devraient pas lutter ainsi contre l'intérêt général. Or celui-ci trouverait évidemment son compte à l'extension croissante de Foundiougne.

Mais il semble que les particuliers n'admettront jamais sur place cette manière de voir. La colonie, qui aurait cependant le pouvoir de réduire ces oppositions, trop nettement contraires au bien public, n'a de son côté, pas lutté jusqu'ici très énergiquement contre des résistances aussi exagérées, et « adhuc sub judice lis est ».

Les quatre grandes maisons de Foundiougne étalent leurs vastes constructions le long du fleuve dans lequel s'avance leurs warfs respectifs.

Tous les fleuves ou les marigots vaseux de la colonie, comme trop souvent ses côtes battues par la mer, constitueraient un obstacle infranchissable pour le commerce, si l'on ne construisait ces sortes de ponts, grâce auxquels les marchandises peuvent être plus facilement embarquées.

La nature prévoyante multiplie du reste, sur la surface presque entière du Sénégal, les palmiers rôniers dont le tronc presque imputrescible constitue le meilleur des pilotis.

Il serait probablement hasardeux d'affirmer qu'elle le fit exprès mais le fait, en tous cas, n'en subsiste pas moins !

L'escale de Foundiougne est assez malsaine puisqu'elle est bâtie au milieu de marécages. Elle manque d'eau potable au surplus et ses habitants doivent aller s'en approvisionner à plus de cinq kilomètres de distance, jusqu'au village de Tiaret.

Aussi, peut-on s'étonner que l'administrateur N. ait songé à y construire en même temps que l'école munie de l'ordinaire campanile, une ferme dont les restes inutilisés subsistent encore à l'entrée du bourg.

L'agriculture locale doit certes réaliser de nombreux progrès, car elle est restée très rudimentaire, mais peut-être convient-il actuellement que l'État favorise son amélioration d'une manière surtout indirecte.

On ne peut multiplier encore les stations d'essai et par contre, au moins dans cette région, le perfectionnement du système routier, la vulgarisation de moyens de transport, moins primitifs que l'emploi des seules bêtes de somme, la lutte contre les épizooties, la création de caisses de prévoyance, publiques ou privées, pour pallier aux effets désastreux des innombrables fléaux dont est menacée la culture indigène, sont sans doute les premières et les plus utiles mesures à prendre.

L'administration fit déjà du reste, des efforts très méritoires dans ce sens, puisqu'elle a distribué récemment aux populations du Rip, du Saloum et des provinces voisines, les arachides nécessaires aux semailles.

Le Sine Saloum n'est qu'un bras de mer, il était il y a trois siècles un véritable fleuve dont on a retrouvé les traces jusqu'à la hauteur de Ouarnéo, localité éloignée dans l'est de Kaolak, à plus de cent kilomètres.

Grâce à ce fleuve, les Portugais s'étaient avancés très loin dans l'intérieur des terres où l'on voit encore, assure-t-on sans preuves certaines, des ruines de leurs établissements.

Le cours du Sine, également plus étendu qu'aujourd'hui, pénétrait jusqu'aux confins du Ferlo.

Tel qu'il demeure, le Sine-Saloum constitue toujours une précieuse voie de pénétration pour le commerce.

N'était un petit banc de vase que l'administration fait draguer, tous les bateaux qui fréquentent les eaux sénégalaises (ils calent généralement quatre mètres) pourraient, de France, monter jusqu'à Kaolak sans rompre charge.

Les chalands remontent même plus loin, jusqu'au village de Tikat, peu éloigné de Malem.

La pauvreté de ces régions en voies de communication naturelles n'avait pas tardé à faire naître dans les esprits un certain nombre de projets divers en vue de suppléer à cette indigence.

L'administrateur N. établit tout un réseau routier qui fut encore étendu depuis lors mais le peu de solidité de ces chaussées, tracées dans le sable ou l'argile, et l'absence presque totale de véhicules, ont fait qu'elles rendent peu de services.

Aussi voulut-on construire un chemin de fer à travers le Sine où prospère la culture de l'arachide.

Le tracé de ce chemin de fer qui ne fut jamais exécuté, avait été étudié par le commandant Marmier, depuis devenu général. Il devait réunir Thiès et Fatik.

Son utilité n'eût été que secondaire et locale à cause de son peu de longueur. Rufisque aurait été le port de la ligne, à moins qu'on ne se soit résigné à transporter comme auparavant, les marchandises en chalands, sur le Sine puis sur le Saloum, de Falik jusqu'à Foundiougne.

Le gouverneur général Roume, qui savait tracer des plans d'ensemble et ne craignait pas de prévoir l'avenir, fit étudier un autre projet beaucoup plus important, dans le but de joindre à Dakar le chemin de fer de Kayes au Niger.

Le fleuve Sénégal constitue une voie commerciale dont l'entière utilisation n'est possible que pendant trois mois de l'année. Il demeure par contre, absolument inutilisable, sur la grande partie de son cours, pendant six longs autres mois.

Or ce fleuve réunit seul le Soudan à la mer. Si donc une voie permanente était créée entre la côte et Kayes où aboutit la ligne ferrée qui pousse ses rails jusque sur les bords du Niger, on remédierait définitivement à l'insuffisance du Sénégal comme voie commerciale de transit.

En même temps que plusieurs missions étudiaient la possibilité d'améliorer le fleuve, une autre, sous la direction du distingué colonel Rougier, procédait à l'étude du tracé d'une voie ferrée qui, après avoir traversé le Baol et le Saloum Oriental, longeait au sud le désert du Ferlo.

La nouvelle ligne rejoint à Thiès l'ancien chemin de fer du Cayor et à Kayes, celui du Sénégal-Niger.

Plusieurs variantes ont, du reste, été proposées. On voulait récemment encore partir de Rufisque ou de Pout, traverser le Sine et aboutir en un point central de la ligne soudanaise.

La dépense considérable que nécessiterait l'exécution de cet important travail en avait fait ajourner l'exécution, mais la réalisation du dernier emprunt de l'Afrique Occidentale a permis déjà d'en commencer les deux tronçons terminaux.

Il semble bien difficile de prononcer à moins d'être un spécialiste et d'avoir longuement étudié les divers côtés de la question, quelle devait être la première œuvre entreprise pour réunir le Soudan à la mer.

Fallait-il, au moyen d'immenses et coûteux barrages, tenter l'amélioration de la navigabilité du fleuve Sénégal ? Devait-on, au contraire, se décider pour la construction du long chemin de fer étudié par le colonel Rougier ?

Il semble bien, en tous cas, que le gouvernement général ait pris, en décidant la construction des deux premiers tronçons de cette voie ferrée, une décision très sage, susceptible, sans engager l'avenir, de rendre les meilleurs services à la cause du commerce.

L'ouverture déjà presque réalisée de quatre-vingts kilomètres de voie ferrée entre Thiès et Diourbel et celle de trente autres kilomètres, le long du Sénégal entre Kayes et Ambidedi présente, en effet, les nombreux avantages suivants.

Le premier des deux tronçons parcourt la riche région du Baol qui produit une quantité considérable des meilleures arachides de la colonie. Or ces arachides, qui valaient à un moment donné 150 fr. la tonne à Thiès même, n'étaient plus payés que 50 fr. à N' dahaye, un peu au delà de Diourbel, car leur transport à dos d'âne ou de chameau jusqu'à la voie ferrée absorbait en effet près de cent francs.

Le premier tronçon de la ligne nouvelle est donc assuré, non seulement de transporter toute la production actuelle du Baol, mais encore de stimuler l'ardeur des indigènes qui augmenteront leur production.

Le surcroît du fret ainsi transporté, jusqu'à Dakar et Rufisque, contribuera sans nul doute au développement des deux ports.

Le second tronçon longe le Sénégal ; il présente le grand avantage d'éviter aux navires les longs et pénibles seuils rocheux de Tamboukané. Kayes, qui vient de perdre son titre et ses prérogatives de chef-lieu du Haut-Sénégal Niger, perdra donc également les bénéfices que lui assuraient jusqu'ici ses fonctions d'entrepôt fluvial et de terminus du chemin de fer, mais le commerce de notre Afrique acquerra, par contre, de nouvelles facilités.

Ces quelques renseignements ne peuvent suffire pour qu'on se fasse une opinion sur l'ensemble de la ligne future. Aussi bien celle-ci sera-t-elle ouverte tout entière un jour ou l'autre et comme elle aura pour objet et pour résultat également, on peut le prévoir dès aujourd'hui, de vivifier toute une partie et non la moins vaste, du Sénégal, il convient d'en parler avec de plus amples détails.

La première partie de la ligne traversera jusqu'au delà de Diourbel, le pays Sérère boisé, cultivé, bien peuplé, où l'eau ne se trouve jamais très profondément enfoncée dans le sol.

Les puits de Diourbel n'ont eux-mêmes qu'une profondeur de 4 mètres et leur abondance est remarquable. Le sol de la région contient surtout du sable, des roches calcaires au-dessous desquelles se trouve la nappe aquifère, forment une partie du sous-sol.

Le tracé qui oblique vers le Sud à partir du kilomètre 130, passe un peu plus loin, du Baol dans le Saloum Oriental, où se trouve la forêt de Latié.

Souvent incendiée, constamment traversée par des troupeaux, cette forêt n'offre nulle part la luxuriance des sylves tropicales ; on y rencontre toutefois d'assez nombreux beaux arbres.

Le sol s'y creuse des vallonnements peu profonds au fond desquels se distinguent les lits de marigots maintenant desséchés.

Toute cette région où l'eau ne doit pas être très profonde et qui est à peu près déserte, serait susceptible d'être mise en valeur. Il en est de même jusqu'au village de Lampoul, situé vers le kilomètre 300, et qui marque la limite du Saloum.

La voie se développe ensuite dans les provinces du Kalondougou et du Niani Ouli, rattachées au cercle de Makakolibantan et limitrophes de la Gambie anglaise.

Elle passe sur toute cette section, au Sud et à peu de distance du Terlo dont le plateau de latérite compacte donne naissance à de nombreux marigots larges, peu profonds et tous tributaires du fleuve Gambie.

Une couche d'humus, souvent puissante, enrichit les vallées de ces rivières, desséchées pendant les longs mois d'été.

Elle serait capable de produire des graminées, du riz et du coton, mais l'absence de toutes voies de communications faciles contraint la population clairsemée de la région à restreindre sa production selon ses faibles besoins.

Le chemin de fer serait donc susceptible de faire naître une certaine prospérité dans cette contrée où vivent côte à côte des Ouoloffs, des Sossés musulmans et des Peuls fétichistes et ivrognes.

Le Boundou rattaché au cercle de Bakel commence après le kilomètre 400. Sans présenter d'abord de fortes dénivellations, son sol offre cependant plus de relief que celui des provinces précédemment énumérées.

Le tracé de la ligne coupe encore le lit de nombreux marigots et notamment celui de la longue rivière Sondougou, affluent de la Gambie.

La plaine arrosée par ce cours d'eau, celle également que traverse le Niari-Co, dont la source se trouve à peu de distance de Bakel, seraient l'une et l'autre extrêmement fertiles, au dire des membres de la mission d'études du chemin de fer, et la création de débouchés serait susceptible d'y appeler et d'y faire vivre une nombreuse population.

La ligne traverse ensuite la ligne de partage des eaux entre la Gambie et la Falémé, qui est constituée par une arête de roches grèseuses, mais aucune difficulté de construction ne se rencontre dans ce secteur dont certaines parties sont susceptibles d'alimenter un trafic régulier.

La traversée de la Falémé nécessiterait la construction d'un pont de 225 m. de longueur qui serait de beaucoup la principale œuvre d'art du tracé tout entier. Ce pont s'élèverait à proximité de notre ancien poste de Senoudebou.

Il ne reste plus après ce point qu'à couper la plaine de Kamera, actuellement déserte, mais également susceptible de culture et l'on atteint enfin le Sénégal dont la rive fertile est très populeuse.

La construction de ce dernier tronçon étudié en 1894 par le capitaine Calmel vient d'être, comme on l'a vu précédemment, décidée il y a déjà plusieurs mois et on la commence en ce moment.

Les seules difficultés matérielles que trouveront les ingénieurs dans la construction de la future ligne proviendront, la rapide description précédente en témoigne, de la rareté relative de l'eau sur une partie du parcours ; toutefois cette rareté n'est jamais plus accusée que dans le Cayor, il est donc facile de prévoir quelle sera facilement vaincue.

La voie se développera dans des régions plus ou moins fertiles, plus ou moins peuplées, mais où les travaux d'art, si coûteux d'ordinaire, seront rares et peu importants. Les terrassements nécessaires n'atteindront eux-mêmes qu'un chiffre relativement peu élevé.

Les pentes dépassant 10 millimètres au mètre ne se présentent qu'exceptionnellement sur le tracé, les rayons minima sont prévus à 800 mètres, un seul n'aura que 500 et deux ou trois, 300 mètres. Enfin quarante gares seraient ouvertes sur la longueur totale de la ligne qui est fixée à 682 kilomètres.

Malgré les facilités techniques de la construction du chemin de fer de Thiès à Kayes qui se traduisent par le prix de revient kilométrique fort peu élevé de 61.500 fr., le chiffre de la dépense totale est estimé devoir dépasser 41 millions.

Une somme aussi considérable contraignit à de longues hésitations les pouvoirs publics et c'est pour ce motif qu'ils décidèrent de borner leur premier effort à l'entreprise des deux tronçons terminaux dont l'exploitation ne peut être que fructueuse.

On doit, tout compte fait, souhaiter de voir se continuer bientôt cette œuvre importante dont le succès sera peut-être moins magnifique que celui du chemin de fer du Cayor, mais qui apportera certainement la vie et peut-être la prospérité, aux régions les plus déshéritées du Sénégal.

La construction de ce chemin de fer nouveau paraît ne présenter qu'une utilité d'ordre économique. Elle pourrait cependant nous aider à résoudre en notre faveur un problème de politique internationale, fort intéressant pour l'avenir de notre Afrique Occidentale.

Les Anglais possèdent au milieu de la colonie du Sénégal une enclave dont la grande importance ne peut se mesurer ni à sa superficie qui ne dépasse pas quatre mille kilomètres carrés, ni à sa population qui ne compte pas cent mille habitants.

Cette enclave comprend les deux rives de la Gambie, depuis l'embouchure de ce fleuve jusqu'à 300 kilomètres environ dans l'intérieur, et son extrême importance provient de ce fait que son fleuve dont aucune barre n'interdit l'entrée, demeure naviguable toute l'année pour les grands bateaux, au moins jusqu'à Mac Carthy, éloigné de plus de deux cents kilomètres de l'Océan.

La Gambie, découverte par les Portugais qui ne s'y fixèrent pas, attira au contraire les Anglais, puis les Français. Ceux-ci occupèrent Albréda en 1698. Cette création de Brüe connut des heures difficiles. Presque un siècle plus tard, le chevalier de Boufiers y trouvait une mauvaise hutte de paille occupée par trois ou quatre « pauvres diables qui ont la mort entre les dents ».

Bouflers admirait, au contraire, beaucoup la Gambie, le plus beau fleuve de la côte dont les Anglais, ajoutait-il, « se sont appropriés tout le cours en gens d'esprit qu'ils sont ».

Les Anglais sont demeurés jusqu'à maintenant les maîtres de la Gambie, par subtilité d'esprit selon l'expression de Bouflers, et aussi grâce à notre aveuglement, car nous leur avons cédé, en 1847, Albreda contre le poste inutilisable de Portendik.

Nous leur avons ensuite reconnu, par l'arrangement de 1889, la possession des deux rives du fleuve sur une largeur moyenne de dix kilomètres jusqu'au delà de sa limite de navigabilité. Le Dr J. Bayol, dont les négociations n'étaient pas toujours très heureuses pour son pays, fut fortement blâmé d'avoir signé un tel acte et quoiqu'il soit, hélas, bien inutile de revenir sur le passé, il semble qu'il le fut très justement.

Le récent accord franco-anglais qui fut signé en 1904 et dont l'importance n'a pas à être signalée ici, prévoyait toutefois certaines modifications très avantageuses pour nous, à l'état des choses ancien.

Cet acte diplomatique garantissait la liberté du commerce sur la Gambie et nous assurait de plus, la possession d'un point « qui sera reconnu d'un commun accord comme étant accessible aux bâtiments marchands se livrant à la navigation maritime ». Or Yarboutenda spécifié par l'article 5 comme étant ce point, ne peut être atteint que par des chalands !

Il faudrait, pour respecter l'esprit du traité que les Anglais nous cèdent Marc Carthy, naguère point de traite important mais qui est aujourd'hui en pleine décadence. Ses vieilles constructions en pierre appartiennent au surplus, pour la plupart, aux maisons françaises qui monopolisent ou peu s'en faut, le commerce de la petite colonie britannique.

L'Angleterre ne nous a cependant cédé ni Mac Carthy ni un poste équivalent et nous paraissons nous désintéresser trop nous-mêmes, des avantages réels que nous assurait sur ce point spécial le traité du 12 avril 1904.

La colonie de la Gambie anglaise n'a d'importance et de valeur pour ses possédants qu'à cause de sa situation géographique et de notre incurie.

L'important commerce de cette colonie se fait presque tout entier à notre détriment.

Les arachides, dont l'exportation par Bathurst oscille entre 20.000 et 40.000 tonnes, proviennent de notre Rip, du Firdou, du Niani, et même du Ouli qui sont presque entièrement français.

Une partie du caoutchouc de notre Casamance se dirigeait récemment, elle aussi, vers les établissements anglais.

Si les exportations de la Gambie sont presque toujours originaires de nos territoires, ses importations sont au contraire d'origine britannique et comme les produits de nos indigènes paient de fortes taxes pour pénétrer sur le territoire anglais, cette colonie et sa métropole font à bon compte de larges bénéfices.

Les recettes du budget de la Gambie dépassent un million et laissent chaque année des excédents sur les dépenses. Le commerce de la colonie atteint 10 millions de francs.

Aussi la Gambie dont la valeur intrinsèque est en réalité nulle pour ses possesseurs actuels, acquiert-elle à leurs yeux, pour les motifs précédemment indiqués, une importance réelle dont nous faisons les frais.

Dériver les produits de nos provinces limitrophes sur des routes d'exportation françaises, serait réduire son mouvement commercial et son budget à des proportions infimes.

Cette colonie deviendrait alors une charge pour sa métropole ou du moins, elle ne représentait plus pour elle qu'une valeur très diminuée. Or, la situation géographique de la Gambie fait que son importance sera toujours considérable pour nous.

L'ouverture du chemin de fer de Thiès à Kayes, en donnant une issue nouvelle aux produits de celles de nos provinces qui font aujourd'hui la fortune de la Gambie, serait donc susceptible, non seulement d'accroître leur richesse, mais encore de causer du même coup la ruine de la colonie anglaise voisine.

Il suffirait pour cela que les tarifs de transport des marchandises ne soient pas trop élevés et pour qu'ils demeurent aussi réduits que possible, il serait peut-être bon de chercher ailleurs qu'à Dakar le point terminus de la ligne future.

La réalisation de ce dernier désidératum nous est grandement facilitée par l'article 5 de la convention franco-anglaise de 1904. Cet article qui nous donne en effet la faculté d'obtenir sur la Gambie un port en eau profonde, nous permet également de réunir cette escale à nos territoires.

Même au cas où nous voudrions ne pas réclamer notre dû, et cette abstention serait ridicule, car les bons comptes font les bons amis, nous pourrions, d'une autre manière encore, obtenir un résultat à peu près analogue.

Le balisage de Saloum est chose faite, le draguage peu coûteux d'un banc de vase qui gêne seul la navigation, en aval de Kaolak, est déjà prévu sinon exécuté.

Cette escale serait donc bientôt en mesure, moyennant une légère dérivation de la voie, de servir de débouché à celle-ci.

La meilleure solution que nous puissions souhaiter du problème de la Gambie Anglaise, serait certainement la rétrocession de ce territoire à la France.

Mais, dans le cas même où cette acquisition nous serait dès aujourd'hui possible, il est probable qu'elle serait actuellement fort onéreuse.

Plus tard, lorsque la construction du chemin de fer de Thiès à Kayes, ainsi que l'accomplissement de toutes les clauses des traités auront transformé la situation à notre avantage, peut-être alors nous suffira-t-il de bien peu d'efforts supplémentaires pour atteindre le but encore si lointain maintenant.

Nous ne possédons plus guère dans l'Inde que des souvenirs. Pondichéry, Chandernagor nous rappellent nos gloires passées. Ces villes sont pour nous comme des joyaux de famille, précieusement gardés mais inutiles. La période de troubles dans laquelle semble devoir entrer l'Indoustan paraît pouvoir bientôt donner à la propriété de ces enclaves un prix nouveau pour l'Angleterre.

Ne disait-on pas, naguère, la France assez riche pour payer sa gloire?

Nous sommes depuis revenus sur cette opinion !

Échanger la Gambie, si utile pour nous à cause de son fleuve et devenue coûteuse pour l'Angleterre, contre le glorieux Chandernagor, Karikal ou Mahé, coûterait à nos cœurs mais serait productif aux deux parties contractantes.

La politique, hélas, ne doit pas être sentimentale et cet échange ou tout autre analogue, s'effectuant un jour, l'avenir de notre Sénégal, celui du Soudan, s'en trouveraient transformés.

LA CASAMANCE

Aspect tropical de la région qui est resserrée entre deux colonies étrangères. — Ses marigots et ses forêts. — Les différentes peuplades qui l'habitent. — Influence encore visible des Portugais. — Notre œuvre passée et ce que nous pouvons faire dans l'avenir en Casamance.

Deux fois par mois, un petit vapeur quitte les quais de Dakar, le lendemain du jour où le paquebot-poste de France a touché ce port.

Ce bateau tourne de suite vers le Sud et, après s'être arrêté quelquefois à Rufisque ou à Foundiougne, il passe devant la Gambie anglaise pour pénétrer enfin, bientôt après, dans l'embouchure d'un autre fleuve qui paraît très puissant.

Le véritable estuaire que forme cette embouchure s'ouvre entre deux côtes basses, frangées de grèves blanches et couvertes de brousse et de palmiers.

Une série de bancs de vase ou poussent parfois d'aventureux palétuviers y figurent l'avant-garde de la terre qui semble ainsi s'élancer à l'assaut de la pleine mer.

Le fleuve qui se prolonge ensuite dans l'intérieur paraît lui-même énorme, les contours de ses rives sont adoucis par la distance de sorte qu'on distingue à peine les arbres dont elles sont couvertes et qui bordent la vaste étendue de ses eaux sales, miroitant sous le ciel enflammé.

Le vapeur pénètre dans la Casamance et suit au milieu de brisants débonnaires, un chenal à peine marqué par une série de petites bouées peu visibles, il continue sa route en se dirigeant vers quelques points brillants qu'on ne tarde pas à distinguer dans un bosquet de verdure situé sur la rive gauche.

Ces points brillants sont les toits de tôles des maisons de Carabane.

La première vue qu'on a de la Casamance excite toujours la surprise admirative des voyageurs qui se sentent de suite dans un pays très différent du Sénégal. Rien, en effet, ne paraît devoir être commun entre cette région d'aspect véritablement tropical et le sec et aride pays des Ouoloffs.

Les climats eux-mêmes ne se ressemblent malheureusement pas non plus, et l'on n'a pas débarqué depuis quelques instants sur le warf ou sur les berges de Carabane que la chaleur humide dans laquelle on se meut péniblement vous incite déjà à ne pas confondre les deux régions.

La Casamance fait cependant partie du Sénégal dont elle constitue un des cercles les plus importants, mais le lien qui la rattache à cette colonie n'est qu'administratif.

Autant le Sénégal est sec, autant la Casamance est humide, telle est la première constatation qu'on puisse faire dès qu'on pénètre dans le fleuve. Ensuite, presque à chaque tour d'hélice, on ne tarde pas à distinguer dans la ligne sombre des palétuviers qui borde les deux rives une série d'ouvertures plus ou moins vastes par où des marigots se déversent dans l'artère principale.

Le même spectacle se renouvelle sans cesse, depuis Carabane jusqu'à la pointe d'Adéane, sur près de 100 kilomètres de longueur.

Si l'on suivait un de ces marigots, on ne tarderait pas à le voir se diviser lui-même, puis s'anastomoser avec d'autres marigots, de telle sorte que des cours d'eau plus ou moins puissants pénètrent partout le bas pays, comme nos veines et nos artères pénètrent nos muscles ou nos organes les plus profonds.

Pour ce motif, la Casamance rappelle à l'esprit Venise et, en vérité, il semble bien qu'elle soit une vaste et sauvage Venise, sans palais des doges et sans campanile, sans monuments anciens ni maisons somptueuses. Ses palais à elle sont des forêts profondes, ses maisons, des brousses plus ou moins épaisses. Mais, de même que la vieille ville, reine dépossédée de l'Adriatique, mire chacune de ses habitations dans l'eau calme d'un de ses canaux, de même aussi tous les bois de la Casamance, toutes ses forêts sombres et chaudes refléchissent leurs frondaisons dans quelques marigots sinueux.

Le flux et le reflux poussent alternativement dans deux sens opposés, les eaux de ces fleuves salés qui, lourdes de détritus et de vase, semblent cuire doucement au soleil. Car c'est une atmosphère d'étuve dans laquelle elles se meuvent et qu'elles-mêmes créent, grâce à leur évaporation perpétuelle.

Le delta de la Casamance représente une terre en formation grâce aux apports de vase et au travail de fixation que les palétuviers y poursuivent lentement. Les bords immédiats du fleuve sont formés, surtout sur la rive droite, d'îles marécageuses et inhabitables dont le sol mobile se nomme « potopoto ». Ces terres à demi solubles sont séparées de la terre véritable par des marigots le plus souvent parallèles au lit de l'artère principale, mais d'autres marigots se dirigent vers le Nord ou vers le Sud et ils se prolongent jusqu'aux frontières, du reste peu éloignées, de la Gambie ou de la Guinée Portugaise. Certains d'entre eux atteignent même les deux grands fleuves voisins, de sorte que des canaux plus ou moins praticables existent entre les uns et les autres.

Tel est l'aspect particulier que présente la basse Casamance. L'autre partie du cercle offre un caractère qui, tout en étant moins différent de celui du Sénégal, ne peut cependant lui être comparé. La Casamance tout entière figure un long boyau étroit, car du Nord au Sud, elle ne s'étend entre les colonies étrangères limitrophes, que sur une distance d'environ 75 kilomètres tandis que, de l'ouest à l'est, sa profondeur dépasse trois cents kilomètres.

Le fleuve lui-même conserve, depuis son embouchure dans l'océan jusqu'au delà de Sedhiou, sa puissance apparente. Sa largeur atteint en effet près de quatre kilomètres devant Carabane qu'une distance de 6 milles sépare de la mer. Elle conserve longtemps des dimensions à peine moins considérables, mais la profondeur de ses eaux est généralement minime. Un chenal assez étroit permet toutefois sans difficulté, aux vaisseaux de haut bord, de remonter jusqu'à Ziguinchor, à condition qu'ils soient guidés par des pilotes spéciaux.

Un véritable bras de mer, presque comparable au fleuve lui-même, s'ouvre devant l'île de Carabane, et se dirige vers le Sud, jusqu'au cap Roxo où commence la frontière portugaise. En face, sur la rive droite de la Casamance, débouche également un superbe marigot navigable, qui, limitant entre la mer et lui la région des Karones et celle du Combo, remonte jusqu'à une courte distance de la frontière anglaise.

Un embranchement de ce marigot contourne le Fogny dont il constitue la limite septentrionale et donne accès aux petits vapeurs, sur une distance d'environ soixante kilomètres, jusqu'à l'escale de Balandine.

Un peu plus loin, vers l'Est, derrière la pointe Zozor, sur la rive gauche de la Casamance, débouche un nouveau et magnifique affluent, le marigot de Djeromaït, qui représente, avec ses divers embranchements, les marigots d'Oussouye, de Kaïfou et de Kassoute, une voie navigable de près de cent kilomètres de longueur, accessible à des bateaux d'un tirant d'eau de plus de soixante centimètres.

Les territoires arrosés par ces différentes rivières ont à peu près terminé leur croissance. Ils opposent cependant au voyageur de nombreux marais où pousse une végétation dense et presqu'impraticable. Seule, la rive droite du fleuve, sur une profondeur de plusieurs kilomètres, est encore en genèse et ses îles de vase gluante n'abritent que des caïmans, du gibier d'eau et peut-être encore quelques hippopotames.

Un autre marigot débouche également à droite en face de Ziguinchor et touche, après de longs détours, Bignona, chef-lieu actuel du Fogny.

La pointe d'Adéane, qui forme sur la rive gauche un coude très prononcé, marque à peu près l'extrême limite du delta Casamançais.

Une longue et belle rivière, le Songrougou, débouche en face dans le fleuve, après s'être prolongée durant près de cent kilomètres dans la direction Nord-Est. Ce cours d'eau trace sur la rive droite la frontière commune aux populations diolas qui sont les plus vieilles de la région et aux tribus Mandingues, assez récents envahisseurs, originaires de l'arrière-pays.

La Casamance conserve toujours son large lit mais ses rives sont, à partir de ce moment, plus nettement tracées. La forêt du pays Balante pousse jusqu'à elle ses puissantes colonnes d'arbres ou bien ce sont des prairies opulentes ou même, parfois, des cultures qui couvrent ses berges.

La livrée sombre des palétuviers inquiétants n'apparaît donc plus, aussi l'œil comme l'esprit en éprouvent-ils un réel soulagement.

Le cours très lent des eaux s'étrangle quelquefois ou bien au contraire le fleuve s'élargit tellement qu'il semble devenir un lac dans certains coins éloignés duquel les pirogues indigènes ou les canots à pétrole des colons peuvent troubler encore les craintifs ébats des hippopotames et des lamentins.

Une grande île boisée divise le fleuve un peu en amont de Sedhiou, elle marque l'entrée d'une nouvelle région. La Casamance était jusqu'ici plutôt qu'un fleuve, un bras de mer véritable dont les eaux demeurent salées presque toute l'année.

Or, elle va bientôt se libérer définitivement de l'appui de l'océan mais, demeurée seule, elle ne pourra qu'à grand'peine remplir son lit devenu cependant beaucoup plus étroit.

Des rapides, des chutes même, rendent cette dernière partie de son cours tout à la fois très pittoresque et fort difficile. Les pirogues et les chalands peuvent cependant atteindre Garcia où des barrages rocheux arrêtent enfin toute navigation.

Toutefois la rivière remonte bien, de cascades en rapides, pendant plus de cent cinquante kilomètres au delà de Sedhiou, jusqu'aux premiers contreforts du Fouta Djalon, mais elle n'a plus aucune importance économique.

Les différentes races qui sont réunies sur le territoire relativement peu considérable de la Casamance, sont non seulement nombreuses mais encore très distinctes les unes des autres.

Certaines d'entre elles semblent, par divers traits de leurs mœurs, devoir être placées au dernier degré de l'échelle des races humaines.

D'autres, toutes voisines, paraissent avoir atteint un degré de civilisation infiniment plus élevé.

La grande race diola, à laquelle se rattachent vraisemblablement les Sérères, fut la première à peupler la Casamance. Elle s'étendit de bonne heure jusqu'à l'océan et la nature du pays accentua un des traits les plus fréquents de son caractère particulariste, aussi des sortes de petites nationalités, farouchement isolées de leurs voisines, se créèrent-elles bientôt les unes à côté des autres.

Ces Diolas, qui, naguère, peuplaient seuls les deux rives du fleuve, y formèrent peut-être des états plus ou moins constitués, tout au moins dans certaines parties de la région. Le nom même de la Casamance proviendrait de deux mots bagnounks Cassa, Mansa et rappelleraient le souvenir d'un roi de cette peuplade.

Brüe trouva dans le Fogny des chefs assez puissants pour qu'il ait voulu s'assurer leur amitié.

Plusieurs tribus, encore nettement séparées les unes des autres, se rattachent à cette race diola dont les mœurs sont bizarres. Toutes parlent un langage, commun par ses racines, mais qui varie presque d'un village à l'autre.

La plupart de ces peuplades sont très sauvages. Quelques-unes, toutefois, construisent de véritables maisons qu'on s'étonne de voir édifier par elles.

Presque toutes, également, se livrent avec succès aux travaux agricoles et, sauf les Balantes, on peut les considérer, malgré certaines opinions contraires, comme les plus courageuses et les plus aptes au travail, de toutes les populations sénégalaises.

Brüe fut surpris, rapporte déjà le P. Labat, de voir « les campagnes aussi bien cultivées qu'il les vit sur sa route » et l'on peut, en beaucoup d'endroits, refaire à plus de deux siècles d'intervalle, des constatations identiques.

La Basse Casamance appartient encore aux diverses peuplades diolas.

Les Karones habitent la rive droite près de l'embouchure, les Djongoutes les séparent des Diolas du Fogny qui s'étendent en face de Ziguinchor, dans une grasse et vaste plaine traversée par le marigot de Bignona, limitée à l'ouest par celui de Baïla et à l'Est par la rivière Songrougou.

L'autre rive du Songrougou appartenait jadis aux Bagnounks mais, dans le cours du siècle dernier, une invasion Mandingue leur prit ce territoire, à peu près dans le même temps qu'une autre tribu du rameau Diola, les Balantes, les chassaient de la rive gauche Casamançaise.

Ces derniers, sauvages et pillards, occupent la forêt qui s'étend derrière la pointe Adéane et remonte à l'Est jusqu'au Marigot de Tanaffe.

Si du pays Balante, l'on se dirige vers l'Ouest le long de la même rive gauche du fleuve, on rencontre les Bayottes dont le nombre est peu élevé et qui peuplent un certain nombre de villages jusqu'au marigot de Djéromaït où commence le territoire des Floups.

Ces derniers sont demeurés jusqu'en 1903, complètement indépendants de toute autorité, ils poussent leurs villages jusqu'à l'Océan.

La caractéristique sociale de ces diverses tribus peut se résumer en un mot. Elles sont anarchiques. Non seulement chaque agglomération garde son indépendance vis-à-vis des villages voisins mais encore chacun des groupes de cases dont elle est composée constitue un minuscule état que dirige l'autorité, du reste très relative, d'un individu plus riche ou plus fort que les autres.

Les maisons, rectangulaires et solidement faites d'épaisses murailles en pisé, sont percées de portes étroites et de fenêtres munies de barreaux en bois.

Au milieu de constructions dont l'ensemble forme une sorte de croissant, se trouve une cour, plus ou moins vaste, où l'on garde les troupeaux.

Les membres d'une seule famille habitent chacune de ces maisons, toujours sales et obscures, mais souvent composées d'un certain nombre de pièces et parfois aussi, décorées de colonnes dont les chapiteaux rudimentaires s'adornent de mosaïques en coquillages.

Si les Floups se font surtout remarquer par la relative beauté de leurs demeures, ils s'habillent par contre de la même façon sommaire que les autres Diolas.

Ceux du Fogny ne construisent pas tous de très belles cases et cependant leur territoire paraît être un des plus riches et des plus peuplés, non seulement de la Casamance, mais encore peut-être de l'Afrique. Leurs rizières sont vastes et fort bien entretenues, comme elles l'étaient déjà du temps de Brüe. Ils possèdent également d'assez beaux troupeaux de bœufs et de chèvres.

Les Balantes sont certainement plus sauvages et plus arriérés. Les villages qu'ils forment dans leurs forêts peu connues ne sont bâtis qu'avec des matériaux légers. Ils les quittent pour s'enfoncer dans les bois dès qu'une colonne, ou même lorsqu'un blanc se trouve signalé à proximité.

Ils cultivent quelques rizières, récoltent comme tous les diolas, le vin de leurs palmiers, qui constitue une boisson agréable et jusqu'à maintenant, ils se livraient surtout au pillage.

Les chercheurs de caoutchouc qui travaillent chez eux sont même encore aujourd'hui, attaqués et tués par ces incorrigibles voleurs. On accuse certains Diolas de se livrer, dans des circonstances particulières, à l'anthropophagie, mais aucune de leurs peuplades ne pratique l'esclavage. Par contre, l'épreuve du Tali est appliqué de temps à autre, chez les Balantes, à des collectivités entières et elle fait chez eux d'innombrables victimes.

Ces diverses tribus forment une population dont le recensement total est encore loin d'être achevé, on estime cependant qu'elles comptent au moins 125.000 âmes.

La densité dans le Fogny serait même, d'après certaines personnes, de plus de 25 habitants au kilomètre carré.

Le climat de cette région est, par malheur, excessivement pénible pour les Européens. La température annuelle moyenne n'y est pas inférieure à 27° car la nuit, la chaleur humide, dont on a souffert tout le jour, s'abaisse à peine de quelques degrés.

Les pluies commencent à partir de mai et cessent seulement vers le mois de novembre. La Basse Casamance, infectée de paludisme, est, de plus, ravagée par la tsé-tsé, de sorte qu'on n'y trouve nulle part de chevaux et que les hommes eux-mêmes sont quelquefois atteints de maladie du sommeil.

Le pays change à partir de Sedhiou. Les forêts se confinent alors presque exclusivement sur la rive gauche, la rive droite au contraire, tend à s'élever un peu sous forme de plateaux à pente douce dont le sol formé de latérite nourrit une végétation plus maigre. Les étroits vallonnements qui creusent ce plateau conduisent vers la haute Casamance, des marigots souvent à demi desséchés pendant l'été. La végétation fait toutefois preuve de puissance dans ces terrains toujours humides, où les indigènes possèdent également des rizières moins bien travaillées que celles du bas-pays.

Les populations de ce plateau sont très éloignées des précédentes, tant par leurs mœurs que par leurs origines.

Après en avoir chassé les Bagnounks et d'autres tribus diolas, les

Mandingues musulmans se sont installés en maîtres, sur la rive droite de la Casamance, entre ce fleuve et le Songrougou et même sur sa rive gauche, en amont du marigot de Tanaffe. Cette peuplade envahissante continua sa lente invasion, ses pillages et sa chasse aux captifs jusqu'au jour où notre autorité la contraignit à changer d'existence.

Les Mandingues disaient auparavant de nous : « les blancs sont de grands enfants, ils crient beaucoup mais leur colère s'apaise bientôt et ils oublient. »

Notre mansuétude à leur égard expliqua longtemps les ridicules prétentions de ces noirs qui sont environ 35.000, car on confond avec eux nombre de Bagnounks survivants mais plus ou moins islamisés.

Quelques milliers de Toucouleurs et de Sarracolets peuplent plusieurs villages, soit dans les environs de Sedhiou, soit dans le voisinage de la Gambie.

Encore un peu plus à l'Est, des tribus Peules, fortement métissées, tiennent les deux rives du fleuve réduit à l'état de maigre rivière. Ces Peuls, demeurés fétichistes, avaient, eux aussi, été subjugués par les Mandingues qui dominaient leur pays, le Fouladou, comme ils possédaient le Boudhié, le Pakao ou le Sorna, grâce à de nombreux tatas fortifiés. Mais vers 1860, les Peuls se soulevèrent sous la conduite d'un ancien esclave, chasseur d'éléphants, qui se nommaient Alfa Molo.

Ce chef chassa les Mandingues et créa un véritable état entre la Haute Gambie et le massif du Fouta Djalon.

Le fils de ce conquérant, Moussa Molo, accepta notre protectorat en 1881 mais il dut être déposé quelques années plus tard, à cause des exactions auxquelles il se livrait sur ses propres sujets dont le nombre dépasse le chiffre de 30.000 habitants.

Sur ce territoire relativement peu étendu qu'est la Casamance, vivent donc des races, ou du moins des tribus, distinctes les unes des autres, soit par le langage ou les croyances, soit par les mœurs ou les régimes politiques. Ceux-ci vont, ou plutôt ils allaient, de l'anarchie pure au despotisme absolu représenté, soit par la véritable et récente royauté Peule, soit par la toute puissance destructive de chefs de bandes mandingues, tels que Fodé Kaba.

Les populations diolas ou mandingues conservèrent d'autant plus longtemps leur originalité que les blancs n'avaient pour ainsi dire, jusqu'à ces dernières années, jamais pris une grande autorité dans leur pays.

Les Européens connaissaient cependant depuis des siècles la Casamance, et même ils s'y étaient établis depuis un temps déjà reculé.

Brüe y trouva quelques aventureux frères de la côte jouant au seigneur féodal.

La colonie agricole qu'il voulut fonder ne lui survécut pas, mais les Portugais, plus heureux que nous, surent créer et maintenir jusqu'à maintenant, des établissement dont l'importance n'égala du reste pas la longévité.

On prétend qu'ils furent, entre autres choses, les maîtres en architecture des diolas. C'est peut-être trop dire, mais les habitations des noirs « lusitanisés » semblent bien bâties sur un modèle européen à peine transformé.

L'influence portugaise ne s'est, du reste, pas bornée là, elle s'étend encore à la religion, à la langue, ainsi qu'aux noms de famille. Les noirs de Ziguinchor qui parlent un patois portugais portent tous, et là n'est pas le côté le moins imprévu de la survivance des idées portugaises, des noms justement illustres sur les bords du Tage. Ils se nomment sans vergogne Albuquerque ou Camoëns, de sorte que, si jamais la véritable noblesse portugaise disparaît du monde, on pourra, sur les bords de la Casamance, en retrouver une autre dont l'authenticité risque toutefois de n'être pas admise, même par le D'Hozier le plus conciliant.

Il convient de ne pas exagérer. Les noirs de Ziguinchor n'ont de portugais que l'étiquette et un reste d'orgueil mué depuis longtemps en enfantillage vaniteux. Ils sont sales et paresseux, dépourvus de culture autant que de moralité. Leur nombre n'excède pas au surplus quelques centaines d'habitants disséminés à Ziguinchor et dans certains villages voisins.

La domination du Portugal sur Ziguinchor se prolongea du reste jusqu'en 1888, époque à laquelle cette escale nous fut cédée.

Son existence, depuis lors très tranquille, ne l'était pas avant cette date.

Ziguinchor. — Le long du fleuve.

Oussouye. — Case Floup en construction.

Ses habitants, livrés à eux-mêmes, se divisaient en factions ennemies qui se battirent plus d'une fois dans les ruelles de leur très humble village.

Nos voisins employaient surtout alors leur activité à contrecarrer la nôtre qui longtemps demeura fort intermittente elle-même.

Aussi la convention du 12 mars 1886, par laquelle le Portugal nous abandonnait la vallée de la Casamance tout entière, fut-elle éminemment utile aux deux partis. Elle allait nous permettre de commencer l'œuvre nécessaire de la pacification du pays, elle supprimait en même temps pour l'avenir toutes craintes possibles de complications entre nos voisins et nous.

Toutefois notre politique indigène ne suivit pas, à partir de ce jour-là, une direction nouvelle plus conforme que celle du passé à nos intérêts les plus évidents.

Nous étions demeurés, depuis le jour déjà lointain de notre établissement sur la rivière, dans l'indécision de ce que nous devions y faire et dans la crainte de trop nous engager. Cette manière de voir qui semble la plus commode et qui est en réalité la plus dangereuse de toutes, demeura la nôtre, quelques années encore.

Nos premières entreprises modernes en Casamance datent de 1836. Les Anglais s'étaient assurés peu de temps auparavant, la possession de toute la Gambie où nous ne pouvions dorénavant plus tirer aucun parti de notre poste trop isolé d'Albreda.

Voulant prendre notre revanche en Casamance, pendant qu'il en était temps, nous achetâmes une île voisine de l'embouchure de cette rivière, et l'année suivante, un autre terrain à Sedhiou dans le Boudhié, en un point où le fleuve va bientôt cesser d'être navigable, même pour les chalands.

Les sacrifices consentis par le commandant de Gorée pour ces acquisitions et celles qui suivirent ne furent pas considérables. Le terrain de Sedhiou ne nous coûta en effet qu'une rente annuelle de 39 barres, c'est-à-dire environ 196 fr. d'argent. Nos débuts dans le pays ne furent cependant ni très heureux ni très faciles.

Nous nous y installions uniquement pour nous livrer au négoce. Or le commerce ne prospère que s'il est garanti contre tous les risques.

Mais l'anarchie dont souffrait la Casamance ne devait pas prendre fin du jour au lendemain, malgré les innombrables traités que nous nous évertuâmes à signer avec tels ou tels villages.

Les Soninkés de Sedhiou eux-mêmes nous firent tant subir de vexations qu'en 1850 le capitaine Roger, chef du poste, décida de les chasser, ce qu'il fit avec l'aide de Mandingues appelés par lui dans le pays. Mais le gouverneur de Gorée rappela son subordonné et prit le contre-pied de sa politique.

De semblables contradictions sont le plus souvent mauvaises en pays noir et même ailleurs, aussi notre prestige ne devait-il tirer aucun profit de ce changement.

Les années passent cependant et si notre autorité ne réalise à peu près aucun progrès, notre commerce, par contre, s'étend d'une manière assez satisfaisante, malgré les avaries qu'ont toujours à subir nos traitants, soit dans une province, soit dans une autre.

Aussi le commandant de Sedhiou peut-il comparer en 1857, à une foire de province, les abords de son poste, par suite de l'affluence de gens qui viennent commercer avec nous.

El Hadj menace un peu plus tard Sedhiou où l'on doit bâtir deux blockhaus de défense. A la même époque, les Mandingues nous méprisent, les Balantes qui nous narguent, attaquent et laissent pour mort, dans un village, notre représentant qui venait y palabrer.

Malgré les pillages, les luttes intestines, la mauvaise foi des noirs, celle aussi, il faut le dire, de nos traitants qui, dans la province, sont généralement des Sarracolets, nos postes exportent en 1862 plusieurs milliers de tonnes d'arachides, de la cire et du riz.

Les années suivantes s'écoulent sans amener de grands changements dans la situation. La traite est plus ou moins florissante, selon que la récolte, plus ou moins bonne l'a facilitée et, surtout, selon que les guerres l'ont empêchée.

Le village chrétien de la pointe Saint-Georges se range sous notre autorité, plus tard c'est l'Yacine qui demande la protection de Sedhiou, mais Guimbering pille un de nos voiliers et les gens de Yatacounda viennent voler toutes les pirogues de Sedhiou en même temps que les troupeaux du village.

Enhardis par notre faiblesse, les Mandingues osent enfin assiéger ce poste. Cela se passe en 1873 et, dans la même année, le village de Sandiniéri, situé sur la rive opposée de la Casamance, nous attaque également.

L'inimitié des Mandingues durera jusqu'en 1883, époque à laquelle nous nous déciderons enfin à faire le minime effort suffisant pour briser leur résistance.

La période héroïque et féconde du gouvernement de Faidherbe n'a donc apporté pour la Casamance aucun changement appréciable. Les successeurs du grand gouverneur non plus ne s'occuperont pas spécialement de cette province trop éloignée d'eux.

Nous ne déciderons d'y asseoir notre autorité que bien après la délimitation de ses frontières, assurée par les traités passés avec le Portugal en 1886 et avec l'Angleterre en 1889. Cette délimitation elle-même ne sera terminée qu'en 1906 par la mission Maclaud.

Ce n'est qu'en 1900 que nous pénétrons dans le pays Floup. La tranquillité n'est du reste encore complète nulle part, les pillages anciens se renouvellent parfois, le paiement de l'impôt, qui est bien le meilleur critérium de la soumission d'un pays, s'effectue mal un peu partout, principalement dans le Fogny et chez les Balantes.

Mais c'est à peine si nous connaissons, même aujourd'hui, l'une et l'autre de ces deux dernières régions.

L'administration de la Casamance se résume actuellement de la manière suivante.

Un administrateur supérieur réside à Sedhiou, demeuré le chef-lieu du cercle, un administrateur adjoint commande à Ziguinchor, devenue la grande escale commerciale de la rivière, Hamdalahi dans le Fouladou Peul, Yatacounda chez les Balantes, possèdent un fonctionnaire subalterne tandis qu'un douanier représente seul l'administration dans l'ancienne escale de Carabane, bien déchue aujourd'hui de sa relative importance passée.

Les troupes qui occupent ce vaste cercle encore si mal pénétré et soumis, comprennent deux compagnies rassemblées à Bignona, à Ziguinchor et à Sedhiou.

La résidence de Diouloulou dans le Combo n'a pas été maintenue et l'ancien poste militaire d'Oussouye chez les Floups a été abandonné.

Le dernier effort de l'administration s'est surtout fait sentir dans un autre sens. On s'est en effet décidé tout récemment à créer une ceinture de postes de douanes, le long des deux frontières anglaises et portugaises qui resserrent si étroitement la basse et la moyenne Casamance.

Le service compétent tira, d'une manière très heureuse, parti de la configuration générale du pays. Il installa la plupart de ses postes sur les marigots affluents de la Casamance, aux points les plus rapprochés des frontières où peuvent remonter les embarcations.

C'est en effet par ces marigots que passe tout le commerce du cercle. L'administration supérieure facilita, au surplus, la tâche difficile des douanes en refondant pour cette région de la colonie une partie des tarifs dont l'élévation aurait pu, dans certains cas, favoriser la fraude.

Le commerce a fait, pour prendre possession de la Casamance, des efforts pécuniaires peut-être supérieurs à ceux de l'administration. Il s'est aventuré partout, au surplus, de sorte qu'il n'existe pas de canton, presque pas de village important où il n'ait envoyé un commis ouvrir une boutique.

Quatre grandes compagnies dont l'une est allemande sont installées dans le cercle. Mais à côté de ces comptoirs, d'assez nombreuses maisons plus ou moins puissantes en ont ouvert d'autres.

Les procédés de toutes sont à peu près analogues, les unes cependant s'adonnent de préférence à l'achat des arachides dans le haut pays, les autres à celui du caoutchouc. Elles payent en numéraire ou font le troc des produits du pays contre les marchandises d'Europe, on peut ajouter que nos maisons françaises surtout se font remarquer par l'honnêteté de leurs transactions.

La pénétration, chaque jour plus profonde du pays, causa voici quelques années déjà, la ruine de Carabane. Ce vieux poste, bâti dans une île marécageuse, était naguère un entrepôt où affluaient les produits des environs, lorsque nous n'osions encore pénétrer nulle part. Mais maintenant que la concurrence entraîne nos commerçants à se porter partout, au-devant de la clientèle, Carabane, réduit aux échanges locaux, n'est plus que l'ombre de lui-même.

Une grande habitation, vieille de près d'un demi-siècle, rappelle, avec son puissant mur d'enceinte, les temps peu sûrs des débuts. Elle tombe en ruine et ses toits dégradés comme ses vastes cours dallées, pleines aujourd'hui d'herbes et de débris, indiquent, en même temps que l'indifférence de ses possesseurs actuels, l'immuable déchéance de l'escale.

L'épidémie de fièvre jaune de 1900 tua tous les blancs du village et lui donna le dernier coup dont il ne s'est pas relevé, aussi n'y voit-on plus aujourd'hui, auprès de deux ou trois maisons européennes, qu'une grande église en pierre et quelques dizaines de cases en crintine, sorte de vannerie faite avec des tiges de bambous coupées en lanières étroites.

Sa population n'atteint pas un millier d'individus ; elle se compose, par parties égales, de Ouoloffs immigrés du Sénégal, et de noirs dits portugais, de confession catholique.

Les grandes maisons européennes se sont fixées, après l'épidémie de 1900, dans l'ancien village portugais de Ziguinchor, placé sur le fleuve au point le plus éloigné que puissent atteindre les grands bateaux à vapeur.

Les cargos du commerce qui viennent y mouiller appartiennent aux diverses maisons d'armements en relation avec le Sénégal. La compagnie allemande Woermann y fait également toucher ses vapeurs.

L'escale de Ziguinchor est certainement la plus importante du cercle. Elle est devenue, au lieu de Carabane et grâce à sa position géographique, l'entrepôt de la région. On peut ajouter qu'elle conservera longtemps, sinon toujours, cette fonction rémunératrice.

Les grandes compagnies commerciales se sont installées le long du fleuve dont la largeur atteint à peine 1500 à 1800 mètres devant l'escale.

Les plus anciennes élèvent leurs constructions jusque sur les berges que prolongent, pour chacune d'elles, un large warf appuyé sur d'innombrables troncs de rôniers.

Quelques-unes de ces constructions sont vastes et confortables, toutes comprennent, selon la mode sénégalaise, non seulement les boutiques, les magasins et les entrepôts, mais encore les locaux nécessaires pour le logement des nombreux employés européens qui vivent en communauté sous le même toit.

Un reproche grave pourrait cependant être adressé à leurs architectes. Ils ont trop servilement copié les modèles en usage à Saint-Louis où à Dakar, or le climat de la Casamance est beaucoup plus chaud et plus humide que celui de ces deux villes.

Une assez vaste place, au milieu de laquelle se dresse une église, permet seule aux habitants du bourg d'accéder jusqu'au fleuve, puis la série des constructions de commerce recommence de nouveau.

Derrière cette longue suite de constructions européennes, les maisons des noirs portugais forment une ou deux autres rangées, séparées par des rues mal tracées et plus mal entretenues.

La douane, deux autres constructions administratives, et la résidence dont le style est bizarre, complètent Ziguinchor. Un étroit espace couvert d'herbes sépare seul ces derniers bâtiments de la forêt. Celle-ci, formée d'arbres magnifiques, se prolonge, entrecoupée de nombreux marigots, semée de rares clairières et de vastes marais, jusqu'au delà de la frontière portugaise.

Quelques-uns des noirs portugais de Ziguinchor sont charpentiers ou menuisiers médiocres, d'autres travaillent sur les bateaux de cabotage, leurs femmes sont généralement d'humeur facile, de sorte que l'ancien mariage sénégalais, honni sur les bords du Sénégal, trouve encore un aimable refuge sur ceux, moins arides, de la Casamance.

Les rizières des villages voisins de Santiaba, de Boucotte, de Kandi et surtout de Goumèle, situé un peu en amont sur le fleuve, appartiennent en partie aux gens de Ziguinchor et se sont des Bagnounks qui sont leurs métayers.

L'escale déjà florissante, le deviendra de plus en plus à mesure que le pays se pacifiera et qu'il sera mis en exploitation, car c'est toujours là que, par la force des choses, les nombreuses succursales des maisons de commerce devront venir se ravitailler.

Tandis que plus vaseuse et couverte de palétuviers derrière lesquels on distingue parfois des bouquets d'eleïs ou d'autres palmiers, la rive droite conserve un aspect sauvage, la rive gauche offre au contraire, après Ziguinchor, un spectacle de plus en plus riant.

Devant la pointe Adéane, en face de laquelle débouche le Songrourou, la vue est vraiment magnifique. Le fleuve s'étale comme un lac au milieu duquel la pointe avance ses prairies grasses, semées de palmiers.

Sur la berge, un toit de tôle brille dans la verdure. Il indique la ferme d'un colon.

Plus loin, paraît un autre toit dans un autre fourré d'arbres, et plus loin encore un troisième.

Celui-là représente la station agricole de Mangacounda qu'un intelligent fonctionnaire sut transformer en quelques mois.

Mangacounda fut en effet racheté par la colonie à une société agricole qui s'y était ruinée. Cette société, créée de toutes pièces dans une de ces officines de Paris qui en fonda tant d'autres semblables, soit au Congo, soit à Madagascar, avait pour unique but d'exploiter le bénévole actionnaire puis, secondairement, et si vraiment l'on ne pouvait s'en dispenser, les richesses du pays

Le sol de Mangacounda ne manque pas de fertilité, mais, pour réussir, une entreprise agricole aux colonies a besoin d'honnêteté chez ses fondateurs, d'intelligence et de courage de la part de ses directeurs, elle a besoin également de temps et d'une main-d'œuvre abondante.

Sans doute quelques-unes de ces qualités indispensables, sinon toutes, manquèrent-elles à Mangacounda, car la station ne fut jamais qu'un décor de théâtre posé au bord d'un fleuve africain.

On trouve encore, de temps à autre, dans la brousse voisine, des débris de machines expédiées de Paris jusque-là pour être, dès leur réception, jetées au hasard, afin de faire de la place dans les magasins, et c'est à peu près tout ce qui subsiste de l'ancienne compagnie.

Le service d'agriculture s'est livré dans cette station à des essais fort intéressants sur le coton qui ne peut y prospérer, sur le riz, le maïs, les agaves, le café qui poussent admirablement, et même sur le céara (caoutchouc) qui, dans ce pays très humide, est peut-être susceptible, à moins qu'on n'attende trop de lui, de donner des surprises heureuses.

Le climat, par malheur, laisse fort à désirer, le pays infesté de mouches glossines ne peut, de plus, convenir à l'élevage. Quelques chèvres et des moutons y vivent ainsi qu'un petit nombre de bœufs, le cheval, au contraire, n'y résiste pas mieux que dans le reste de la Basse Casamance.

On rencontre des panthères dans la forêt, autour de Mangacounda et peut-être, un peu plus loin, y trouverait-on des éléphants.

Les arbres magnifiques qu'elle contient supportent de nombreuses lianes à caoutchouc que viennent saigner des noirs, sujets portugais, nommés Mandiagos. Les palmiers eleïs producteurs de vin y sont nombreux ainsi que les raphia vinifera et l'on y trouve également une grande quantité d'agaves aux tiges tachetées (sanseveria guinense) dont les fibres pourraient donner lieu à un commerce susceptible d'attirer l'attention des indigènes et des colons.

Le voyageur qui remonte la Casamance passe, peu de temps après, devant la résidence de Yatacounda, précédemment abandonnée, mais réoccupée depuis. Une petite estacade la signale d'abord à son attention. Le poste s'élève sur un joli plateau couvert de cultures qu'assiège la vaste forêt Balante, et il est relativement très sain, à cause de sa bonne exposition.

Un arbre fétiche s'élève dans son voisinage. C'est auprès de lui qu'on venait, il n'y a pas bien longtemps encore, boire le « tali » aux grands jours d'épreuve.

Plus de cent indigènes seraient morts en une seule fois, dit la légende, à l'ombre de son épaisse frondaison.

La Casamance s'est beaucoup resserrée devant Yatacounda. Ses rives, enfin débarrassées des tristes palétuviers, ne sont guère éloignées l'une de l'autre de plus d'un kilomètre.

Aussi la ligne télégraphique de Sedhiou à Ziguinchor se risque-t-elle à la traverser.

On voit tout à côté de son point d'émergence, sur la rive gauche, le long de la berge peu élevée, quelques roches de basalte qui sont les premières rencontrées depuis l'Océan. Elles indiquent que la nature du sol ne tardera plus à changer.

La direction de la Casamance varie, elle aussi : de l'Est, elle va maintenant faire un crochet vers le Nord. La surface des eaux, souvent couvertes d'une sorte d'algue minuscule, s'épanouit de nouveau en forme de lac pour se resserrer à peine devant Sedhiou dont les maisons de commerce longent le fleuve. Aussi chacune d'elles possède-t-elle, selon l'habitude sénégalaise, un warf plus ou moins long, par le moyen duquel se font toutes ses opérations commerciales.

Sedhiou possède, en même temps que la résidence supérieure mal installée dans une vieille maison de commerce, l'ancien poste militaire, toujours occupé par une garnison peu importante.

On doit admirer, derrière la caserne, une magnifique allée ombragée, ou plutôt encombrée par quatre rangées parallèles de monstrueux fromagers plantés en 1840, et à l'ombre desquels les maisons semblent avoir été construites par des nains.

L'escale se divise en plusieurs quartiers, dans chacun desquels vit une race spéciale, ici des Mandingues, là des Sarracolets. Le commerce tient les bords du fleuve, tandis qu'en amont de ses dernières maisons, la Résidence et ses multiples constructions forment un véritable quartier administratif.

Sedhiou ne compte qu'une trentaine de blancs, mais grâce à ses sources magnifiques, à sa belle végétation, et surtout, il faut le dire à l'amabilité empressée de ses habitants, il laisse le meilleur souvenir dans l'esprit de ses rares visiteurs.

On y parvient par le moyen d'un petit vapeur qui quitte Ziguinchor après l'arrivée dans cette escale du courrier de Dakar, mais on peut y monter autrement. Un certain nombre de commerçants et l'administration elle-même, ont acquis en effet des canots à pétrole, grâce auxquels ils peuvent utiliser le magnifique réseau casamançais.

Ces canots, dont le prix de revient n'atteint guère que 6 à 8.000 francs, sont susceptibles de rendre les plus grands services, aussi doit-on espérer que leur usage se répandra de plus en plus.

Le pays devenu plus sec, ne produit guère, au delà de Sedhiou, que de l'arachide exportée par le moyen de chalands qui remontent jusqu'à Garcia. Aussi le Fouladou qui, plus tard peut-être, produira en abondance d'excellent coton, n'est-il pour le moment habité que par un seul Européen, le résident d'Hamdalahi.

Cette région est encore la terre promise du chasseur, à condition qu'on s'enfonce un peu loin, dans la vallée de la rivière Grey par exemple. Un des commerçants de Sedhiou s'est fait une véritable réputation de Nemrod émérite, il entretient de plus une petite armée de noirs qui le fournit d'oiseaux précieux, assez abondants dans la région pour donner lieu à un commerce d'une certaine importance.

Les grandes maisons et les petits colons se sont également installés sur les marigots secondaires de la Casamance. Bignona, en plein pays diola, devient un centre de traite, Bayla et Balandine, dans le même pays, possèdent également des magasins où l'on troque surtout du caoutchouc contre des étoffes et de l'alcool.

Sur un autre marigot voisin, et à trente kilomètres de Bathurst, Diouloulou possède quatre ou cinq maisons européennes. Deux jeunes colons s'étaient installés dans ce village, voici quelques années déjà. Ils y ont construit une maison coloniale qui, sans avoir l'importance des grandes propriétés de certains de leurs concurrents, mériterait cependant d'être copiée par ceux-ci, grâce à son heureuse disposition.

Sur la rive gauche, Oussouye, en plein pays floup, compte déjà plusieurs succursales européennes, installées à côté des curieuses maisons indigènes qui se disséminent dans une brousse luxuriante, auprès de rizières superbes.

Un certain nombre de catholiques floups, disséminés dans divers villages, vivent auprès de ce poste commercial. Ils ont comme voisins des Ouoloffs musulmans immigrés sur cette terre, naguère obstinément fermée aux étrangers.

Dès qu'une maison de commerce s'installe en quelque endroit de la Casamance, ses concurrents suivent hâtivement son exemple. Ainsi sont augmentés les frais en même temps que diminués les bénéfices du négoce local.

Mais comme souvent à quelque chose malheur est bon, l'indigène s'apprivoise vite et mieux pour ce motif qu'il nous approche davantage. Sa haine, ses préventions primitives, uniquement faites de peur, s'apaisent et la pacification politique s'ensuit bientôt.

La pénétration européenne en Casamance n'est cependant pas achevée, on pourrait presque dire qu'elle commence seulement.

L'œuvre de l'administration dans le cercle paraît d'abord assez rudimentaire, car elle semble en effet s'être bornée à installer quelques fonctionnaires civils et quelques garnisons.

Elle construisit également une ligne télégraphique qui part de la station de Sine dans le Ouli, atteint Sedhiou après avoir traversé le Fouladou, puis Ziguinchor en se faufilant d'arbre en arbre, au milieu de la forêt Balante.

Les Travaux publics n'ont pas encore autrement signalé leur existence dans le pays entier. On y trouve bien cependant quelques sentiers, et le long de ces sentiers, quelques ponceaux dont le tablier, formé d'une mince vannerie de bambous, s'étale sur des pilotis inégaux, mais aucun ingénieur ne voudrait accepter la paternité de semblables ouvrages dont l'utilité toutefois n'est pas plus discutable que leur insuffisance.

On compte trois médecins, autant de maîtres d'école dans le cercle, et chaque jour la sécurité y devient plus complète. Tout cela représente en somme un effort qui n'est pas sans mérites.

Celui qu'ont réalisé les colons est bien plus considérable.

A côté des anciens postes de commerce, de nouveaux postes se créent chaque jour, qu'on établit ordinairement le long des frontières enfin délimitées.

Le caoutchouc fait vivre presque tous ces établissements. On le payait sur place jusqu'à 6 et 7 francs le kilo, mais la crise qui sévit en Europe depuis plusieurs mois sur ce produit aura sans doute une très fâcheuse répercussion en Casamance.

Lorsque notre influence pénètrera définitivement la région, lorsque tous les habitants seront, non seulement soumis à notre autorité, mais encore confiants en notre justice et en notre bienveillance à leur égard, qu'ils suivront les impulsions données par nos fonctionnaires et nos colons, il nous sera facile de faire produire au pays beaucoup de riz pour l'exportation comme aussi du sésal et peut-être, dans le Fouladou, d'excellent coton.

Le caoutchouc naturel s'épuisera peut-être assez vite car la plupart des indigènes saignent à blanc les arbres et les lianes, mais les plantations qu'on en pourrait faire donneraient sans doute de bons résultats.

La culture des fruits des Tropiques, celle notamment de l'ananas et de la banane, seraient également susceptibles bien plus que celle du kolatier, naguère essayée par un colon d'Adéane, de donner des bénéfices appréciables.

La facilité des communications rapides et régulières entre Ziguinchor, Carabane et Dakar d'une part, puis entre ce grand port et l'Europe, devraient même ne pas tarder à faire naître et à développer ce genre de cultures qui assure dès maintenant la fortune des îles peu éloignées des Canaries.

Ces divers progrès se réaliseront certainement avec le, temps. Malgré ce qu'on pourrait croire, les colons et l'administration ont fait jusqu'ici en Casamance à peu près tout ce qu'ils pouvaient. Il convient donc de leur faire crédit pour l'avenir et d'espérer qu'ils sauront, dans les années qui viennent, entreprendre et mener à bien une œuvre vraiment belle.

LA MAURITANIE SÉNÉGALAISE

Véritable Marche militaire, elle touche au Sénégal et au Maroc à travers le Sahara; c'est ce qui lui donne sa réelle importance. — Sa géographie, ses habitants. — Son administration actuelle. — Les pêcheries du banc d'Arguin.

Il est impossible, lorsqu'on veut traiter les questions sénégalaises, de ne pas parler de la Mauritanie qui constitue cependant à l'heure actuelle, une colonie administrativement indépendante du Sénégal. L'histoire des Maures se mêle en effet très intimement à celle des peuplades noires de notre ancienne colonie africaine, et certainement aussi, les destinées futures du vieux Sénégal et de la jeune Mauritanie se confondront quelque jour.

Il serait toutefois inexact de croire que cette dernière région ne présente qu'un intérêt pour ainsi dire local. Sa situation géographique fait au contraire qu'elle doit à l'heure actuelle attirer l'attention de ceux, ils sont encore nombreux en France, qui s'occupent des problèmes de notre politique internationale.

Si la Mauritanie borne au Nord le Sénégal sur plusieurs centaines de kilomètres, elle s'étend aussi, d'autre part, jusqu'aux limites lointaines du Maroc, à travers les vastes étendues du Sahara.

Or, comme il était à prévoir depuis d'assez nombreuses années déjà, la question du Maroc est devenue, malgré la répugnance d'une partie du public et par la toute puissance des faits, le problème vital à la solution duquel nos diplomates d'abord, nos hommes politiques ensuite et qui sait, peut-être surtout nos soldats, sont ou seront appelés à travailler un jour ou l'autre.

La connexion relative qui existe entre la question marocaine et celle de la Mauritanie donne donc à cette dernière une importance un peu plus considérable.

Il est très probable en effet que la conquête et la pacification complète de cette partie du Sahara exerceront une certaine influence heureuse sur notre situation politique dans cette vaste région, si improprement nommée l'empire marocain.

Par contre, la politique française au Maroc pèse depuis un certain temps sur notre action en Mauritanie et ce fait n'a pas été sans présenter de réels inconvénients pour nos intérêts locaux dans cette dernière région.

Le début de la question marocaine remonte au jour où la France conquit Alger et Oran; de même, il y eut une question mauritanienne dès que nos compagnies de commerce se livrèrent à la traite des gommes, le long du fleuve Sénégal.

Les coutumes que nous avons si longtemps payées aux chefs maures représentaient pour eux des tributs. Nous obtenions d'eux, à ce prix, la possibilité de commercer, mais cette permission était aléatoire au moins autant que déshonorante.

Il était donc facile de prévoir que nous devrions un jour nous affranchir par la force de cette sujétion véritable.

Lorsque de la réalisation du programme de Bouet et de Faidherbe naquit le Sénégal actuel, le refoulement des Maures sur la rive droite du fleuve n'apporta pas, comme on pouvait croire à cette époque, la solution du problème posé depuis si longtemps.

La liberté du fleuve paraissait assurée, les ambitions politiques des Maures sur la terre ouoloff étaient définitivement écartées, mais si la question se transformait, elle ne cessait pas pour cela de subsister.

L'état anarchique des Maures, leurs pillages constants, leurs habitudes esclavagistes devaient nous faire traverser bientôt le fleuve à leur suite.

Ils se trouvaient du reste encore en terre conquise, sur la rive droite du Sénégal, comme ils avaient failli l'être sur la rive opposée. L'habitat des populations noires s'étendait, deux ou trois siècles avant celui-ci, bien au delà du fleuve vers le Nord. Les Ouoloffs remontaient à cette époque au delà du lac Cayar. La capitale des Peuls se trouvait au nord de Kaédi et le Tagant lui-même faisait partie du domaine noir. Or ces terres que les Maures avaient prises sur les noirs, et dont ils ne tiraient pas profit, nos sujets devaient ne pas tarder à vouloir en reprendre une partie, sinon par les armes, du moins économiquement, par le travail.

De nombreux froissements survinrent, même au cours des dernières années, d'innombrables délits furent commis par ces nomades à notre préjudice ou bien à celui de nos sujets, sans que nous nous décidions à l'action. C'est tout récemment que la force persuasive d'un homme devait enfin mettre contre eux en mouvement la puissance française.

Coppolani vint à son heure, lorsque commençait un superbe été pour le vieux Sénégal.

On a beaucoup parlé de cet homme, en son temps qui fut court ! On a dit, sur place, quelque mal de son œuvre demeurée incomprise et, ailleurs, on en a dit beaucoup de bien.

In medio stat virtus, assure le proverbe qui se trompe rarement.

Coppolani eut le grand mérite d'attirer l'attention des pouvoirs publics sur la Mauritanie et de faire passer sa propre conviction dans l'esprit de ceux qui dirigeaient notre politique. Il eut aussi celui de commencer l'exécution de ses projets et de la pousser assez loin pour rendre impossible un retour en arrière.

Grâce à lui, nous décidâmes de nous immiscer dans les affaires maures et d'étendre notre protectorat sur le pays de ces nomades. C'est donc lui qui orienta la question mauritanienne dans la bonne voie mais peut-être son mérite, qui n'est pas mince cependant, se borne-t-il à cela ?

Coppolani mourut à la tâche qu'il s'était donnée, sous les coups de fanatiques et, son nom mérite d'autant mieux de survivre qu'il est celui d'un bon ouvrier de la cause française en même temps que d'un martyr de la civilisation.

Nos connaissances sur les Maures n'étaient pas très étendues et celles que nous possédions sur leur pays l'étaient moins, lorsqu'il commença l'œuvre de sa pénétration.

Nous avons beaucoup appris depuis lors, on doit avouer au surplus que nous avons payé leur prix ces connaissances nouvelles.

Nous savions depuis très longtemps que les Maures étaient divisées en trois grandes confédérations de tribus. Les Trarza, qui des bords de l'océan, s'étendaient le long du fleuve jusqu'auprès de Podor, les Brakna qui nomadisaient à l'Est des premiers, puis les Edouaïch dont l'habitat se trouvait au nord de Bakel.

Les expéditions de Faidherbe devant Podor et autour du lac Cayar nous avaient fait parcourir, au milieu du siècle dernier, une faible partie des territoires occupés par les premières de ces tribus.

Un voyage remarquable, effectué en 1860 par le capitaine Vincent jusque dans l'Adrar qui s'étend dans le nord du Trarza, à cinq cents kilomètres du fleuve, augmenta également beaucoup la somme de nos connaissances.

Tel était, avec la plus récente et malheureuse mission de Blanchet, dans cette même région de l'Adrar, le bilan à peu près complet de nos efforts sur la rive droite du Sénégal, jusqu'à la venue de Coppolani.

Son premier voyage en Mauritanie commença dans les derniers jours de l'année 1902. Il fut court mais lui permit de traverser le Trarza de Dagana sur le fleuve, à Sout El ma et à Noikchott sur l'Océan. Sa seconde expédition fut poussée chez les Bracknas peu de mois après la première.

Le résultat de ces deux tournées fut de nous faire connaître les régions limitrophes du bas et du moyen Sénégal et de nouer des relations entre nous et certaines tribus maraboutiques maures. Ces tribus acceptaient même d'être protégées par nous contre les pillages de leurs voisins.

Coppolani repartit de nouveau, à la fin de l'année 1904. Il venait d'être nommé Commissaire du gouvernement Général de l'Afrique Occidentale française en Mauritanie et il ne lui restait plus qu'à conquérir les territoires situés au nord du Sénégal qui formeraient une sorte de colonie placée sous sa direction.

Une semblable expression peut sembler impropre car le chef civil de ce nouveau territoire civil ne devait pas user de violence pour atteindre le but qui lui était fixé.

Ses objectifs étaient cette fois le massif montagneux du Tagant puis l'ensemble d'oasis connu sous le nom d'Adrar, qu'une distance d'environ cinq cents kilomètres séparait du Sénégal.

Une colonne importante de soldats réguliers et de goumiers appuyait Coppolani. Il pénétra dans le Tagant, le soumit, mais fut assassiné le 25 mai 1905, bien avant d'avoir pu toucher l'Adrar,

Une caravane maure.

Campement maure.

dans le poste de Tidjikja qui, depuis, se nomme Fort Coppolani.

L'œuvre de notre pénétration devait subir, de ce fait, dans ces régions, un retard considérable et fort préjudiciable à nos intérêts.

La Mauritanie tout entière n'est pas l'affreux désert que l'on pensait trouver, il y a peu d'années encore. Elle n'est malheureusement pas non plus telle qu'on la dépeignit dans ces derniers temps, pour mieux justifier, sans doute, les efforts dépensés.

Le Sénégal qui forme sa limite méridionale n'indique pas, du même coup, le point où cessent les sables du désert et celui où commencent les terres susceptibles d'être cultivées.

Les deux rives du fleuve se ressemblent tout à fait. L'une et l'autre sont inondées et fertilisées par les crues annuelles, l'une et l'autre portaient naguère des forêts peuplées d'animaux sauvages. Or l'homme déboisa la rive sénégalaise, et seule la rive droite se couvre encore aujourd'hui d'une végétation souvent puissante.

Cette première région baignée par le fleuve et que les Maures eux-mêmes nomment Chamàma, pays des noirs, s'étend tout le long du Sénégal et présente parfois de trente à quarante kilomètres de largeur.

Le Sahara commence ensuite, d'abord annoncé en certains points par des forêts de gommiers dont les arbres, plutôt chétifs, sont d'ordinaire éloignés les uns des autres de dix à quinze mètres.

Mais dans tout le Sahara, à propos de ce terme « forêts » il faut savoir que les mots eux-mêmes sont souvent des mirages auxquels il serait imprudent de se laisser prendre.

La seconde zone du pays trarza présente une succession d'élévations ou plutôt de rides orientées N.-E. S.-O. qui se succèdent en lignes parallèlement obliques par rapport au fleuve.

Son sol est formé de sables ou de roches. L'eau, toujours rare et plutôt mauvaise, s'y trouve d'ordinaire à une grande profondeur. Ce territoire s'étend au Nord jusqu'à l'Adrar où l'on rencontre de véritables oasis, relativement importantes.

Le pays des Braknas ne diffère guère de celui des Trarza. On y rencontre cependant les traces peu apparentes de rivières anciennes naguère descendues du Tagant. La région de plaines qu'elles sillonnaient se nomme l'Aftout, terme générique appliqué à diverses autres vallées. Elle devient marécageuse durant l'hivernage, aussi les chameaux s'y portent-ils mal à cette époque de l'année. Un peu plus encore vers l'Est se trouve le bassin des deux Gorgol, borné vers le Nord par le vaste plateau gréseux du Tagant.

Ce dernier plateau possède de véritables hauteurs, des gorges pittoresques et sauvages, de rares sources assez abondantes dont le cours superficiel ne dépasse toutefois jamais quelques centaines de mètres, et de plus nombreux points d'eaux, permanents ou non.

On y trouve également des terres susceptibles de cultures et même quelques oasis où végète d'ordinaire un bourg misérable très faiblement peuplé.

Les habitants de ces diverses régions, généralement stériles et sans avenir, appartiennent aux confédérations précédemment nommées, mais aussi à des races différentes, dont les divisions innombrables valent qu'on les énumère et qu'on les classe, au moins brièvement.

Comme le désert tout entier, le Sahara mauritanien était primitivement peuplé par des peuplades berbères dont l'origine et les mœurs étaient sans doute identiques à celles des Touaregs actuels. Au milieu du XIVe siècle, une fraction de la tribu arabe himiérite de Makil, les Beni Hassan, venus de l'Arabie, puis chassés de la Tunisie Méridionale fit son apparition dans la contrée et battit les Berbères qu'elle domina depuis cette époque.

Les deux grandes races, la blanche et la noire, se rencontrèrent ensuite, et comme le déclin de l'empire Peul commençait alors, les peuplades nègres furent arrêtées puis refoulées ou même asservies par les blancs, guerriers et fanatiques.

C'est dans le cours du XVIIe siècle que s'achèvent ces événements.

Un siècle et demi plus tard, lorsque nous entrons nous-mêmes en scène, les tribus blanches traversent à leur tour le fleuve et commencent la conquête de la rive gauche.

Ces tribus, que nous confondons sous le terme générique de Maures, conservent cependant leurs antiques divisions, multipliées encore dans le long cours des siècles.

Les Arabes ont en effet battu puis asservi les Berbères, mais le petit nombre des vainqueurs a fait qu'ils n'ont pu détruire les vaincus.

La lutte contre les noirs, elle-même, n'a pas occupé seule leur activité.

Les deux fils du grand conquérant Makh Far, Terrouz et Backani, se font déjà la guerre entre eux et créent les deux grandes confédérations Trarza et Brackna, composées l'une et l'autre de tribus guerrières, d'origine arabe, de tribus maraboutiques et d'affranchis d'origine surtout berbère et enfin de captifs noirs.

Le sang maure s'imprégnera promptement de sang noir de telle sorte qu'il faut maintenant remonter loin dans le Nord pour trouver des populations de race blanche à peu près pure.

Les unions répétées des Maures avec les captives noires constituent même bientôt une population métisse nommée Pourogne, qui est captive ou tributaire.

De plus, quelques berbères qui se sont révoltés ont su depuis lors conserver leur nouvelle indépendance. Ce sont les Dowichs, les Mechdoufs et quelques autres tribus.

Les diverses confédérations sont tantôt en paix, tantôt en guerre et même les tribus d'une même confédération se livrent souvent entre elles des luttes sanglantes.

Enfin les chefs, eux aussi, multiplient jusque dans leur famille les assassinats et les violences.

Si les populations sont très divisées, elles sont cependant peu nombreuses.

Une estimation (Poulet, Les Maures de l'Afrique occidentale) qui certainement n'est pas supérieure à la réalité suppose qu'en y comptant même les captifs, les Trarza sont 80.000.

Les Brakna seraient tout au surplus 50.000, les Dowichs 40.000 et l'on peut estimer sans trop de crainte d'erreurs que l'Adrar ne possède pas une population de quarante mille âmes.

L'anarchie des Maures, compliquée de rapines perpétuelles, s'est aggravée encore lorsque nous avons fermé la rive gauche du Sénégal aux incursions de ces nomades. Ces marchands d'esclaves ne peuvent plus, comme par le passé, razzier sans merci les villages noirs, ces pillards émérites n'ont plus que rarement la possibilité de piller leurs voisins, ils ne s'en retournent qu'avec plus d'acharnement les uns contre les autres.

Leur pays n'offre guère de ressources à la vérité, mais chacun sait que l'avidité des convives d'un repas est souvent d'autant plus grande que la chair est plus maigre !

L'état politique et économique des populations maures dictèrent sa ligne de conduite à Coppolani. Il espéra pouvoir atteindre son but de pénétration en s'appuyant sur les tribus maraboutiques, plus riches et tout à la fois, par conséquent, plus pacifiques et plus sujettes aux violences que les autres.

Ses calculs étaient justes en effet et, malgré le fanatisme latent chez presque tous les Maures, grâce peut-être au déploiement des forces dont il se faisait accompagner, grâce également aux concours qu'il sut acheter, il trouva bientôt des appuis parfois précieux, pour pénétrer dans le pays et s'y maintenir.

Les grandes lignes de sa politique étaient donc excellentes, mais son administration ne valut pas sa diplomatie et il ne sut pas organiser les territoires qu'il avait acquis.

« Rien ne sert de couper, il faut recoudre » ,disait à son fils une reine de France ; le premier commissaire du gouvernement général ne cousit pas aussi bien qu'il aurait pu les diverses pièces coupées par lui et dont il avait fait la Mauritanie française.

Tout d'abord, l'organisation de sa dernière colonne présente surtout deux défauts importants, mais on pourrait trouver sans peine des explications à sa manière de faire, puis il faut se souvenir du proverbe, toujours vrai partout et surtout aux colonies, où la critique paraît d'autant plus facile que l'action y est difficile.

Organisateur d'une mission pacifique, au moins d'étiquette, Coppolani ne pouvait la composer uniquement de soldats réguliers, mieux rompus cependant à la discipline.

Sa colonne expéditionnaire, dont le total atteignait environ six cents hommes, comptait donc une minorité de tirailleurs et de spahis ainsi que quelques artilleurs, à côté d'une majorité de goumiers recrutés un peu partout, dans les villes sénégalaises surtout parmi les anciens tirailleurs, et même en Algérie, dans les grandes cités populeuses de la côte.

Ce dernier élément était assez mauvais, malgré le prix auquel on le paya.

Les goumiers, algériens ou noirs, n'étaient donc pas, malgré leurs armes, des soldats véritables. Or la qualité valut souvent mieux que la quantité, dans la plupart des expéditions coloniales. Cette faute dans le recrutement ne fut pas la seule au surplus et Coppolani qui connaissait le Sahara n'aurait pas dû commettre celle de constituer sa colonne avec une majorité de piétons, si le manque de temps ne l'avait sans doute contraint à cette extrémité.

Quand nous avons voulu pacifier les régions sahariennes de l'Algérie, il nous a fallu près de vingt-cinq ans pour nous pénétrer de cette idée juste que, pour atteindre nos ennemis nomades, il nous fallait des troupes aussi légères qu'eux.

L'institution des méharistes militaires nous a seule permis, en effet, de conquérir le Sahara dans des conditions particulièrement remarquables, au surplus, de promptitude et d'économie.

Coppolani, qui recruta une partie de ses hommes dans les villes du littoral algérien, aurait peut-être mieux fait d'engager quelques Chambaa du Sud habitués à utiliser les chameaux, mais la création d'un corps de méharistes exige, avec de l'argent, de la patience, des soins assidus et surtout, beaucoup de temps.

La composition fâcheuse des troupes qui prirent part à ses diverses expéditions lui imposa bientôt la fondation d'un certain nombre de postes, car il fallut protéger les tribus soumises et, par ce moyen, suppléer au peu de mobilité des colonnes.

Or, chaque poste demandait une garnison dont l'éloignement rendait l'entretien dispendieux.

La nécessité d'obtenir à bref délai des résultats favorables contraignit également Coppolani à faire preuve d'un opticisme constant dans ses rapports et dans ses prévisions.

C'est pourquoi l'on parlait rarement des nombreuses escarmouches que nos troupes devaient soutenir, c'est également pour ce motif que les soumissions obtenues étaient toujours considérées comme très sûres et que, dans les projets de budgets, s'enflaient les recettes des impôts acceptés sans peine, assurait-on, par nos nouveaux sujets.

Les descriptions des pays traversés et soumis étaient, d'autre part, aussi flatteuses que possible, autre manière encore d'expliquer et de justifier les dépenses engagées.

Il semble bien que tout cela provenait d'une erreur initiale. On avait, à tort ou à raison, supposé que l'opinion publique ne pourrait comprendre la nécessité où se trouvait le Sénégal de posséder une marche frontière qui préserverait ses habitants des déprédations maures et nous permettrait en même temps de mieux combattre l'esclavagisme.

On voulait donc représenter en France l'acquisition de la Mauritanie comme un marché avantageux par lui-même et non pas seulement comme une assurance, au profit du Sénégal, contre des troubles et des pillages permanents, impossibles à éviter jusque là.

Un arrêté du gouvernement général avait, à la date du 12 mai 1903, organisé pour la première fois le protectorat des pays maures du bas et moyen Sénégal. Ce territoire fut, au cours des deux années suivantes, divisé en un certain nombre de cercles.

La mort si fâcheuse de Coppolani auquel succéda un officier de très grand mérite, ne put d'abord rien changer aux principes généraux de l'administration mauritanienne. Elle n'eut qu'une action, du reste déplorable, sur la continuité de notre politique dans ces régions. C'est à cause d'elle, en effet, que nous ne poussâmes pas jusque dans l'Adrar, devenu le dernier refuge des coupeurs de routes, des pillards et des marchands d'esclaves de cette partie de l'Afrique.

Le protectorat mauritanien comptait récemment encore le cercle du Trarza, ceux du Brakna, du Gorgol et du Tagant. Chacun de ces cercles comprenait un certain nombre de postes, dirigés, les uns par des officiers, les autres par des administrateurs.

Le nombreux personnel employé nécessitait, de plus, l'existence à Saint-Louis de bureaux pourvus d'un autre personnel relativement important et groupé autour du commissaire du Gouvernement Général.

Pour faire face à ces divers sujets de dépenses, des recettes avaient été prévues qui étaient fournies par la perception d'impôts indigènes et notamment par celle du Zakhat. Cette taxe s'élève au quarantième de la valeur des troupeaux ou du produit de la terre.

Une subvention du Gouvernement Général de 200.000 francs complétait ce premier budget de recettes dont la somme totale devait atteindre 874.000 pour l'année 1905.

Mais les prévisions faites ne se réalisèrent pas et ce fut en réalité le budget de l'Afrique occidentale qui dut pourvoir, avec ses propres ressources, à la presque totalité des dépenses mauritaniennes.

L'année 1906 imposa au Gouvernement Général un supplément de frais tel que sa subvention atteignit 1.050.000 francs.

Ce furent des révoltes et leur répression qui occasionnèrent ces surcroîts de dépenses et non pas la réalisation de projets d'extension de notre action en Mauritanie.

On peut même dire que les fautes commises lors de l'organisation primitive du protectorat maure se firent sentir une fois de plus dans l'organisation de la colonne qu'on dut former en 1906 pour venger l'attaque de notre garnison de Tidjikja.

Un nouveau Commissionnaire Général remplaça dernièrement le successeur de Coppolani et la première mesure qu'il prit fut de militariser entièrement l'administration de son territoire.

Une telle décision paraît logique, car c'est par une simple fiction administrative qu'on considérait jusqu'ici comme pacifiés le Protectorat civil de la Mauritanie. Or, il est naturel que les militaires soient seuls chargés d'établir l'ordre dans un pays barbare et perpétuellement troublé.

Il convient toutefois de se demander si les transformations effectuées doivent se borner à des changements de personnes. L'important n'est pas en effet qu'on remplace des administrateurs par des officiers mais bien plutôt qu'on corrige les défauts réels de la première organisation.

Les principales recettes vraiment effectuées sur les territoires du Commissariat Général proviennent peut-être de ce fait que les noirs de la rive gauche du Sénégal passèrent volontiers sur la rive droite, du jour où la tranquillité de la région fut assez assurée pour qu'il puissent y établir des cultures.

L'administration mauritanienne vit d'un œil très favorable cette immigration, temporaire ou permanente, qui lui assurait des contribuables.

Ces contribuables mettaient au surplus, d'autant plus d'empressement à passer sur son territoire que l'impôt du Zekhat était inférieur à l'impôt de capitation perçu dans les cercles sénégalais limitrophes.

L'État n'a, bien entendu, jamais rien gagné à ce chassé-croisé de contribuables. Il y perd même plutôt et l'on peut déduire de ce fait deux considérations qui découlent l'une de l'autre.

Le règlement des questions mauritaniennes présente une importance non seulement politique et économique, mais encore également administrative pour la colonie voisine du Sénégal.

Il conviendrait en second lieu, afin que tous les intérêts de cette vieille colonie soient sauvegardés, de revenir bientôt à la seule conception juste, et de considérer seulement la Mauritanie comme une marche frontière et non plus comme une entité administrative particulière.

De cette façon nouvelle d'envisager les choses, ressortiraient promptement un certain nombre d'avantages.

Les limites actuelles de la Mauritanie ne sont pas les meilleures qu'on puisse désirer. Jamais un fleuve n'a constitué une frontière idéale et loin de diviser ses deux rives, le Sénégal les réunit plus intimement l'une à l'autre.

Elles présentent le même aspect, elles ont la même fertilité et sont habitées toutes deux par des populations sédentaires analogues.

Les Maures ne sont que des pasteurs, ils s'approchent du fleuve seulement pendant la saison sèche qui rend inhabitables les régions plus septentrionales où ils se retirent au cours de l'hivernage.

Reprenant la tradition de leur race, les noirs repeuplent donc presque seuls, la rive droite du fleuve. Aussi semble-t-il naturel que cette région fasse un jour ou l'autre, retour à la colonie du Sénégal.

Elle pourrait être facilement, en effet, rattachée aux divers cercles qui s'étendent le long du fleuve et cette organisation aurait, entre autres mérites, celui d'être économique.

Les territoires désertiques qui commencent après cette zone de terres fertiles constituent le véritable pays maure. C'est cette contrée, irrémédiablement stérile dans la plus grande partie de sa superficie, qui devrait constituer la Marche militaire sénégalaise. Cette Marche ne s'étend du reste pas encore aujourd'hui sur toute son étendue normale. Tous ceux qui s'occupent de ces questions et qui s'intéressent à la tranquillité et à l'avenir de la Mauritanie comme du

Sénégal, sont d'accord pour préconiser la prise de possession des oasis de l'Adrar, très voisines de notre nouvel établissement, si riche en promesses, de la baie du Lévrier.

Cette conquête bien peu coûteuse en vérité, si on l'entreprend dans de bonnes conditions, aurait l'inappréciable avantage de faire cesser tous les troubles et de doter ces régions d'une tranquillité parfaite qu'elles n'ont sans doute jamais connue.

L'Adrar est en effet le dernier refuge des adversaires de notre influence, de même que des éléments de désordre. Quand il ne leur offrira plus son asile jusqu'ici inviolé, les perturbateurs n'auront d'autre ressource que de se soumettre ou de s'enfuir à des centaines de kilomètres de distance, jusqu'aux portes du Maroc.

Quand l'Adrar nous sera soumis, on peut prévoir qu'un petit nombre de gardes de cercles suffirait bientôt à faire la police sur la rive droite du Sénégal, comme cela existe depuis longtemps déjà, sur la rive gauche. Mais il faudrait d'abord qu'on prenne de sévères mesures de coercition contre les dissidents et leurs tribus.

L'emploi d'éléments militaires dans le reste de la Mauritanie s'imposera, au surplus longtemps encore car les Maures ne nous aiment guère.

Notre politique saharienne eu Algérie fut transformée, voici plus de dix ans, lorsque nous créâmes des corps de méharistes. Ces troupes aussi mobiles que les nomades eux-mêmes, mettaient à elles seules, les peuplades les plus éloignées et les moins stables du désert, à notre merci.

L'absence de troupes méharistes en Mauritanie constitua jusqu'ici un des graves défauts de l'organisation due à Coppolani, mais l'évidence s'est imposée une fois de plus, et dès l'année 1906, des essais furent tentés qui donnèrent de bons résultats.

Sous la direction d'officiers et d'administrateurs instruits et très au courant des problèmes sahariens, un petit groupe de méharistes fut d'abord formé au poste de Kroufa dans la région Trarza.

Il se composait par moitié de maures et de noirs sénégalais. Le chameau est un animal très délicat, malgré les apparences : les Maures le connaissent et sont pour ainsi dire, à ce point de vue particulier, les agents techniques et les instructeurs de la nouvelle formation. Les noirs, dont la fidélité est plus éprouvée que celle des auxiliaires maures, apprennent à l'école de ceux-ci le maniement de leurs montures ainsi que les soins dont on doit les entourer. Ils assurent de plus à la troupe, une solidité qu'elle n'aurait pas sans eux.

Après quelques expéditions heureuses contre des dissidents, ce petit peloton de vingt-cinq hommes eût, l'an passé, l'honneur d'accompagner jusqu'à Saint-Louis le précédent commissaire général à qui revient une bonne part du mérite de cette création.

Le récent désastre survenu au trop faible détachement du capitaine Mangin composé de trente-cinq méharistes, n'infirme rien de ce qui précède. Il démontre seulement une fois de plus qu'une troupe de ce genre, appelée à opérer le plus souvent seule et vite, doit posséder un effectif assez restreint pour n'être pas trop lourde et assez fort pour passer partout.

On avait récemment prévu, par voie budgétaire, l'entretien en Mauritanie de deux brigades de gardes à pied, de deux pelotons de gardes à cheval et deux de méharistes, soit environ 340 hommes disséminés un peu partout et payés sur les seuls fonds du budget local.

Le budget colonial aurait entretenu, de plus, sur le même territoire six compagnies de tirailleurs installées à Boutilmit en pays Trarza, à Moudjeria et à Tidjikja dans le Tagant, à Aleg dans le Brakna et deux gardées en réserve sur le fleuve à Podor.

La petite garnison de la baie du Lévrier n'est, bien entendu, pas comprise dans cette énumération.

Cela représente plus d'un millier d'hommes, il semble donc qu'on ait fait très largement les choses d'autant que les troupes employées en Mauritanie comptent, en réalité, au moins 2.500 hommes disséminés dans de nómbreux postes où ils sont pour ainsi dire bloqués par leurs insaisissables ennemis.

Peut-être aurait-on grand avantage à modifier de nouveau, prochainement, la distribution et surtout le choix de ces troupes.

En s'appuyant sur l'expérience, non seulement sur celle que nous avons pu acquérir sur place, mais aussi sur celle, infiniment plus longue et plus complète, que l'histoire du Sud Algérien doit nous assurer, on peut affirmer que les troupes employées au nord du Sénégal devraient être composées, pour une notable partie, de meharistes réunis en corps assez nombreux.

Leur recrutement sera certes délicat, leur apprentissage long, et dispendieux leur entretien, mais on réalisera, grâce à eux, de très notables économies et on évitera la continuation de la trop longue série des réels échecs que nous subissons chaque jour encore.

Il suffirait peut-être alors d'un poste fortifié dans le Tagant, d'un autre dans le Trarza ou mieux dans l'Adrar enfin soumis, puis d'un troisième plus près du Sénégal et qui serait le trait d'union entre les premiers et le fleuve, pour garder toute la Mauritanie.

Quelques tirailleurs munis d'une ou deux mitrailleuses, constitueraient la garnison fixe de ces forteresses, inexpugnables pour les Maures dépourvus d'artillerie. Un fort escadron de méharistes, attaché à chacun des postes et appuyé sur lui, rayonnerait tout autour, assurant ainsi la police de la région et la sécurité des communications.

Les officiers chefs de ces postes, exerceraient en même temps l'autorité administrative sur le district voisin.

On peut affirmer, sans crainte d'erreur, que la pauvreté de la Mauritanie est irrémédiable; cette administration simplifiée serait donc adaptée à ses ressources en même temps qu'à ses besoins.

On pourrait en effet diminuer beaucoup par ce procédé les charges qui incombent au budget de l'Afrique occidentale française, tuteur sans doute perpétuel de la Mauritanie sénégalaise.

Il ne faut pas le dissimuler, l'improbabilité de découvrir des richesses nouvelles dans cette partie du désert saharien se précise chaque jour.

Le seul produit de valeur du pays se trouve constitué par les troupeaux des Maures, il n'est pas très considérable. Les forêts de gommiers qu'on y trouve donnent une récolte dont l'écoulement demeure difficile depuis plus de vingt ans à des prix suffisamment rémunérateurs. Il serait cependant injuste de passer sous silence les pêcheries du littoral.

Presque seules, elles représentent en Mauritaine un élément de commerce et de prospérité véritable et peut-être fort important dans l'avenir.

Les ressources que présentent ces pêcheries étaient connues depuis longtemps puisque le Père Labat en parle et que, bien avant lui, les Portugais et les Hollandais en tiraient parti. Elles n'ont même jamais cessé d'attirer l'attention, soit des Anglais, soit des Français qui fondèrent en 1885, pour les utiliser, une société éphémère, soit et surtout des Espagnols Canariotes, mais jamais nous n'avions songé à leur exploitation rationnelle.

L'ancien gouverneur général, M. Roume, eut le grand mérite d'ordonner l'étude complète des pêcheries puis, lorsque des certitudes furent acquises à leur sujet, de tout préparer pour hâter le moment de leur mise en exploitation.

Les côtes sahariennes, depuis le cap Juby au nord, jusqu'au delà de Saint-Louis, vers le sud, sont très poissonneuses pour divers motifs. La mer qui les baigne présente des fonds peu considérables. Un courant chaud détaché du Gulf Stream y passe. Ainsi favorisés sous le rapport de la température et des conditions d'habitabilité, les poissons trouvent au surplus, dans ces parages, une nourriture fort abondante ; aussi pullulent-ils véritablement partout le long de cette vaste étendue de côtes.

La richesse des pêcheries est surtout proverbiale dans le voisinage de l'ancien port d'Arguin, si disputé naguère par les Hollandais, les Anglais et les Français, et si important alors, à cause de la traite de la gomme.

Les pêcheries actuelles n'ont cependant pas fait revivre l'établissement jadis bâti dans l'île minuscule d'Arguin. Notre nouvelle fondation a été créée un peu plus au Nord, sous le 21e degré de latitude, dans l'immense baie du Lévrier que forme le cap Blanc à l'extrémité duquel commence la frontière du Rio de Oro.

Les maîtres de cette étrange colonie espagnole n'en tirent du reste aucun parti et même il leur serait assez difficile de l'utiliser.

La baie du Lévrier se subdivise en un grand nombre d'échancrures secondaires et c'est dans l'une de celles-ci, la baie de Cansado, que s'abrite notre poste actuel.

On lui a récemment donné le nom d'un des hommes les plus justement réputés du monde colonial, il faut souhaiter que ce parainage lui soit d'un favorable augure.

Le Gouvernement Général consacra 500.000 francs à la création de Port-Étienne. On ne peut, avec cette somme minime, faire que l'indispensable; la future ville offre toutefois, dès maintenant, un ensemble d'avantages et de commodités susceptibles d'attirer et de retenir les pêcheurs pour lesquels on l'a créée.

Port-Étienne est bâti sur un plateau peu élevé au dessus de la mer. Un poste militaire fut construit en premier lieu, pour assurer la sécurité du nouvel établissement. Un peloton de tirailleurs y tient garnison et suffit largement à tous les besoins.

Le pays est aride et désolé. Il manque d'eau car les pluies y sont rares; aussi construisit-on dans une ravine une citerne capable de contenir 2.000 mc. Un warf devant le poste, un phare à l'extrémité du cap Blanc, complètent les travaux déjà terminés.

On a même alloti le sol de l'agglomération future et des acquéreurs se sont trouvés pour acheter ces étendues de sable nu.

Là ne s'est, du reste, pas bornée l'œuvre du Gouvernement Général qui relia Port-Étienne à Dakar par un service mensuel de vapeurs.

Les concessionnaires sont donc, dès aujourd'hui, garantis contre les déprédations des Maures et les dangers qui menacent la navigation dans ces parages. Ils possèdent, de plus, les moyens de transport rapides, nécessaires pour eux et leurs produits.

Mais ce qu'a fait pour eux l'administration ne paraît pas exagéré lorsqu'on passe en revue les ressources ichtyologiques de Port-Étienne, que 300 kilomètres seulement séparent de l'Adrar et 500 environ de Saint-Louis.

Comme l'avaient fait savoir les belles recherches de savants spécialistes, chargés de l'étude des pêcheries, les langoustes y sont tellement abondantes qu'après quelques jours de présence sur les bancs, un chalut put en ramener 20.000 aux viviers de Roscoff.

Ces langoustes, souvent de forte taille, appartiennent à l'espèce Panulirus regius, elles sont jaunes et zébrées de raies jaune clair.

On pêche en même temps sur les bancs, des sardines, des soles et surtout de ces poissons que Labat nomme vieilles et qu'on appelle encore fausses morues.

Ces poissons sont susceptibles d'être salés, ils peuvent donc entrer en concurrence avec la morue préparée dont ils rappellent le goût. La fibre de leur chair est peut-être un peu moins longue de sorte que la cuisson la désagrège plus facilement mais ils constituent cependant une nourriture saine agréable et d'un prix très inférieur à celui de la véritable morue.

Le poisson salé que l'on peut préparer sur place, l'expérience l'a démontré, représente donc un produit commercial d'une réelle importance. Les divers sous-produits qu'on tire des vastes exploitations de pêche doivent, au surplus, entrer en ligne de compte, si l'on veut inventorier les diverses richesses exploitables de Port-Étienne.

Il semble donc vraiment, que les dépenses déjà faites par la colonie sur cette côte et celles que déjà, n'ont pas hésité à entreprendre deux sociétés françaises, ne seront pas perdues.

L'importance, même nationale, de l'œuvre entreprise et si bien commencée dans la baie du Lévrier, n'a pas besoin d'être mise en évidence. Les pêcheurs si éprouvés de nos côtes ne pourront, certes, venir individuellement tenter si loin une meilleure fortune, mais plusieurs compagnies pourront vivre et prospérer à Port-Étienne.

La vente des crustacés, celle du poisson salé, celle même des conserves de poissons et de divers sous-produits azotés sont, en effet, susceptibles de faire fructifier des capitaux importants.

Or, ces diverses entreprises nécessiteront les services d'un personnel nombreux où nos nationaux devront trouver place.

La rapide organisation de Port-Étienne, ses débuts heureux, gages d'un prochain avenir peut-être brillant, permettent au surplus de constater que chaque pays, si déshérité qu'il paraisse, possède des ressources souvent considérables. Le tout est de les chercher puis, lorsqu'on les a trouvées, de savoir en tirer parti.

Pour reprendre la phrase célèbre d'un premier ministre anglais, les terres légères de la Mauritanie sont échues au coq Gaulois, un peu contre sa volonté, et par la seule force inéluctable des faits.

Il doit, puisqu'il ne peut songer à s'en débarrasser, les gratter du mieux possible.

Peut-être trouvera-t-il plus tard encore d'autres raisons que les pêcheries du banc d'Arguin, pour ne regretter ni son lot, ni ses peines, mais il doit ne pas trop compter d'avance sur cette bonne fortune.

CONCLUSION

Ce que vaut pour nous, dès maintenant, le Sénégal. Nous y avons bien travaillé, nous pouvons mieux faire encore.

Les Français aiment les placements sûrs. Ils les préfèrent à tous les autres, même s'ils en doivent tirer un intérêt moindre.

Notre vieux Sénégal est pour nous une colonie de tout repos. S'il semble d'abord ne pas posséder la luxuriance des richesses plus ou moins réelles que nous offrent d'autres régions, sa valeur est de bon aloi et de plus, notre domination s'y trouve garantie solidement contre tous les risques possibles.

Sans parler de l'intérêt historique, de l'affection véritable qui doit nous attacher à cette terre, témoin et récompense tout à la fois des actes et du courage de nos pères, un autre intérêt, celui-là matériel qui se chiffre chaque année par un total d'échanges de plus de soixante millions, doit nous faire paraître précieuse cette partie de la côte africaine qui peut d'abord sembler triste et de peu d'importance.

Mais de plus, une troisième raison, celle-là politique, fait que nous attacherons toujours un grand prix à la possession du Sénégal, car ses sables ne produisent pas seulement des arachides et l'on en peut tirer aussi des hommes, selon l'expression de Faidherbe.

Les contingents sénégalais nous ont permis de conquérir le Soudan, puis les diverses colonies de la côte occidentale sans compter d'autres terres plus éloignées. Nous avons puisé souvent, selon nos besoins, nous puisons aujourd'hui dans ce réservoir chaque jour plus profond et si nous voulons bien, nous pourrons y puiser encore dans l'avenir.

Le fait que le drapeau tricolore flotte le long des rives des grands fleuves Sénégal et Niger, comme sur les monts du Fouta Djalon et dans les plaines du Dahomey, est à lui seul une des causes principales pour lesquelles la France demeure une grande puissance mondiale.

Pour ne parler que du Sénégal, si petit relativement dans l'immensité de nos possessions africaines, nous y trouvons plus d'un sujet d'orgueil. Nous dont les ennemis et les envieux, nous n'en manquons pas, proclament volontiers l'incapacité coloniale et la déchéance irrémédiable, nous avons en un temps relativement court, avec des moyens très minimes, bâti sur ce sol un bel et solide édifice.

Nos rivaux les plus réputés et les plus pénétrés de leurs mérites ne peuvent montrer à côté de celle-là une œuvre analogue, plus belle et plus durable.

Le Sénégal nous coûta cependant cent fois moins en hommes et en argent que le pays, assez semblable, des Herreros n'en coûta récemment encore aux Allemands.

Les Anglais si justement admirés, n'ont pas non plus mieux réussi que nos soldats, nos administrateurs ou nos colons, sur cette même côte occidentale.

Les efforts accomplis par nous au Sénégal n'ont pas seulement été couronnés d'un succès matériel incontestable et nous pouvons dire que nos sujets d'aujourd'hui, les vaincus d'hier, doivent s'estimer aussi heureux que nous-mêmes de notre propre victoire.

Chaque progrès de l'influence française marque toujours, en effet, sur ces rivages jadis barbares, une victoire nouvelle de la civilisation.

Cela ne veut pas dire que notre ouvrage soit parfait. S'il nous est permis de tirer quelque fierté d'une comparaison avec nos rivaux, il est nécessaire cependant que nous fassions ensuite notre examen de conscience.

Ce que nous avons réalisé vaut certes qu'on l'admire ; toutefois notre œuvre présente plus d'un défaut qu'il nous faut corriger.

Certains de ces défauts ont leur origine dans notre tournure d'esprit générale, dans notre amour de l'uniformité et dans notre attachement même aux grands principes humanitaires dont la proclamation restera la gloire la plus pure de notre race.

D'autres proviennent plus simplement d'erreurs de direction ou de fautes commises par des hommes et l'on ne pourra jamais les éviter complètement, pas plus ici qu'ailleurs.

Nos errements les plus considérables dans cette vieille colonie datent presque tous du temps où, nouveaux venus dans la carrière coloniale, nous ignorions tout des régions exotiques, de leurs habitants et des besoins de ceux-ci.

Nous ne savions pas alors qu'il existe des différences, aussi bien parmi les races humaines qu'entre les divers climats du globe. Nos soldats coloniaux étaient à cette époque habillés comme ils l'auraient été en France. Certaines institutions dont nous avons alors doté le Sénégal furent, de même, calquées trop exactement sur celles de la métropole.

Nous avons, depuis lors, reconnu la nécessité de transformer nos habitations ainsi que nos vêtements et même notre genre de vie, dans ces régions souvent si différentes de la nôtre.

Nous avons aussi, peu à peu, quoiqu'il pût en coûter à nos habitudes d'esprit et à notre générosité d'âme naturelle, transformé nos manières de penser en d'autres matières.

Les différences ou les inégalités qui séparent les races nous sont apparues enfin. Nous avons partout dans ces derniers temps, et ce sera sans doute quelque jour un de nos titres de gloire les plus précieux, inauguré une politique d'association avec les sujets de notre empire colonial, mais nous n'avons plus songé à les admettre parmi nous et de suite, sur un pied d'égalité parfaite.

Les diverses races du Sénégal sont plus ou moins primitives. Toutes cependant sont susceptibles de progrès. Espérer toutefois qu'elles pourront quelque jour, proche ou lointain, se confondre intellectuellement et politiquement avec nous serait sans doute une erreur.

Le milieu où se déroule leur existence diffère tant du nôtre qu'on peut supposer aussi leur propre nature essentiellement différente de la nôtre. Ils progresseront certainement, grâce à nous, dans des limites qu'on ne peut fixer aujourd'hui, mais obéissant à des lois naturelles que personne ne pourra transgresser, leur évolution se fera très probablement dans un sens différent de la nôtre.

L'avenir seul dévoilera peu à peu devant les sociologues, le sens des réformes à accomplir pour hâter et régler ce mouvement.

Mais on peut affirmer dès maintenant que notre domination qui fut et qui demeure féconde pour le Sénégal, ne suscite plus, depuis longtemps, aucune opposition sérieuse dans le pays.

On peut encore affirmer que notre œuvre s'y complète chaque jour.

L'exploitation des richesses naturelles ne fait guère cependant qu'y commencer. De nombreux progrès restent donc encore à réaliser dans cet ordre d'idées comme dans celui, tellement fécond, de l'hygiène publique ainsi que plusieurs autres. C'est pourquoi notre activité pourra s'exercer longtemps encore sur cette terre que nous devons aimer pour elle-même et que, de plus, nous avons le plus grand intérêt à beaucoup aimer.

TABLE DES PRINCIPAUX NOMS PROPRES

CONTENUS DANS LE VOLUME

avec le numéro des pages ou on les rencontre.

C

D

E

F

TABLE DES MATIÈRES

PHOTOGRAPHIES HORS TEXTE

MACON, PROTAT FRÈRES, IMPRIMEURS.

MACON, PROTAT FRÈRES, IMPRIMEURS.

www.ingramcontent.com/pod-product-compliance
Ingram Content Group UK Ltd.
Pitfield, Milton Keynes, MK11 3LW, UK
UKHW012155240726
13966UKWH00002B/345

9 782012 856356